Reise-Infos von A bis Z

Die Vía de la Plata in Andalusien

Die Vía de la Plata in der Extremadura

Die Vía de la Plata in Kastilien und Léon

Der Mozarabische Jakobsweg in Kastilien und Léon

Der Mozarabische Jakobsweg in Galicien

Index

Unterwegs nach Eiras (Galicien) (rj)

Sonnenaufgang hinter Casar de Caceres (cs)

Band 116

OutdoorHandbuch

Raimund Joos

Spanien: Jakobsweg
Vía de la Plata

Spanien: Jakobsweg

Dieses OutdoorHandbuch wurde konzipiert und redaktionell erstellt vom:

Conrad Stein Verlag GmbH
Kiefernstr. 6, 59514 Welver
☎ 023 84/96 39 12
✉ info@conrad-stein-verlag.de
🖥 www.conrad-stein-verlag.de
f www.facebook.com/outdoorverlag
📷 www.instagram.com/outdoorverlag

Der Nachdruck, die Übersetzung, die Entnahme oder Kopie von Texten, Karten, Abbildungen und Symbolen sowie die Verwertung auf elektronischen Datenträgern, die Einspeicherung in Medien wie Internet (auch auszugsweise) sind ohne vorherige schriftliche Genehmigung des Verlags unzulässig und strafbar.

Copyright Conrad Stein Verlag GmbH. Alle Rechte vorbehalten.

Als Outdoor-Verlag sind uns der Schutz und die Erhaltung der Natur seit jeher ein besonderes Anliegen. Auch in Sachen Klimaschutz haben wir eine Vorreiterrolle inne: Wir sind der einzige Buchverlag in Deutschland, der bereits seit 2008 seine Bücher konsequent klimaneutral in Deutschland produzieren und transportieren lässt. Dabei wird nicht nur klimaneutral, sondern auch nachhaltig, d. h. so umweltschonend wie möglich produziert, z. B. durch die Auswahl von umweltfreundlichen Materialien. Die bei der Produktion der Bücher entstandenen CO_2-Emissionen werden durch die Unterstützung von zertifizierten Klimaschutzprojekten ausgeglichen. Jedes Buch wird daher mit dem Logo „klimaneutral" und einer Climate-Partner-Zertifikatsnummer versehen. Mithilfe dieser Nummer können Sie unter www.climatepartner.com Informationen zu der eingesparten CO_2-Menge und dem Projekt finden, das mit der Abgabe gefördert wird.

Das Engagement des Conrad Stein Verlags wurde im Rahmen des Projekts „Klimaneutraler Buchverlag" mit dem Westenergie Klimaschutzpreis 2022 ausgezeichnet.

Vía de la Plata 5

OutdoorHandbuch Band 116

ISBN 978-3-86686-440-5   10., überarbeitete Auflage 2025

Text: Raimund Joos
Fotos: Raimund Joos (rj), Donald Walter (dw), Silvia Schubert (ss), Barbara Rufer (br), Uli Hess (uh), Manfred Bammer (mb), Christian Stadler (cs), Thomas Nietsch (tn), Stefan Vossemer (sv),
Karten: Heide Schwinn
Lektorat: Ricarda Kuschma und Anna-Lena Ebner
Layout: Anna-Lena Ebner

Gesamtherstellung: AZ Druck und Datentechnik GmbH, Kempten

Dieses OutdoorHandbuch hat 256 Seiten mit 70 farbigen Abbildungen sowie 52 farbigen Karten im Maßstab 1:200.000, 56 farbigen Höhenprofilen, 8 farbigen Stadtplänen, und einer farbigen, ausklappbaren Übersichtskarte.

Alle Informationen, schriftlich und zeichnerisch, wurden nach bestem Wissen zusammengestellt und überprüft. Sie waren korrekt zum Zeitpunkt der Recherche. Eine Garantie für den Inhalt, z. B. die immerwährende Richtigkeit von Preisen, Adressen, Telefonnummern und Internetadressen, Zeit- und sonstigen Angaben, kann naturgemäß von Verlag und Autor – auch im Sinne der Produkthaftung – nicht übernommen werden.

Autor und Verlag freuen sich über Ihr Feedback. Schreiben Sie Ihre Tipps und Verbesserungen an info@conrad-stein-verlag.de oder nutzen Sie unsere Social-Media-Kanäle. Bitte nennen Sie dabei Titel, Auflage und Seitennummer.

Dieses Buch ist im Buchhandel und in Ausrüstungsläden erhältlich und kann im Internet oder direkt beim Verlag bestellt werden.

Titelfoto: Am Stausee bei Villar de Farfon (uh)

Inhalt

Vorwort — 9
Ein paar Worte vorweg — 9
Wichtige Vorbemerkungen/Zum Gebrauch dieses OutdoorHandbuchs! — 9

Einleitung — 12
Geschichte der Vía de la Plata — 13
Geschichte und Gegenwart der Pilgerreise nach Santiago — 14
Der Mozarabische Jakobsweg — 15
Die Vía de la Plata heute — 16
Gründe für die Pilgerschaft — 17
Die Jakobusmuschel — 19
Der Pilgerausweis – der Credencial — 20
Die Compostela – einfaches Souvenir, qualifiziertes Pilgerzeugnis oder schädlicher touristischer Promotion-Gag? — 22
Der Pilgerstab — 24

Reise-Infos von A bis Z — 25
Anreise, Ausrüstung — 26
Einkaufen, Erste Hilfe — 30
Essen und Trinken, Etappen — 31
Geld, GPS-Daten, Information — 32
Klima und Reisezeit — 34
Medizinische Versorgung — 36
Notruf, Post — 36
Radfahrer — 37
Sprache — 38
Telefonieren und Internet — 39
Unterkunft — 39
Wasser — 43
Wegbeschaffenheit, Wegmarkierungen und Wegbeschreibung — 43

Die Vía de la Plata — 45

Andalusien — 981,0 km — 46
Sevilla – Santiponce – Guillena ....22,0 km......959,0 km 51
Guillena – Castilblanco de los Arroyos ....17,2 km......941,8 km 56
Castilblanco de los Arroyos – Almadén de la Plata ....29,2 km......912,6 km 58
Almadén de la Plata – El Real de la Jara ....14,1 km......898,5 km 63

Extremadura — 66
El Real de la Jara – Monesterio ....20,2 km......878,3 km 66
Monesterio – Fuente de Cantos – Calzadilla de los Barros ......26,8 km......851,5 km 70
Calzadilla de los Barros – Puebla de Sancho Pérez – Zafra ....18,5 km......833,0 km 73
Zafra – Los Santos de Maimona ....4,7 km......828,3 km 77
Los Santos de Maimona – Villafranca de los Barros ....15,5 km......812,8 km 77
Villafranca de los Barros – Torremejía ....26,4 km......786,4 km 80
Torremejía – Mérida ....16,0 km......770,4 km 83
Mérida – Carrascalejo – Aljucén ....16,2 km......754,2 km 86
Aljucén – Abzweig Pension Los Olivos – Alcuéscar ....19,4 km......734,8 km 88
Alcuéscar – Aldea del Cano ....14,8 km......720,0 km 91

Aldea del Cano – Valdesalor	11,2 km	708,8 km	93
Valdesalor – Cáceres	12,2 km	696,6 km	94
Cáceres – Casar de Cáceres	11,8 km	684,8 km	98
Casar de Cáceres – Tajo-Stausee	22,3 km	662,5 km	100
Tajo-Stausee – Cañaveral	11,6 km	650,9 km	104
Cañaveral – Grimaldo	8,4 km	642,5 km	106
Grimaldo – Galisteo	18,5 km	624,0 km	108
Galisteo – Carcaboso	11,2 km	612,8 km	111
Carcaboso – Abzweig Oliva de Plasencia	11,9 km	600,9 km	114
Weg über Oliva de Plasencia			115
Abzweig Oliva de Plasencia – Abzweig zur Vía Verde und den Hostals an der N-630	14,9 km	586,0 km	116
Weg zur Vía Verde und zu den Hostals an der N-630			122
Vía Verde: Hostals an der N-630 – Abzweig nach Aldeanueva del Camino			123
Vía Verde: Abzweig Aldeanueva del Camino – Hervás – Abzweig Baños de Montemayor			124
Vía Verde: Abzweig Baños de Montemayor – Puerto de Béjar			126
Älterer Weg: Abzweig zur Vía Verde und den Hostals an der N-630 – Aldeanueva del Camino	11,4 km	574,6 km	127
Älterer Weg: Aldeanueva del Camino – Baños de Montemayor	9,6 km	565,0 km	129
Kastilien und León			**131**
Älterer Weg: Baños de Montemayor – Puerto de Béjar	3,2 km	561,8 km	132
Puerto de Béjar – Calzada de Béjar	9,1 km	552,7 km	133
Calzada de Béjar – Valverde de Valdelacasa	8,8 km	543,9 km	134
Valverde de Valdelacasa – Fuenterroble de Salvatierra	11,9 km	532,0 km	136
Fuenterroble de Salvatierra – San Pedro de Rozados – Morille	31,3 km	500,7 km	137
Abkürzung und Radroute über Pedrosillo de los Aires			139
Umweg über San Pedro de Rozados			140
Morille – Salamanca	19,8 km	480,9 km	142
Salamanca – Calzada de Valdunciel	15,8 km	465,1 km	149
Calzada de Valdunciel – El Cubo de la Tierra del Vino	20,2 km	444,9 km	151
El Cubo de la Tierra del Vino – Villanueva de Campeán	13,2 km	431,7 km	153
Villanueva de Campeán – Zamora	18,3 km	413,4 km	154
Zamora – Montamarta	19,3 km	394,1 km	158
Montamarta – Fontanillas de Castro	11,9 km	382,2 km	160
Fontanillas de Castro – Granja de Moreruela	10,3 km	371,9 km	162
Der Weg bis Astorga zum Camino Francés			163

Der Mozarabische Jakobsweg — 165

Granja de Moreruela – Tábara	25,0 km	346,9 km	166
Tábara – Villanueva de las Peras	13,3 km	333,6 km	171
Villanueva de las Peras – Santa Marta de Tera	8,9 km	324,7 km	173
Santa Marta de Tera – Calzadilla de Tera – Olleros de Tera	13,0 km	311,7 km	174
Olleros de Tera – Ríonegro del Puente	15,0 km	296,7 km	176
Ríonegro del Puente – Mombuey – Asturianos	26,1 km	270,6 km	178
Asturianos – Puebla de Sanabria	14,3 km	256,3 km	181
Puebla de Sanabria – Requejo	11,8 km	244,5 km	185
Requejo – Lubián	18,1 km	226,4 km	187

Galicien — 191

Lubián – A Gudiña	24,8 km	201,6 km	192
A Gudiña – Campobecerros	20,7 km	180,9 km	197
Campobecerros – Laza	14,5 km	166,4 km	200
Laza – Alberguería	11,9 km	154,5 km	202
Alberguería – Vilar de Barrio	7,3 km	147,2 km	205
Vilar de Barrio – Xunqueira de Ambía	14,2 km	133,0 km	205
Xunqueira de Ambía – Ourense	21,8 km	111,2 km	207
Ourense – Cea	22,5 km	88,7 km	212
Direkter Weg: Cea – O Castro de Dozón			219
Empfohlener Weg Teil 1: Cea – Oseira	9,1 km	79,6 km	223
Empfohlener Weg Teil 2: Oseira – O Castro de Dozón	10,3 km	69,3 km	225
O Castro de Dozón – Laxe	18,4 km	50,9 km	227
Laxe – Silleda	9,5 km	41,4 km	229
Silleda – Bandeira	7,4 km	34,0 km	231
Bandeira – San Martín de Dornelas	4,8 km	29,2 km	233
San Martín de Dornelas – Ponte Ulla	8,4 km	20,8 km	233
Ponte Ulla – Outeiro/A Vedra	4,2 km	16,6 km	235
Outeiro/A Vedra – Sergude – Santiago de Compostela	16,6 km	0,0 km	236
Rückreise (klimaschonend)			250
Cap Finisterre			251

Index — 253

☺ Eine **Übersichtskarte** des Weges, **Autorenprofil** sowie eine Liste aller verwendeten **Symbole** in diesem Buch finden Sie auf den vorderen und hinteren Umschlagseiten bzw. -klappen.

Vorwort

Ein paar Worte vorweg

Die Vía de la Plata gehört sicher nicht zu den bekanntesten Pilgerwegen, hat sich aber einen eingeschworenen Kreis an Liebhabern aufgebaut und erhalten und dies nicht ohne Grund. Der alte Römerweg, auf dem seit dem Mittelalter die Pilger nach Santiago ziehen, bezaubert den vom digitalen Zivilisationsstress geplagten Menschen durch eine hinreißende, weite und zu großen Teilen unberührte, abwechslungsreiche Naturlandschaft, aber ebenso durch historische Städte, in denen man zwischen alten Mauern den Klang der vergangenen Jahrhunderte noch widerhallen zu hören glaubt.

Die Vía de la Plata, die durch die Schritte der Pilgerfreunde von heute wieder aus einem langen Dornröschenschlaf erweckt wurde, bietet nicht die perfekt organisierte Infrastruktur des bekannten Camino Francés, auf dem das Pilgern in den Augen mancher Pilgerbrüder fast schon zu einem verdächtigen Massentrend geworden ist. Sie ist vielmehr auch heute noch ein Abenteuer geblieben, das täglich eine ehrliche Begegnung mit ihren Herausforderern sucht und in dem auch noch von Zeit zu Zeit die Einsamkeit des Weges den inneren Weg des Pilgers fordert. Bei all ihrer Härte und Einfachheit kann sie aber ihren Liebhabern, die sie fast 1.000 km nach Santiago trägt, doch täglich das geben, was ein bescheidenes, aber glückliches Pilgerleben ausmacht.

Ich freue mich, dass nun auch Sie dieses Büchlein in Ihren Händen halten und hoffe, dass es Ihnen dabei helfen wird, den Weg für Sie zu einem unvergesslichen Erlebnis werden zu lassen.

☝ Vergessen Sie bitte nicht die **Updates** im Internet zu diesem Buch (☞ S. 33) und auch das folgende Kapitel „Wichtige Vorbemerkungen/Zum Gebrauch dieses OutdoorHandbuchs!" zu lesen.

Bon camino!
Ihr Raimund Joos   Eichstätt, 24. Mai 2024

Wichtige Vorbemerkungen/ Zum Gebrauch dieses OutdoorHandbuchs!

Karten und Höhenprofile

In den Karten des Buches sind die verschiedenen Streckenführungen, die erfahrungsgemäß häufig gewählt werden, als durchgezogene rote Linie eingezeichnet. Im Höhenprofil wird die Streckenführung, welche zur laufenden Berechnung der Gesamtkilometer dient (siehe Kilometerliste auf S. 6 bis 8), als durchgezogene Linie dargestellt.

Einige weitere im Buch beschriebene oder erwähnte Wegführungen, die von dieser abweichen, sind im Höhenprofil als rot gestrichelte Linie eingezeichnet. Dort, wo der

Verlauf verschiedener (Neben-)Strecken nicht als gestrichelte Linie im Höhenprofil erscheint, weicht das Profil dieser Wegführungen meist nur unwesentlich von der Standardstrecke ab. Ein weiterer Grund, weshalb an verschiedenen Stellen auf eine Darstellung der Profile der Nebenwege verzichtet wird, ist die Übersichtlichkeit der Darstellung oder die geringe Bedeutung der Strecke.

Im laufenden Text des Buches erscheinen alle längeren Wegbeschreibungen, die von der eben beschriebenen Hauptroute abweichen, in gelben Blöcken. Kürzere Abstecher (z. B. zu den Herbergen) sind aber nicht immer in den Karten und Profilen eingezeichnet bzw. sichtbar.

Kilometerzählung und Wegbeschreibung

In der Überschrift der einzelnen Etappen wird die **Etappenlänge** (z. B. ☞ S. 73 Calzadilla de los Barros – Puebla de Sancho Pérez (14 km) – Zafra 17,5/**18,5 km**) angegeben. Meistens gilt die Kilometerzählung der Gesamtstrecke der Etappe von der letzten Unterkunft des Startortes zur letzten Unterkunft des Zielortes. Die genauen Anfangs- und Endpunkte der Streckenmessung gehen dabei stets aus dem Ende des jeweiligen Textes der Wegbeschreibung hervor, z. B. auf S. 75 wie folgt: „.... Nach 700 m erreichen Sie über die Variante durch die Innenstadt die schöne Plaza Grande (km 18,2), und 300 m weiter treffen Sie auf die touristische Herberge, wo diese Etappe endet (km 18,5)".

Im Text finden Sie genaue Entfernungsangaben für verschiedene Strecken im laufenden Satz und darüber hinaus Streckenangaben **wichtiger Wegpunkte** in Klammern am Ende mancher Sätze, wie z. B. auf S. 74 in folgendem Satz: „.... Hier befindet sich rechter Hand 🏠 die Pilgerherberge der Pilgerfreunde von Zafra **(km 17,5)**."

Die in der Klammer genannte Distanz beschreibt stets die Strecke vom Anfang der Etappe bis zum jeweils erreichten Punkt – also hier die Strecke vom Etappenanfang bis zur eben genannten Herberge der Pilgerfreunde von Zafra. Da diese Herberge wesentlich früher (1 km) als die letzte Unterkunft erreicht wird und das für Ihre Planung relevant sein könnte, wird die Distanz hier sogar ausnahmsweise auch in der eben dargestellten Überschrift der Etappe und zwar vor der Nennung der Gesamtstrecke aufgeführt.

Im Inhaltsverzeichnis auf S. 6 bis 8 sind neben der Länge des jeweiligen Streckenabschnittes auch die noch zu laufenden **Kilometer bis nach Santiago** angegeben.

Die Zeile „Calzadilla de los Barros – Puebla de Sancho Pérez (14 km) – Zafra 17,5/18,5 km/833 **km**" bedeutet also, dass Zafra 833 km von Santiago de Compostela entfernt liegt und zwischen Calzadilla de los Barros und Zafra wie gerade näher beschrieben 18,5 km Gesamtwegstrecke liegen. Die Zählung der Gesamtkilometer nach Santiago richtet sich hierbei stets nach der auch im Höhenprofil dargestellten Variante. Beachten Sie zu diesem Thema bitte auch die Ausführung zur Wegbeschreibung unter „Karten und Höhenprofile" und lesen Sie zum besseren Verständnis der einzelnen Streckenlängen in den Sätzen den nun folgenden Abschnitt.

Bei der zusammengefassten Wegbeschreibung habe ich verschiedene kleine Einzeldistanzen zu griffigen **Teildistanzen** zusammengefasst, wie z. B. hier auf S. 94

oben: „Vor der Plaza de España überqueren Sie die N-630 nach rechts. Über unbefestigte Feldwege geht es nach **500 m** entlang der Straße im größeren Abstand an einer Tankstelle mit Restaurant vorbei." In den eben genannten 500 m wurden hier der Weg von der Plaza España über die N-630 zum Feldweg und die unterschiedlich langen Strecken über die unbefestigten Feldwege bis zur Tankstelle zusammengefasst. Die im jeweiligen Satz genannte Strecke nennt also immer die volle Distanz ab dem Endpunkt der letzten Messung, sodass die addierten Teildistanzen stets die eben erwähnten, in Klammern genannten Kilometermarken der wichtigen Etappenpunkte und Gesamtstrecken ergeben.

Im Text der Wegbeschreibung werden oft **markante Orientierungspunkte** wie z. B. Pisten- und Wegkreuzungen, Flüsse und Bäche, Feldtore oder einzeln stehende Gebäude genannt. Die verschiedenen Orientierungspunkte werden in der nun zusammengefassten Wegbeschreibung aber grundsätzlich nur noch dann genannt, wenn sie für die Orientierung oder Streckenmessung relevant erscheinen. Im Umkehrschluss bedeutet dies **nicht**, dass solche Punkte immer im Text genannt sind, wenn sie auf dem Weg vorhanden sind.

Wenn ich also z. B. davon spreche, dass Sie „nach 2,1 km über Schotterpiste leicht bergauf" den nächsten Ort erreichen, wird hier aus Gründen der notwendigen Vereinfachung nicht erwähnt, dass Sie auf diesen 2,1 km eventuell auch zwei Kreuzungen und einen Bach überqueren. Die Meilensteine und (die m. E. stellenweise etwas zu häufig vertretenen) Schaubilder werden nur selten erwähnt und/oder kommentiert, da sich diese meist selbst erklären.

Auch die Wegbeschaffenheit lässt sich nicht lückenlos darstellen. Wenn also im Buch davon die Rede ist, dass Sie „... die breite Straße nach 1,8 km endlich auf eine schmale Schotterpiste verlassen und nach weiteren 800 m der Weg dann stark ansteigt ...", kann es durchaus sein, dass die erwähnte schmale Schotterpiste nach 300 m bereits zu einer breiten Schotterpiste wird und auf den letzten 100 m vor dem Anstieg in eine verwitterte Asphaltstraße mündet. Dies scheint aber weder für die Orientierung noch für die Vorschau von größerer Bedeutung und wird daher nicht erwähnt. (☞ Lesen Sie hierzu auch den Abschnitt **Wegbeschaffenheit** auf S. 43.)

Zeichen

☞ Lesen Sie die Zeichenerklärung in der hinteren Umschlagklappe!

Einleitung

Auf dem Weg nach Monesterio (rj)

Bei der Vía de la Plata (auch Ruta de la Plata genannt) handelt es sich um eine bedeutende, 800 km lange Römerstraße, die die andalusische Hauptstadt Sevilla mit den nordspanischen Städten Astorga und Gijón verbindet und dabei die Regionen Andalusien, Extremadura, Kastilien und León und Asturien durchzieht. Gleichzeitig ist es ein bedeutender Jakobsweg, der bei Astorga auf den Hauptweg nach Santiago, den Camino Francés, trifft. Die allermeisten Pilger wählen heute aber auf den letzten Stück den Weg über den sogenannten Mozarabischen Weg oder Camino Sanabrés, der nördlich von Zamora ab Granja de Moreruela direkt über Ourense nach Galicien und nach Santiago führt (☞ S. 163). Von Sevilla nach Santiago sind es über diese Wegführung je nach Wahl der verschiedenen Varianten zwischen 969 und 1.004 km. Wenn Sie, wie viele der Pilger, ein Stück wie z. B. die 67,5 km zwischen Salamanca und Zamora abkürzen (☞ S. 148), bleiben Ihnen auf dem kürzesten weg noch rund 900 km. ☞ Lesen Sie dazu auch die Etappentipps auf Seite 58, 80, 100, 111, 200 und 222, wo es gelegentlich auch zu Abkürzungen kommt..

Geschichte der Vía de la Plata

Vía de la Plata müsste wörtlich mit „Silberstraße" übersetzt werden und man könnte glauben, der Name stamme daher, dass die Römer im Norden der Iberischen Halbinsel wertvolle Metalle abbauten und über diese wichtige Nord-Süd-Verbindung nach Sevilla brachten, wo sie verschifft wurden. Tatsächlich wurden im Norden Metalle abgebaut, u. a. Gold, aber eben kein Silber. Außerdem hatten die Straßen in der Römerzeit keine einheitlichen Namen, sondern die einzelnen Abschnitte trugen verschiedene Nummern.

Obwohl die Vía de la Plata aus der Römerzeit stammt, ist die Herkunft dieses Namens offensichtlich nicht römischen Ursprungs, denn die Mauren, die ab 711 von Afrika kommend die Iberische Halbinsel unterwarfen, bedienten sich natürlich der alten Römerstraßen und nannten die, die uns hier beschäftigt, Bal'latta, was „breiter gepflasterter Weg" bedeutet. Plata ist also eine Vulgarisierung des arabischen Namens, der die Bezeichnung Vía vorangestellt ist, was auf den römischen Ursprung hinweist.

Allerdings ist diese Nord-Süd-Verbindung noch viel älter und die Römer bauten nur Wege aus, die schon vor ihnen benutzt wurden. In vorrömischer Zeit waren es zunächst die steinzeitlichen Jäger, die auf diesen Wegen dem jahreszeitlichen Wildwechsel folgten, und später die ersten Hirten, die ihre Herden von den Sommerweiden der nordkastilischen Hochebene ins Winterquartier der tiefer gelegenen Extremadura führten und umgekehrt, eine Tradition, die noch heute fortlebt.

Als die Phönizier im ersten vorchristlichen Jahrtausend die Ost- und Südküste der Iberischen Halbinsel kolonisierten und u. a. Cádiz (phönizisch Gadir) gründeten, wurde der alte Weg der Jäger und Hirten außerdem zum Handelsweg, besonders für den Transport der Gold- und Zinnfunde aus dem Gebiet der heutigen Provinz León nach Süden.

Als die Römer im 2. Jh. v. Chr. begannen, die Iberische Halbinsel zu erobern, bauten sie die alte Nord-Süd-Verbindung aus, indem sie den Weg verbreiterten, pflasterten und Städte anlegten wie – von Süden nach Norden – Hispalis (heute Sevilla), Italica

(Santiponce), Emerita Augusta (Mérida), Helmantica (Salamanca), Asturica Augusta (Astorga) u. v. m. Das römische Straßennetz hatte militärische Bedeutung – über die Vía de la Plata marschierten die römischen Soldaten in den Kriegen gegen Asturier und Kantabrier – und diente als Vermittler für Handel und Kultur, war also mit entscheidend für die frühe und ziemlich umfassende Romanisierung der Iberischen Halbinsel. Im 1. nachchristlichen Jahrhundert war der Weg von Sevilla nach Astorga vollständig gepflastert, trug aber, wie eben bereits erwähnt, keinen einheitlichen Namen.

Geschichte und Gegenwart der Pilgerreise nach Santiago

Nach der frommen Überlieferung missionierte der Apostel Jakobus der Ältere Teile der Iberischen Halbinsel, kehrte dann aber wenig erfolgreich in das heutige Israel zurück. Nach seinem Märtyrertod wurde sein Leichnam der Legende nach mit einem Schiff zum heutigen Padrón überführt und trat von dort die Reise ins Landesinnere an. Dort, wo sich heute Santiago de Compostela befindet, fand er schließlich seine letzte Ruhe.

Auf der zu Anfang des 8. Jh. zu weiten Teilen von Arabern (Mauren) beherrschten Iberischen Halbinsel entstand das Königreich Asturien, das sich allmählich nach Süden ausdehnte. Im heutigen Santiago de Compostela wurde im Jahr 811 das angebliche Grab des Apostels Jakobus wiederentdeckt, der in Spanien den Namen Santiago erhielt. Die Präsenz des Apostelgrabes unterstrich den Machtanspruch der katholischen Kirche auf das Einflussgebiet der Iberischen Halbinsel. Im Jahre 844 erhob der Legende nach der Jesusjünger Jakobus bei einer Schlacht in der Nähe von Logroño selbst das Schwert gegen die Mauren und führte so die christlichen Truppen zum blutigen Sieg. Hierauf begann angeblich eine Pilgerbewegung zum Jakobusgrab, die über die Jahre hinweg verschiedenste Formen und unterschiedlichen Umfang annahm, aber nie ganz versiegte. Zu Land und Wasser entstand über die Jahre ein Wegenetz zum Grab des Apostels, das die unterschiedlichsten Teile des christlichen Europas miteinander verband.

Seit ca. 25 Jahren erlebt die Pilgerreise nach Santiago eine erstaunliche Renaissance. Ausgehend von dem auch heute noch mit Abstand bekanntesten, im Norden Spaniens verlaufenden Camino Francés wurden mit zunehmender Pilgerzahl und Kommerzialisierung verschiedene weitere historisch überlieferte Jakobswege in Spanien, Frankreich, der Schweiz, Österreich, Portugal und Deutschland wiederbelebt.

Der Zuspruch, den der Jakobsweg heute über alle politischen und weltanschaulichen Grenzen hinweg findet, steht sinnbildlich für das Wiedererwachen eines breiten spirituellen Interesses und den Wunsch nach einem friedlichen Miteinander der Kulturen. Auch wenn heute nicht mehr selbstverständlich davon ausgegangen werden kann, dass bei den meisten Jakobspilgern traditionell christliche Motive eine große Rolle spielen, nehmen die Tradition und der Glaube der inzwischen in verschiedener Weise durch die Geschichte geläuterten katholischen Kirche immer noch eine wahrnehmbare Rolle im Pilgeralltag ein.

Die „wahre" Geschichte des Jakobsweges kann in keinem Buch und schon gar nicht in einem praktischen Wegführer erschöpfend beschrieben werden. Festzuhalten bleibt aber, dass die Geschichte des Weges genauso wie dessen Gegenwart immer auch von den Licht- und gleichsam den Schattenseiten des menschlichen Handelns geprägt wurde. In der Geschichte des Weges führen daher genauso wie heute nicht allein gute Motive, sondern in gleicher Weise unselige Verquickungen von Gewalt, Zwang, Kommerz und Religion, die Feder bzw. den Fuß (☞ Gründe für die Pilgerschaft). Es besteht demnach weder Grund zu einer sentimentalen Verherrlichung der Vergangenheit oder der Gegenwart des Weges, noch wird es gelingen, seinen (heiligen) manchmal süchtig machenden Zauber zu ergründen, zu erklären oder zu leugnen.

☺   Nun sind Sie selbst (bald) auf dem Jakobsweg unterwegs. Werden Sie zu einem kleinen Teil seiner Geschichte und Zukunft und machen Sie ihn zu einem Teil Ihrer Lebensgeschichte. 📖 Einige persönliche Geschichten der Jakobswege, die Sie als Einstimmung für den Weg etwas inspirieren könnten, habe ich in meinem bereits vergriffenen Büchlein „Pilgergeschichten von den Jakobswegen" niedergeschrieben. Ein PDF der Pilgergeschichten können Sie von meiner Seite kostenlos als PDF runterladen. 💻 www.camino-de-santiago.de/pilgergeschichten.pdf

Der Mozarabische Jakobsweg

Als Anfang des 9. Jh. das Grab des Apostels Santiago entdeckt wurde und seit dem 10. Jh. die Pilgerfahrten nach Compostela einsetzten, machten sich natürlich auch die Christen, die in den vom Islam beherrschten Gebieten des Südens der Iberischen Halbinsel lebten, die sogenannten Mozaraber, auf den Weg und bedienten sich u. a. der Vía de la Plata, die damit zu einem bedeutenden Jakobsweg wurde. Somit wurde die Vía de la Plata auch als (ein) mozarabischer Jakobsweg bekannt.

Als (der) Mozarabische(r) Jakobsweg gilt aber eigentlich die im vorliegenden Pilgerführer nicht beschriebene Jakobsweg-Variante, die von Granada über Córdoba nach Mérida führt, dort auf die Vía de la Plata stößt und mit ihr weiter nach Santiago verläuft.

📖   **Mozarabischer Jakobsweg** von Granada nach Mérida, Michael Hennemann, Band 227, Conrad Stein Verlag, ISBN 978-3-86686-567-9, € 12,90

Nördlich von Zamora bei Granja de Moreruela teilt sich dann der Jakobsweg und die Pilger haben die Alternative, entweder von der Vía de la Plata abzuzweigen und nordwestlich über Ourense nach Santiago zu ziehen oder weiter nördlich nach Astorga zu gehen, wo der Hauptweg nach Santiago, der sogenannte Camino Francés, erreicht wird, auf dem es westlich nach Santiago de Compostela geht.

Bei der Vía de la Plata handelt es sich im engeren Sinne um die alte Römerstraße von Sevilla über Mérida nach Astorga und weiter nach Gijón an der Nordküste Spaniens. Da der Name Vía de la Plata jedoch für viele gleichbedeutend mit allen Wegen von Sevilla nach Santiago ist, wird heute auch oft der Weg so bezeichnet, der bei Granja de Moreruela von der eigentlichen Vía de la Plata abzweigt und über Ourense nach Santiago de Compostela führt. Da heute fast alle Pilger aus stichhaltigen Gründen den

Weg über Ourense wählen, wird seit 2023 nur noch diese Strecke im Buch veröffentlicht und die Strecke ab Granja de Moreruela bis Astorga als kostenloses PDF angeboten (☞ S. 33 und 163). Um keine Verwirrung aufkommen zu lassen, bezeichne ich in diesem Buch den Weg bis Granja de Moreruela als Vía de la Plata und den Weg ab Granja de Moreruela über Ourense nach Santiago als Mozarabischen Weg. Man nennt diesen Teil des Weges aber sehr oft auch den Camino Sanabrés.

Häufig wird die Bezeichnung Ruta de la Plata verwendet, wogegen grundsätzlich nichts einzuwenden ist, aber es handelt sich dabei um eine modernere Bezeichnung, die aus dem Französischen stammt. Den Namen Vía de la Plata ziehe ich vor, weil damit der Bezug zum römischen Ursprung deutlicher wird, ein Ursprung, der trotz aller anderen Einflüsse doch prägend ist, nicht zuletzt wegen der Vielzahl römischer Ruinen.

Die Vía de la Plata heute

Bis ins 18. Jh. blieb die Vía de la Plata eine wichtige Nord-Süd-Verbindung, aber mit der Neuordnung der spanischen Landstraßen unter König Philipp V., die dem zentralistischen System der von Madrid ausgehenden Sternstraßen den Vorzug gab, wurde die Vía de la Plata zweitrangig. Sicher ist dieser Tatsache zu verdanken, dass viele Abschnitte der alten Römerstraße erhalten werden konnten.

Heutzutage sind jedoch auch die peripheren Verkehrswege wieder bedeutsam und da es sich um die natürliche Nord-Süd-Verbindung im Westen Spaniens handelt, ist nur zu verständlich, dass zuerst die Nationalstraße N-630 und heute auch die Autobahn, die den Beinamen Vía de la Plata erhalten hat, dem gleichen Streckenverlauf folgen wie einst die Römerstraße. So ist es unvermeidlich, dass die Präsenz dieser viel befahrenen Straßen gelegentlich die Ruhe der Wanderer bzw. Pilger unterbricht. Die gemeinsame Aktion der Regionalregierungen und der Jakobusvereine, die den Weg seit 1991 mit gelben Pfeilen versehen haben, ist jedoch darauf ausgerichtet, die Pilger möglichst von den großen Straßen fernzuhalten.

Schließlich ist die Vía de la Plata nicht nur eine archäologische Fundgrube, sondern auch ein Naturparadies. Obwohl die Vegetation heutzutage nicht mehr der entspricht, die die Römer einst vorfanden, handelt es sich dennoch um eine hier entstandene ursprüngliche Flora, die in einer sehr dünn besiedelten Landschaft den verschiedensten Tierarten Unterschlupf bietet.

Die Pilgerschaft auf der Vía de la Plata ist also einerseits ein einzigartiges Naturerlebnis und andererseits eine Reise zurück zu den Ursprüngen der europäischen Zivilisation, besonders in den Regionen Extremadura und Kastilien, wobei neben vielen archäologischen Resten am Weg insbesondere die Städte Mérida, Cáceres, Salamanca und Zamora sehenswert sind, sowie natürlich die Ausgangs- und Endpunkte Sevilla und Santiago, wohl die faszinierendsten Städte Spaniens überhaupt.

Der Pilgerweg ist mit gelben Pfeilen markiert, in Andalusien, der Extremadura sowie Kastilien auch mit Meilensteinen und in Galicien mit den typischen Kilometersteinen der Jakobswege. Die Coronapandemie führte 2020 zur Schließung nahezu aller Herbergen und deren Betrieb konnte teilweise erst wieder mühsam in die Gänge kommen. Heute lässt die Infrastruktur, was Pilgerherbergen und bezahlbare Pensionen angeht, nur noch an wenigen Stellen zu wünschen übrig (☞ S. 39).

Die Ursprünglichkeit der Vía de la Plata hat diesen Weg quasi zu einem Naturreservat der Pilgerspezies des Hardcorepilgers gemacht, der hier einen Rückzugsort auf seiner Flucht vor überdomestizierten Pilgerwegen und einem weitverbreiteten Pilgertourismus gefunden hat. Zwischen altgedienten Jakobswegjunkies und Kilometerfressern, bei denen sich unter 30 bis 40 Tageskilometern kaum das Gefühl der Bettschwere einstellt, findet sich aber auch eine nicht geringe Zahl an Pilgeranfängern, die nach reichlicher Überlegung diesen Weg wählt. Und wie sich nicht selten zeigt, kann auch dieser Weg für diese ein Suchtpotenzial entwickeln, das manche von ihnen dann später nicht nur einmal zurückkehren lässt ...

Gründe für die Pilgerschaft

Zur Zeit der Entstehung des Jakobuskultes im Mittelalter pilgerte man der schriftlichen Überlieferung zufolge vorrangig aus im engsten Sinne religiösen Gründen. Pilgerinnen und Pilger aus allen Regionen Europas nahmen den oft Monate dauernden, beschwerlichen und nicht selten lebensgefährlichen Weg nach Santiago als sichtbares Zeichen der Verehrung des heiligen Apostels Jakobus und der Treue zum christlichen Glauben auf sich. Sie erhofften sich dadurch im Gegenzug die Vergebung von Sünden oder die Heilung einer Krankheit.

Vor Villafranca de los Barros (dw)

Auch die Beschreibungen von Pilgerreisen zum Zwecke einer Dank- oder Bittwallfahrt sind überliefert. Nicht alle waren freiwillig auf dem Jakobsweg unterwegs. In der Literatur finden sich Hinweise, wonach Sündern und Straffälligen die Reise nach Santiago zur Sühne ihrer Schuld auferlegt wurde. Ob neben diesen offiziellen, im engsten Sinne frommen Motiven auch Abenteuerlust sowie kulturelle oder touristische Interessen eine Rolle spielten, lässt sich heute nicht mit Gewissheit feststellen. Beim Lesen mancher Pilgerberichte kommt jedoch die Vermutung auf, dass neben frommen Motiven auch damals schon ähnliche Gründe eine Rolle gespielt haben könnten wie heute.

Gemäß der Pilgerstatistik des unter der Leitung der katholischen Kirche stehenden Pilgerbüros in Santiago sind bei den meisten auch heutzutage noch religiöse Motive für die Pilgerreise nach Santiago ausschlaggebend. Die repräsentative Gültigkeit dieser Statistik darf allerdings angezweifelt werden, da nicht religiös motivierte Pilgerbegeisterte, die dies bei ihrer Ankunft im Pilgerbüro auch so angeben, eine etwas abgeänderte Compostela (☞ S. 22) erhalten. Diese ist aber auch bei nicht religiös motivierten Pilgern meist weniger beliebt und so werden sehr oft entgegen der tatsächlichen Motivation auch religiöse Gründe angegeben. Bei näherer Betrachtung der Pilgerszene entsteht zumindest auf den zweiten Blick der Eindruck, dass bei der Motivation vieler auch heute noch im weitesten Sinne nicht unbedingt religiöse, aber doch spirituelle Gründe eine wesentliche Rolle spielen (... wenngleich die Gefahr besteht, dass diese mit der Zeit langsam immer mehr in den Hintergrund treten). Die Form der spirituellen Motivation hat sich mit der Zeit natürlich grundsätzlich gewandelt. Religiöser Zwang und Höllenangst spielen heute wohl nur noch in bedauerlichen Einzelfällen eine Rolle. Auch steht wohl für die wenigsten, die sich auf den Weg machen (zumindest zu Anfang ihrer Pilgerreise), die Verehrung des Apostels Jakobus oder eine traditionelle Wundergläubigkeit im Vordergrund.

Orientierung bei einer Rast in Canaveral (cs)

Insgesamt ist bei jüngeren Jakobsweginfizierten und denen aus eher säkular geprägten Ländern zu vermuten, dass hier eher eine allgemein von dem Wunsch nach Selbstfindung geprägte Suche nach Sinn und Orientierung auch heute noch Beweggrund für eine Pilgerreise sein kann. Über diese im weiteren Sinne spirituellen Motive hinaus spielen meist noch zahlreiche weitere gute Gründe eine Rolle. Bei den meisten Menschen, die Sie auf dem Weg treffen, findet sich wohl eine sehr vielseitige Mischung aus Motiven wie z. B. dem Interesse an der portugiesischen und spanischen Kultur und Küche, dem Wunsch nach sportlicher Betätigung sowie der Freude am intensiven und offenen Kontakt mit Gleichgesinnten aus den verschiedensten Kulturen, Altersgruppen und sozialen Schichten. Nicht unwesentlich ist sehr oft auch der Wunsch nach einer kostengünstigen Gestaltung der Urlaubszeit oder aber nach einem bewusst gewählten, einfachen Lebensstil, der im Kontrast zu dem vom Konsum übersättigten Alltagsleben steht. Für einige Pilgerfreundinnen und Pilgerfreunde (und übrigens auch für den Schreiber dieses Buches) bedeutet Pilgern eine besondere, ganzheitliche Lebensweise, die sich auf einzigartige Weise zu so etwas wie einer Komposition oder einem Gesamtkunstwerk aus all den eben genannten Motiven zusammenfügt. Jakobspilger begreifen Pilgern oft als eine Lebensphilosophie oder Weltanschauung, die ihr Erleben, Denken und Handeln bestimmt und sie ähnlich einem Süchtigen immer wieder zurück nach Hause auf den Weg ruft.

Es überrascht nicht, dass es auf dem Weg aufgrund verschiedenster Motivationen auch zu Konflikten kommt, z. B. zwischen Rad- und Fußpilgern sowie zwischen „Buspilgern" und (selbst ernannten) „echten Pilgern".

☺ **Begegnen Sie dem Weg so offen wie möglich**, so verpassen Sie nicht die Chance, alle seine „verborgenen Schätze zu heben"! Öffnen Sie dazu alle fünf Sinne und auch das, was in der dichterischen und religiösen Sprache so schön mit „Herz" und „Seele" umschrieben wird. Ärgern Sie sich nicht darüber, wenn Sie Mitpilgern begegnen, die nicht (vordergründig) aus dem gleichen Grund wie Sie dem dennoch gleichen Weg folgen, sondern versuchen Sie, deren Andersartigkeit als eine persönliche Chance für sich zu begreifen und ihr mit echtem Interesse zu begegnen. So können Sie lernen, diese zu verstehen und letztlich werden dann auch Sie und Ihre Anliegen echtes Verständnis und Interesse bei Ihren Pilgerbrüdern finden.

📖 Wenn Sie den Weg bewusster als ein im weitesten Sinne spirituelles Erlebnis erfahren wollen, kann Ihnen dabei mein folgendes Buch helfen, das übrigens auch als E-Book erhältlich ist: Raimund Joos: Warum der Schuh beim Gehen w e i t e r wird. Der spirituelle Jakobsweg-Coach, ISBN 978-3-7022-2824-8, Tyrolia 2015, 160 S., 18,2 x 11,4 x 1,4 cm, € 9,95

Die Jakobusmuschel

Seit dem Mittelalter gilt die Jakobsmuschel gleichsam als das Symbol für die Pilger und für den Jakobsweg selbst. Die Entstehung dieser Tradition ist nicht klar. Die Legende berichtet jedoch, dass einst ein junger Adliger, der von dem Heiligen Jakobus vor dem Ertrinken gerettet wurde, völlig mit Muscheln bedeckt aus dem Wasser stieg. Seither gilt die Muschel als Schutzzeichen des Heiligen Jakobus und somit als Erkennungszeichen für Pilger, das früher auf dem Pilgerhut und heute häufig am Rucksack getragen wird. Andere Deutungen gehen schlichtweg davon aus, dass die beeindruckten Pilger die Muschel von ihrem abschließenden Besuch des Meeres als Souvenir und Beweis für ihre Reise ans Ende der Welt zurück nach Hause mitgebracht haben. Eine schöne

In der Muschelbar von Alberguaria ☞ S. 204 (rj)

und einleuchtende Symbolik stellen die Linien der Muschel dar, die gleich der verschiedenen Jakobswege auf einen Punkt – Santiago – zulaufen.

Der Pilgerausweis – der Credencial

Der Pilgerpass (spanisch: *credencial de peregrino*) blickt auf eine ähnlich lange Tradition wie die Jakobsmuschel zurück. Er gilt von jeher als offizieller Ausweis für den Jakobsweg und wurde früher meist von der heimatlichen Kirchenobrigkeit ausgestellt.

Wer für seine (manchmal unter Zwang) abgeleistete Pilgerreise eine offizielle Bestätigung benötigte, ließ sich in diesem Dokument an verschiedenen Orten seine Ankunft schriftlich bestätigen und erhielt in Santiago nach Vorlage des Dokuments schließlich sein offizielles Zeugnis für die Pilgerschaft, die Compostela.

Auch heute nimmt der Pilgerausweis noch die eben genannte Funktion ein. Wer in öffentlichen und kirchlichen Herbergen übernachten will oder eventuell eine Vergünstigung in Pensionen oder Jugendherbergen aushandeln möchte, wird auch heute noch um Vorlage des Pilgerausweises gebeten. Auch wird Ihnen mittels eines Stempels im Credencial Ihre Ankunft an den verschiedenen Orten bestätigt. Dies erledigt man normalerweise in den Herbergen, es kann aber auch in Kirchen, Bars und allen offiziellen

Ämtern geschehen. Manche Jakobswegbegeisterte gehen einer regelrechten Sammelleidenschaft bezüglich der verschiedenen Stempel (spanisch: *sello*) nach, die in der spanischen Sprache bezeichnenderweise den gleichen Namen wie „Briefmarke" führen.

In jüngster Zeit unternahm das nicht unumstrittene Pilgerbüro von Santiago (☞ S. 240) den Versuch, den Pilgerausweis, den es selbst in Produktion gegeben hat, als den einzig gültigen durchzusetzen. (Auf dessen Rückseite findet sich übrigens gelegentlich auch schon mal Werbung für „Kooperationspartner" aus der Wirtschaft.) Sämtliche Jakobusgesellschaften und Herbergen sollten so (zum Teil gegen ihren Willen) quasi zu Verkaufsagenturen dieses Monopolproduktes funktionalisiert werden. Der findige, Gewinn versprechende Versuch schlug allerdings aufgrund zahlreicher Proteste letztlich fehl und so gibt es heute (entgegen den Behauptungen verschiedener Verkäufer dieses angeblich „offiziellen" Pilgerausweises) zum Glück wieder eine umso buntere Vielzahl gültiger Pilgerausweise.

Wie Sie im Text des Buches, z. B. in den Beschreibungen der Pilgerherbergen, lesen können, finden sich auf der Vía de la Plata einige Stellen, an denen Sie verschiedene Pilgerausweise kostenlos, gegen eine Spende oder zum Preis von € 1 bis 3 bekommen können.

Wollen Sie Ihren Pilgerausweis dagegen vorab über das Internet bei einem kommerziellen Anbieter bestellen, so werden Sie da übrigens vermutlich nicht weniger tief in die Tasche greifen müssen als bei den Jakobusgesellschaften. Das günstigste Angebot fand ich für € 10,10 einschließlich des Versands unter 🖥 www.pilginoshop.com.

Was die Auswahl des Anbieters Ihres Pilgerausweises angeht, können Sie auch als verantwortlicher Verbraucher handeln: Der Verkauf des Pilgerausweises stellt nämlich für die Jakobusgesellschaften entlang der Vía de la Plata und ebenso in Deutschland, Österreich und der Schweiz eine wichtige Einnahmequelle dar, mit der ihr Engagement im Sinne der Pilgercommunity finanziert wird. Es spielt also durchaus eine Rolle, von wem der Pilgerausweis produziert und verkauft wurde – und ebenso auch, ob Sie über den geforderten Mindestpreis hinaus einen höheren Betrag als Spende entbehren können, um so die (Spenden-)Herbergen und/oder Jakobusgesellschaften etwas zu unterstützen.

Wenn Sie sich entschließen, die Onlinebestellung des Pilgerausweises lobenswerterweise zum Anlass zu nehmen, eine heimatliche Jakobusgesellschaft (☞ S. 32) zu unterstützen, so sollten Sie bedenken, dass sich dies wohl nur dann finanziell für die Jakobusgesellschaft lohnt, wenn der Kauf- bzw. Spendenbetrag entsprechend hoch ausfällt. Die Beschaffung und die Verkaufs- und Versandlogistik sind nämlich für die Jakobusgesellschaften selbst mit Kosten von kaum unter € 5 bis 6 verbunden. Leider waren die deutschsprachigen Jakobusgesellschaften mit wenigen Ausnahmen (z. B. Passau, Augsburg, Tirol, Rohrdorf) ganz im Gegensatz zu vielen Jakobusgesellschaften im Ausland bisher nicht übermäßig mit Kreativität gesegnet, wenn es darum ging, günstiger selbst produzierte Pilgerausweise unbürokratisch direkt in Kirchen und Herbergen entlang des heimatlichen Jakobsweges zu vertreiben. So fließt ein großer Teil der Verkaufs- bzw. Spendeneinnahmen (noch) in die m. E. teilweise etwas suboptimalen Beschaffungs- und Vertriebsstrategien, durch die darüber hinaus auch noch das in die Kritik geratene Pilgerbüro von Santiago tatkräftig finanziell unterstützt wird.

☺ Als praktischer und günstiger Regenschutz für Ihren Pilgerausweis ist übrigens eine einfache, umgeschlagene DIN-A4-Prospekthülle bzw. Klarsichthülle zu empfehlen.

Die Compostela – einfaches Souvenir, qualifiziertes Pilgerzeugnis oder schädlicher touristischer Promotion-Gag?

Wer anhand von zwei Stempeln pro Tag in seinem Pilgerausweis nachweisen kann, dass er auf den letzten 100 km zu Fuß oder 200 km mit dem Rad auf einem der offiziell durch die katholische Kirche anerkannten Jakobswege gepilgert ist, bekommt gegen eine Spende von € 2 bis 3 im Pilgerbüro von Santiago die so genannte Compostela ausgehändigt. Die inzwischen weitgehend digitalisierte Prozedur hierzu, in der Sie sich übrigens auch dazu bekennen müssen, unter anderem auch aus religiösen Gründen gepilgert zu sein, finden Sie auf Seite 240 näher beschrieben.

Wenn Sie allerdings glauben, Sie folgen hierbei einer althergebrachten Pilgertradition, irren Sie wohl gewaltig und gehen vielmehr einer durchaus finanziell einträglichen, oder wie man es nimmt, hemmungslos schädlichen Promotionsaktion der lokalen Tourismuslobby Galiciens und auch der offenbar genauso geschäftstüchtigen örtlichen katholischen Kirche auf den Leim. Die tatsächliche Tradition war nämlich zur Entstehung der Compostela die, dass wohl eher jeder, der die Kathedrale in Santiago besucht hat, dort als schlichtes Souvenir ein solches Zeugnis ausgehändigt bekommen hat, und zwar egal, ob er oder sie dafür nur einen fröhlichen Sonntagsausflug nach Santiago gemacht hatte oder aber von weit her mit einem Schiff, zu Fuß oder mit einer gut gepolsterten Pferdekutsche angereist war.

Die heute als selbstverständlich betrachtete Bedingung, dass man sich zur Erlangung eines solchen „Pilgerzeugnisses" einem überprüfbaren körperlichen Leistungstest unterziehen muss (dem eine große Zahl älterer und behinderter Menschen mit Sicherheit nicht gewachsen ist), stammt erst aus der neueren Zeit und ein Verweis auf die gelaufenen 100 km vor Santiago wurde erst 2014 nachträglich stillschweigend in den bestehenden Text hineingemogelt, als es zu ersten kritischen Diskussionen über dieses zweifelhafte Papier kam.

In den vergangenen Jahren erging sich die katholische Kirche von Santiago – vertreten durch ihr dazu autorisiertes Pilgerbüro – darin, die Pilgerinnen und Pilger zunehmend strenger und engmaschiger auf ihre nachweislich erbrachte Pilgerleistung hin zu überprüfen. Schließlich erweiterte sie ihre Leistungszertifizierung – allein deshalb, weil sie angeblich von Pilgerseite drängend darum gebeten wurde – um das so genannte **Certificado de Distancia**, in dem sich Pilger (☺ mit versteckten Selbstzweifeln oder aber latentem Selbstdarstellungsdrang?) für € 3 kirchenamtlich bescheinigen lassen können, wie viele Kilometer sie in welcher Zeit gelaufen sind.

In den letzten Jahren geriet die wie oben beschrieben inzwischen zweckentfremdete Compostela, die unter Neupilgern gewöhnlich immer noch häufig als „Must-have" gilt, in Insiderkreisen zunehmend in die Kritik. In dem „Jakobusbrief" der Deutschen St. Jakobus-Gesellschaft e. V. vom Herbst 2022 vermutete man dann sogar bereits, es sei wohl nicht davon auszugehen, dass die derzeit praktizierte Kilometerregel zur Erlangung der Compostela noch lange Bestand haben werde. Die größte deutsche Jakobusgesellschaft folgt hier (nach einigem Zögern) mit ihrem kritischen Kommentar einer inzwischen recht stattlichen Zahl erklärter Gegner der aktuellen Praxis der Vergabe dieses Pilgerzeugnisses. Zu den gewichtigsten Kritikern gehören hierbei z. B. die internationale Pilgerbruderschaft (FICS), die Camino Francés Federation, die Regionalregierung von Castilla y Léon und zahlreiche weitere private und öffentliche sowie auch kirchennahe Personen und Einrichtungen.

Auch ich teile in meinen Büchern schon seit geraumer Zeit eine solche kritische Haltung, bin aber dennoch weiter wenig optimistisch, dass sich hier in absehbarer Zeit Wesentliches ändern wird, da massive finanzielle Interessen dem entgegenstehen. Zum einen sind die katholische Kirche und das Pilgerbüro von Santiago ja wohl weiter sorgsam darauf bedacht, durch den Verkauf von Pilgerausweisen (☞ S. 20) und verschiedenen Pilgerzeugnissen Kasse zu machen. Zum anderen fördert das so initiierte Massenrennen leistungsbereiter Pilgermassen auf den letzten 100 km vor Santiago auf geschickt nie da gewesene Weise den Tourismuskommerz innerhalb der galicischen Grenzen und so ergießt sich auch alljährlich wieder ein Geldsegen aus entsprechenden Steuereinnahmen in die Staatskasse Galiciens.

Da stört es die (Un-)Verantwortlichen in Kirche und Politik auch weiterhin wohl nur wenig, dass durch einen solchen eher sportlichen Leistungswettbewerb mit dem Siegerpreis in Form eines letztlich historisch verfälschten Pilgerzeugnisses die Tradition des Pilgerns als eine eigentlich vorrangig spirituelle Praxis genauso hemmungslos pervertiert wird wie auch die Kernbotschaft des christlichen Glaubens. Letzterer ergreift ja eher besondere Partei für die Armen und Schwachen und setzt dabei dem Denken in gewohnter Manier einer besinnungslosen Leistungsgesellschaft der Starken und Fitten vielmehr ja ganz bewusst eine Rückbesinnung auf Demut, Rücksicht und Selbstbescheidenheit entgegen.

Und dass die Natur und heimische Kultur am Wegrand und damit auch der Jakobsweg selbst droht, infolge dieser verhängnisvollen Regel auf den letzten 100 km vor Santiago vor lauter Pilgerkommerz vor die Hunde zu gehen, ist wohl auch nur ein mit Bedauern hinzunehmender Kollateralschaden, so lang der Rubel ja wie gewohnt noch immer reichlich rollt.

Der derzeit im Umlauf befindliche Vorschlag, die „Pflichtstrecke" für so ein qualifiziertes Pilgerzeugnis von 100 km auf 200 oder 300 km zu verlängern, ist in dieser Diskussion m. E. kaum zielführend, da dies wohl eher dazu führen wird, das gleiche Problem auch noch auf die Strecke vor den letzten 100 km auszuweiten, und dabei kaum zu einer Rückbesinnung auf die inneren Werte des Pilgerns führen wird. Denn diese können ja sicher nicht an der Länge der gelaufenen Kilometer gemessen werden, sondern bleiben immer ein tief persönliches Erlebnis jedes Einzelnen.

Als aufgeklärter Pilger oder als selbstbewusste Pilgerin könnten Sie aber zum Glück allen bisher regelmäßig im Sande verlaufenen Reformen dieses immer offensichtlicheren Übels zum Trotz bereits vorgreifen und für sich und andere ein kleines Zeichen setzen, indem Sie schlicht und einfach auf ein solch zweifelhaftes Pilgerzeugnis und die damit verbundene Unterstützung von dessen Profiteuren verzichten.

☺ Fragen Sie sich doch, bevor Sie sich auf den Weg zum Pilgerbüro machen, selbst, ob Sie Ihre Zeit in Santiago wirklich damit verbringen wollen, sich von einer kirchlichen Stelle auf Ihre erbrachte Pilgerleistung hin prüfen zu lassen, um daraufhin ein Papier zu erhalten, in dem letztlich nichts anderes bestätigt wird als das, was Sie eigentlich auch ohne eine solche Prozedur wissen könnten – nämlich, dass Sie den Jakobsweg gepilgert und in Santiago angekommen sind.

Abgesehen davon: Als Souvenir und Andenken an Ihren ganz persönlichen Jakobsweg ist erfahrungsgemäß z. B. Ihr täglich gestempelter Pilgerausweis wohl noch besser geeignet als ein solches Papier. Und wenn Sie darüber hinaus wirklich so etwas wie ein offizielles „Zeugnis", das Ihren Namen trägt, als Souvenir mit nach Hause nehmen wollen, können Sie bei den Franziskanern von Santiago gegen eine freiwillige Spende für die Obdachlosen in Santiago das sogenannte Zeugnis **„Mcmorandum"** bekommen. Dieses wird ganz im Sinne der wahrhaft alten christlichen Tradition der ursprünglichen Compostela nämlich bewusst für alle (auch behinderte und alte Menschen, die keine 100 km laufen können) ohne vorherige Leistungsprüfung ausgestellt. Sie bekommen dieses – noch zu 100 % auf analogem Wege - in der Kirche der Franziskaner (☞ Nr. 9 im Stadtplan von Santiago, S. 241, ⌚ täglich 10:00 bis 12:30 und 17:00 bis 19:30).

In **Finisterre** und **Muxía** angekommen können Sie Ihre Zeugnissammlung übrigens noch um je ein weiteres Exemplar vervollständigen (weitere Hinweise zu kostenlosen PDF-Downloads ☞ S. 241).

Der Pilgerstab

Ähnlich wie die Jakobsmuschel gilt auch der Pilgerstab als ein Erkennungszeichen der Pilger. Seine Herkunft ist rein pragmatischer Art. Er diente den Pilgern als Hilfe bei der Überquerung von Bächen und anderen schwierigen Wegpassagen und bewies seinen Nutzen darüber hinaus bei der tatkräftigen Verteidigung gegen Hunde und wilde Tiere. Auch heute kann er durchaus noch von Nutzen sein (☞ Reise-Infos von A bis Z/Ausrüstung).

Reise-Infos von A bis Z

Semana Santa in Salamanca (rj)

Anreise

Die Anreise erfolgt vermutlich in den meisten Fällen im Wesentlichen per Flugzeug, da der Weg zum Startpunkt nach Sevilla aufgrund der großen Entfernung wohl kaum anders machbar ist. Direktflüge nach Sevilla müssen dabei nicht unbedingt teuer sein, da auch Billigfluglinien wie Ryanair von verschiedenen Städten hierher verkehren. Auch finden sich in Südspanien und Südportugal weitere Flughäfen, die direkt von Billigfliegern angesteuert werden können.

Leider wird durch Flugreisen aber bekanntlicherweise das Weltklima weiterhin malträtiert und die ohnehin hohen Temperaturen in Südspanien steigen noch weiter. Das bedeutet aber nicht, dass Sie als Naturfreund und damit Klimaschützer gleich das Handtuch werfen müssen. Achten Sie z. B. darauf, dass Sie nur Direktflüge nach Spanien buchen und auf Inlandsflüge in Deutschland und Spanien verzichten. Die Seite 🖥 www.rom2rio.com kann Ihnen hier recht behilflich sein. Eine Überlegung wert ist es auch, zunächst erst nach Madrid zu fliegen, wohin zahlreiche günstige Flüge führen, und dann weiter mit dem Zug anzureisen. Zugverbindungen suchen und buchen Sie hier über die auch englischsprachige Seite 🖥 www.renfe.com. Sie sollten aber genug Umsteigezeit einberechnen.

Ihr durch den Flug nun gut gefülltes „CO_2-Sündenkonto" sollten Sie besser nicht (nur) durch die von den Fluggesellschaften angebotenen CO_2-Kompensationsprojekte auszugleichen versuchen, da deren Wirksamkeit oft keiner seriösen Prüfung standhalten. Vertrauenerweckender sind z. B. die Projekte des mehrmaligen CO_2-Kompensationsanbieter-Testsiegers 🖥 www.atmosfair.de, der Ihnen z. B. für einen Linienflug von Frankfurt nach Sevilla für € 12 eine halbwegs tragfähige Absolution erteilt.

Ausrüstung

Da es auf der Vía de la Plata große Klimaunterschiede gibt (☞ Reise-Infos von A bis Z, Klima und Reisezeit) variiert auch die Kleidung je nach Region und Jahreszeit.

Einen erfahrenen Pilger erkennt man an seinem leichten Rucksack. Täglich einen schweren Rucksack über den Weg zu schleppen ist weder notwendig noch eine sportliche Heldentat und macht auf keinen Fall Spaß.

Allgemein geht man davon aus, dass ein Wanderrucksack nicht mehr als 10 % des eigenen Körpergewichtes wiegen darf. Bei Strecken, die über eine Woche in Anspruch nehmen, kann man noch 1 bis 2 kg dazuzählen. Für eine 80 kg schwere Person sind also allerhöchstens 10 kg angemessen, wobei normal auch schon 8 bis 9 kg voll ausreichen. Darum ist es ratsam – und dies ist wörtlich gemeint – beim Packen des Rucksacks die Waage zurate zu ziehen, mit der Sie jedes einzelne Teil, das Sie mitnehmen wollen, auf sein Gewicht hin prüfen.

Wenn Sie nicht mehr mitnehmen, als in der nachfolgenden Packliste aufgeführt ist, können Sie das eben genannte Gewicht sicher einhalten. Die Liste ist meinem kleinen allgemeinen Pilgerratgeber „Pilgern auf den Jakobswegen" (☞ S. 33) entnommen, wo Sie auch eine ausführliche Beschreibung der verschiedenen Einzelposten finden.

Transport und Schlafen
- [ ] bequemer, verstellbarer Rucksack mit Hüftgurt
- [ ] Regenschutz für Rucksack oder ca. 4 knisterarme Tüten
- [ ] Schlafsack, je nach Jahreszeit möglichst leicht (☞ S. 41 „Decken")
- [ ] kleines Handtuch, am besten ultraleicht
- [ ] diebstahlsichere Geldtasche
- [ ] evtl. Isomatte zum Schlafen in Notunterkünften

Bekleidung
- [ ] leichte, eingelaufene Wanderschuhe, am besten mit Sporteinlagen
- [ ] leichte (Lauf-)Sandalen oder Laufschuhe
- [ ] 2 Paar eingelaufene Wandersocken
- [ ] 1 Paar leichte Freizeitsocken
- [ ] 3 bequeme Unterhosen
- [ ] 2 bis 3 T-Shirts, evtl. als Funktionsshirt
- [ ] lange leichte Wanderhose, evtl. mit Innenfutter
- [ ] kurze bequeme Hose, am besten mit Gummizug
- [ ] leichter, aber warmer Pulli oder Jacke aus Fleece
- [ ] leichte Windjacke
- [ ] einfache, leichte Regenjacke oder Regenponcho
- [ ] Hut, z. B. Strohhut
- [ ] evtl. sehr leichter Baumwollpulli (Rolli) oder langes Unterhemd
- [ ] evtl. lange Unterhose aus Mikrofaser
- [ ] evtl. zwei Teile sehr leichte Freizeitbekleidung und/oder Sport-BH

Körperpflege
- [ ] Sonnenschutzcreme mit hohem Lichtschutzfaktor
- [ ] Zahnbürste und Zahnpastakonzentrat oder ½ Zahnpastatube
- [ ] ½ Seife für Körper-, Haar- und Kleiderwäsche (später nachkaufen)
- [ ] 1 bis 2 Einwegrasierer aus Plastik bzw. Damenbinden für Frauen
- [ ] ½ Rolle WC-Papier

Medikamente
- [ ] ½ oder 1 Rollenpflaster
- [ ] ½ oder 1 Packung Compeed
- [ ] 2 bis 3 Wundpflaster
- [ ] ½ Tube Hautcreme gegen Entzündung (z. B. bei Wundreiben)
- [ ] ½ Tube Hirschtalgkreme (Prophylaxe gegen Wundreiben)
- [ ] wenige Milliliter Desinfektionsmittel (z. B. 6 ml Kodan)
- [ ] eine sehr kleine Schere (Nagelschere)

- ☐ Akutpillenset (je 2 bis 3 Tabletten bzw. Dosen gegen Durchfall, Elektrolyteverlust, Schmerzen, Erkältung, Fieber)
- ☐ persönliches Pillenset (Medikamente z. B. gegen Magensäure, Allergieschock oder Bluthochdruck, evtl. Kondome oder die Pille usw.)
- ☐ evtl. eine kleine (½) Tube Voltaren

Sonstiges
- ☐ ultraleichte Taschenlampe mit LED oder eine kleine Stirnleuchte
- ☐ eine Nähnadel mit je einem Meter Näh- und Bindfaden
- ☐ Sicherheitsnadeln
- ☐ Kugelschreiber
- ☐ Jakobsmuschel
- ☐ Sonnenbrille oder staubdichte Gletscherbrille
- ☐ evtl. Brille oder Kontaktlinsen, deren Pflegemittel sowie Ersatz
- ☐ evtl. Ohropax
- ☐ evtl. 2 m Wäscheleine
- ☐ evtl. kleines Tagebuch (Din A5-Heft oder kleiner)
- ☐ evtl. Wanderstab, Pilgerstab oder Teleskopstöcke
- ☐ evtl. Digitalkamera
- ☐ evtl. Handy bzw. Smartphone und Ladegerät (☞ S. 39)

Papiere
- ☐ Flugtickets
- ☐ Personalausweis
- ☐ Pilgerausweis
- ☐ diesen Pilgerführer (mit Updates ☞ S. 33)
- ☐ Adressenliste von Freunden, Hausarzt und Hausbank
- ☐ Papiere bzw. Karte für Auslandskrankenversicherung
- ☐ Girocard (EC-Karte)
- ☐ evtl. aktuelle Liste der Herbergen
- ☐ evtl. weitere wichtige persönliche Daten (Impfungen) und Adressen
- ☐ evtl. einige doppelseitig kopierte Seiten mit Literatur oder einen E-Reader

Ernährung
- ☐ leichte Trinkflasche für 0,75 bis 1 l
- ☐ etwas leicht verdauliche, kalorienreiche Nahrung (z. B. 3-4 Bananen)
- ☐ Messer und Gabel aus Aluminium oder mit Plastikgriff
- ☐ evtl. einige Mineral- und Vitamintabletten

Grundsätzlich gilt:

Nur so viel kaufen, wie man unmittelbar aufbraucht. Größere Packungen vermeiden, mit den Pilgerfreunden teilen oder anstelle einer Spende in der Pilgerherberge lassen. Keinen falschen Stolz zeigen und sich in Engpässen helfen lassen und helfen. Andenken erst in Santiago kaufen.

Leichten Schlafsack mitnehmen und notfalls in Kleidern schlafen. Unnötige Dinge heimschicken oder verschenken.

Wanderstab

Im Allgemeinen sind Wanderstöcke zu empfehlen, da sie zusätzlichen Halt bieten und auch die Hände zur Unterstützung verwendet werden können. Sollten Sie sehr viel und oft zu Fuß unterwegs sein, sollten Sie eventuell auf diese verzichten, da Ihr eingeübter Laufstil irritiert oder verlangsamt werden könnte. Probieren Sie es am besten vorher 2 bis 3 Tage aus und entscheiden Sie selbst.

Als Pilger können Sie einen Pilgerstab von einem Baum im Wald abbrechen. Ist der zu schwer oder laufen Sie große Strecken, kann es schon mal zu Blasen an den Händen oder einer Sehnenentzündung kommen. Ein guter Pilgerstab sollte 20 cm größer als sein Benutzer, leicht und aus elastischem Holz sein. Sie können auch Teleskopstöcke benutzen. Zu empfehlen sind auch herkömmliche Wanderstäbe mit oben abgerundetem Griff. Dieser sollte bis zur Gürtellinie reichen.

Bus und Bahn am Weg

Es lässt sich trefflich darüber streiten, ob es angemessen und letztlich auch sehr hilfreich ist, in einem Pilgerführer (aus Platzgründen zwangsläufig sehr unvollständige) Informationen zu öffentlichen Verkehrsmitteln wie z. B. Linienbussen zu geben. Mit dieser Auflage habe ich auf die milde Fürsprache des Verlages hin der Bitte einiger Pilger nachgegeben und an den Orten, an denen sich zumindest gemäß den Angaben der Unternehmen Haltestellen befinden, das entsprechende Symbole für Bushaltestellen eingefügt. Diese Information ist jedoch auch sehr trügerisch, da es keinesfalls sicher ist, ob und wann dort tatsächlich ein Bus hält. Bei kleinen Ortschaften sollten Sie besser davon ausgehen, dass dies nur (sehr) selten der Fall sein wird. In größeren Orten und an Nationalstraßen stehen die Chancen wesentlich besser.

Nicht jede Haltestelle ist als solche gekennzeichnet und umgekehrt wird nicht jede sichtbare Haltestelle noch bedient. Grundsätzlich sollten Sie, da die Busse nicht immer pünktlich sind, 5 bis 10 Minuten vor Abfahrtszeit an der Haltestelle stehen und dann, wenn sich der Bus nähert, auch rechtzeitig anhand geeigneter Gesten Ihrem Begehren Ausdruck verleihen.

Die aktuellen Abfahrtszeiten können Sie z. B. mithilfe eines Sprachführers (☞ S. 39) bei Bars oder eventuell der Nachbarschaft erfragen. Auch die nahe gelegenen Touristeninformationen oder Rathäuser helfen gelegentlich weiter.

Weitere hilfreiche Informationen erhalten Sie neben Suchmaschinen wie www.rom2rio.com auch auf den Internetseiten und evtl. in den Apps der folgenden regionalen und überregionalen spanischen Unternehmen, die auch Bus- und Zugtransfers entlang der Vía de la Plata anbieten:
- Nationales Busunternehmen „Alsa"
- Nationale Bahngesellschaft „Renfe"

- ♦ Busunternehmen in Südspanien „Leda"
- ♦ Busunternehmen in Galicien „Monbus"
- ♦ Busunternehmen in Galicien „Arriva"

Einkaufen

Lebensmittelgeschäfte gibt es relativ häufig und je größer ein Ort ist, desto größer sind auch die Lebensmittelgeschäfte: vom kleinen Tante-Emma-Laden über kleine Selbstbedienungsgeschäfte bis hin zu großen Supermärkten in den Städten. Da die Übergänge fließend sind, gebe ich lediglich an, ob es in dem betreffenden Ort eine Einkaufsmöglichkeit gibt oder nicht, und kennzeichne diese dann mit diesem 🛒 Symbol.

Bar, Laden und Wirt in Padornelo (rj)

Erste Hilfe

Zur eigenen Reiseapotheke sollten normales Pflaster, spezielles Blasenpflaster, eine Nagelschere, Desinfektionsmittel, eine infektionshemmende Salbe und eine Binde gehören. Das größte Problem ist, wie man der Entstehung von Blasen vorbeugt und sie behandelt.

Die wichtigsten Tipps zur Vorbeugung sind:
▷   nur gut eingelaufene Schuhe tragen

▷ Socken und Strümpfe möglichst ohne Nähte tragen oder mit der Innenseite nach außen, um den Druck der Nähte zu verringern
▷ Druckstellen vor der Wanderung mit Rollenpflaster abkleben, die Füße mit Hirschtalg einschmieren oder dünne Nylonsöckchen oder abgeschnittene Damenstrümpfe unter die normalen Socken oder Strümpfe ziehen

☺ Spätestens dann, wenn Sie eine Druckstelle im Schuh spüren, sollten Sie sofort anhalten und diese mit Leukoplast abkleben. Zur Behandlung von Blasen gibt es unterschiedliche Tipps: Wenn sie schmerzen oder zu groß werden, sollte man sie aufstechen, desinfizieren und gut trocknen lassen, sodass sich so schnell wie möglich neue Haut bilden kann. Es gibt neue und sehr wirkungsvolle Blasenpflaster (z. B. Compeed).

Bedenken Sie: Der häufigste Grund für den Abbruch einer Tour sind kaputte Füße. Gönnen Sie sich im Zweifelsfall lieber einen Tag Pause, bevor Sie später ganz abbrechen müssen. Apotheken gibt es in zahlreichen Orten. Auch Sonntagsdienste sind eingerichtet. Gerne hilft auch das Rote Kreuz.

Essen und Trinken

Überall in Spanien kann man in zahlreichen Restaurants Mittags- und Abendmenüs (*menú del día*) bekommen, seltener auch am Wochenende. Ein solches Menü in einfacher oder mittlerer Qualität kostet zwischen € 10 und 14 und bietet verschiedene Vor-, Haupt- und Nachspeisen zur Auswahl und meist auch ein Getränk. Auch einige Pilgerherbergen bieten bereits Menüs für Pilger an.

In den Herbergen gibt es nicht immer eine Kochgelegenheit und bei den relativ günstigen Preisen sollte man überlegen, ob es sich überhaupt lohnt, selbst zu kochen. Außerdem hat man so häufig Gelegenheit, regionale Spezialitäten zu probieren.

Was die Qualität des Essens angeht, so kann hier wenig Allgemeines ausgesagt werden, da die Geschmäcker und Angebote doch sehr verschieden sind. Es entsteht aber manchmal der Eindruck, dass man sich auf der Vía de la Plata noch nicht überall auf die Wünsche der Pilger eingestellt hat. Ein Pilgermenü gibt es nur selten und oft wird eher Hausmannskost angeboten. Nicht alle guten Herbergen haben auch gutes Essen, was aber kein Pauschalurteil sein soll. Die Essenszeiten sind anders als in Deutschland: Zu Mittag isst man zwischen 13:00 und 15:00 und zu Abend erst ab etwa 20:00, in Galicien auch schon mal ab 19:00.

Etappen

Eigentlich halte ich es nicht für sinnvoll, Etappenempfehlungen zu geben, weil jeder Wanderer ganz unterschiedliche Entfernungen zurücklegt und diese Empfehlungen letztlich nur selten berücksichtigt werden. Darum werden nur die Distanzen von einer Pilgerunterkunft zur nächsten angegeben, sodass sich jeder sein individuelles Programm zusammenstellen kann.

Geld

Je nachdem, wo man übernachtet und wie häufig man Restaurants und Bars in Anspruch nimmt, muss man mit täglichen Ausgaben von € 30 bis 45 rechnen.

Am einfachsten ist es, mit einer Girocard mit dem Maestro-Symbol Geld abzuheben, denn jede Kleinstadt hat mindestens eine Bank und fast alle Banken haben Geldautomaten. Merken Sie sich während der Reise, bei welchen Automaten Ihnen keine Gebühren berechnet werden!

☺ Nehmen Sie nicht unnötig viel aber auch auf keinen Fall zu wenig Geld mit, auf einigen Abschnitten des Weges finden Sie über lange Strecken keinen Geldautomaten.

GPS-Daten

Es gibt verschiedene Wanderkarten für diesen Jakobsweg. Da der Weg aber idiotensicher gekennzeichnet ist, sind Karten im Prinzip nicht notwendig.

GPS-Fans können sich die Tracks zum Weg meist kostenlos von den Internetseiten verschiedener Anbieter herunterladen. Da die Seiten in der Verantwortung verschiedener unabhängiger Betreiber liegen, sind die Verläufe der Tracks nicht immer mit der Wegbeschreibung in diesem Buch identisch.

Information

Jakobusgesellschaften in Ⓓ, Ⓐ und ⒸⒽ

Eine komplette Liste der Jakobusgesellschaften finden Sie unter folgender Adresse: 💻 www.jakobus-info.de. Bei folgenden Gesellschaften können Sie auch den auf S. 20 näher beschriebenen Pilgerausweis bestellen. Die angegebenen Preise beziehen sich auf jeweils einen Pilgerausweis einschließlich Inlandsversand. Was nähere Informationen angeht, verweise ich aus Platzgründen auf die jeweiligen Internetseiten.

- Ⓓ Stiftung Haus St. Jakobus, Schwäbische Jakobusgesellschaft, Kapellenberg 58-60, 89610 **Oberdischingen**, ☎ 073 05/91 95 75, 💻 www.haus-st-jakobus.de, Pilgerausweise gegen Spende in frei wählbarer Höhe
- ♦ Santiago-Freunde Köln, c/o N. Wallrath, Knapsackstraße 2, 50354 **Hürth**, ☎ 022 33/87 54 88, 💻 www.santiagofreunde.de, Pilgerausweis gegen Spende
- ♦ JakobsFreunde Passau e. V., Drosselweg 4, 94036 **Passau**., 📱 01 71/932 95 24, 💻 www.jakobsfreunde.de, Pilgerausweise aus lobenswerter Eigenproduktion für € 6,80
- ♦ Jakobusgemeinschaft Rohrdorf e. V., z. H. Hans Maier, Dieselstr. 4, 84453 **Mühldorf am Inn**, 💻 www.jakobusgemeinschaft.de, Pilgerausweis mit extra viel Platz aus lobenswerter Eigenproduktion für € 7
- ♦ Fränkische St.-Jakobusgesellschaft Würzburg e. V., Petrinistraße 33a, 97080 **Würzburg**, ☎ 09 31/250 88 50, 💻 www.jakobus-franken.de, Pilgerausweis für € 7,65
- ♦ Freundeskreis der Jakobuspilger, Busdorfmauer 33, 33098 **Paderborn**, ☎ 052 51/506 86 77 oder 147 47 94, 💻 www.jakobusfreunde-paderborn.com, Pilgerausweis online für € 9,60

- Deutsche St. Jakobusgesellschaft e. V., Tempelhofer Straße 21, 52068 **Aachen**, ☎ 02 41/510 00 62, 🖳 www.deutsche-jakobus-gesellschaft.de, Pilgerausweis gegen eine erbetene Spende in Höhe von € 10
- (A) Jakobsgemeinschaft Tirol, Domplatz 6, A-6020 **Innsbruck**, ☎ 05 12/58 39 02, ✉ jakobsgemeinschaft.tirol@dibk.at, 🖳 dibk.at/jakobsgemeinschaft, Pilgerausweise aus lobenswerter Eigenproduktion gegen Spende
- Jakobusgesellschaft Salzburg, Tegetthoffstraße 11, 5071 **Wals-Siezenheim**, ☎ 06 62/85 53 65, 🖳 www.jakobusgemeinschaft.at, Pilgerausweise für (wohl leidlich kostendeckende) € 5
- (CH) Schweizerischen Vereinigung der Freunde des Jakobsweges, Dorfstraße 4, 3856 **Brienzwiler**, ✉ sekretariat@viajacobi4.ch, 🖳 www.viajacobi4.ch, Pilgerausweise für ca. CHF 10

Aktuelle Informationen und Updates

Dieser Pilgerführer wurde bis Mai 2024 aktualisiert und überarbeitet. Da aber gerade die Vía de la Plata derzeit in einem schnellen Wandel begriffen ist und der Autor dieses Buches leider ebenso wie jeder normale Mensch nicht in der Lage ist, in die Zukunft zu blicken, werden einige der hier beschriebenen Informationen womöglich bereits in kurzer Zeit teilweise überholt sein. Halten Sie sich also anhand der gleich genannten Internetadressen auf dem Laufenden.

Updates

Der Conrad Stein Verlag veröffentlicht **Updates zu diesem Buch**, die direkt vom Autor oder von Lesern dieses Buches stammen. Schauen Sie doch vor der Abreise – oder wenn sich auf dem Weg die Möglichkeit – bietet auf die Verlagshomepage. Hier können Sie auch feststellen, ob bereits eine Folgeauflage dieses Führers erschienen ist. Der abgebildete QR-Code führt Sie direkt dorthin.

🖳 www.conrad-stein-verlag.de

Sollten auch diese Updates nicht (mehr) aktuell sein, so hadern Sie besser nicht mit dem ständigen Wandel der Zeit oder gar mit dem vorliegenden Pilgerführer, sondern verfassen Sie eine E-Mail an den Verlag (✉ info@conrad-stein-verlag.de), damit diesem Missstand bald wieder Abhilfe geschaffen werden kann.

Internetseiten, Pilgerforen und Facebookgruppen

Natürlich gibt es inzwischen zahlreiche, leicht auffindbare Internetseiten von Pilgerfreunden und auch Facebook-Gruppen zur Vía de la Plata.

📖 Allgemeine Fragen zum Pilgern wie z. B. „Allein oder in der Gruppe?", „Mit dem Rad oder zu Fuß?" sowie eine kommentierte Packliste und Tipps für die sportliche, mentale und praktische Vorbereitung, Gesundheit, Ernährung, Hygiene, psychische Probleme, Leben in den Herbergen, weiterführende Literatur und Adressen werden in meinem Büchlein „Pilgern auf den Jakobswegen" behandelt.

♦ Raimund Joos: **Pilgern auf den Jakobswegen**, Conrad Stein Verlag, Band 197, ISBN 978-3-86686-394-1, € 12,90

Klima und Reisezeit

Das Klima an der Vía de la Plata ist sehr unterschiedlich, denn sie führt von der subtropischen Klimazone Andalusiens ins gemäßigte Klima Galiciens und überwindet dabei die kalte kastilische Hochebene und zwei Gebirgszüge. Einige Höhenlagen und Temperaturen seien hier als erste Referenz genannt: Sevilla in der Region Andalusien, Ausgangspunkt der Vía de la Plata, liegt nur 12 m ü. NN gegenüber Mérida mit 221 m und Cáceres mit 439 m ü. NN in der Region Extremadura. Trotz der unterschiedlichen Höhen sind jedoch Andalusien und Extremadura derselben Klimazone mit sehr heißen Sommern zuzuordnen: Im Mai und September können die Temperaturen über 30 °C steigen und im Juli und August 40 °C erreichen; die Nachttemperaturen liegen dann zwischen 20 und 30 °C.

In Andalusien gibt es praktisch keinen Winter und auch in der Extremadura sind die winterlichen Temperaturen ziemlich mild und es gibt praktisch keinen Frost. Allerdings ist es auch hier nachts und am Morgen kalt, weshalb es ratsam ist, einen warmen Schlafsack und warme Bekleidung für die Morgenstunden mitzunehmen. Auch Regenkleidung sollte man wie immer zur Sicherheit mitnehmen.

Das zentralspanische Kastilische Scheidegebirge ist auch Wetterscheide und verläuft auf etwa 1.000 m; auf der nordkastilischen Hochebene liegen Salamanca 800 m, Zamora 650 m, Astorga 869 m und Sanabria 898 m. Die kastilischen Sommer können sehr heiß sein, aber die Nächte sind immer kühl und erlauben frühmorgendliches und spätnachmittägliches Wandern. Die Winter sind dagegen kalt mit teilweise strengen Nachtfrösten und auch Schnee kann es geben, besonders natürlich in den Gebirgen an den Grenzen zur Extremadura im Süden und zu Galicien im Norden, wo es ausnahmsweise sogar im November und April gelegentlich schneien kann.

Das größte orografische Problem ist das Gebirge zwischen Kastilien und Galicien, das die Pilger auf 1.360 m hinaufführt und mitteleuropäisches Gebirgsklima bietet. Dahinter liegt das grüne gemäßigte Galicien mit warmen Sommern, in denen die Temperaturen selten 30 °C übersteigen, und milden Wintern, in denen es – sobald man die Berge verlassen hat – selten Frost und Schnee gibt. Allerdings regnet es sehr viel und die Niederschläge sind mit einem guten Dutzend Regentagen pro Monat gleichmäßig über das ganze Jahr verteilt. Ourense liegt übrigens nur 125 m und Santiago de Compostela 264 m ü. NN.

Bei solch unterschiedlichen Klimazonen stellt sich natürlich die Frage nach der besten Reisezeit. **Grundsätzlich sollten Sie die Monate Juli und August in Andalusien und der Extremadura meiden**. Wenn Sie sich dennoch in diesen Monaten auf den südlichen Teil der Vía de la Plata wagen, was bereits zu einigen Todesfällen geführt hat, so ist es unerlässlich, auf einen ausreichenden Wasservorrat zu achten, und auch von Alleingängen ohne persönlichen Wegbegleiter ist dann aus Sicherheitsgründen auf jeden Fall absolut abzuraten. Auch die Unterstützung von selbst ernannten „Camino-Engeln" o. Ä., welche (entgegen der allgemeinen Gewohnheit der echten himmlischen Gottesboten) für ein nicht geringes Entgelt eine Wegbegleitung per Handy anbieten, wird Ihnen ebenso wie auch eine gewöhnliche kostenlose Notfallnummer im Ernstfall nicht weiterhelfen. Denn wenn Sie verunglücken, keine Netzverbindung haben, Ihr Handyakku versagt oder Sie selbst oder Ihr Handy schlicht einen Hitzeschlag erleiden, werden Sie dann auch keinen Anruf mehr tätigen können. Auch die Monate Juni und September können im südlichen Teil des Weges mit Temperaturen über 30 °C aufwarten, was dann durchaus eine konditionelle und planerische Herausforderung bedeuten kann. Brechen Sie dann am besten schon kurz vor Sonnenaufgang auf, so dass Sie vor 11:00 bereits den größten Teil der Tagesetappe bewältigt haben, und hängen Sie, wenn die größte Mittagshitze abflaut, noch ein paar Kilometer dran. Der Winter in Kastilien ist ebenfalls mit Vorsicht zu genießen. Es bleiben März bis Juni und September bis November als ideale Reisezeit. Wer den Weg in zwei Teile stückelt, kann natürlich auch im Winter Andalusien und die Extremadura besuchen sowie im Sommer Galicien und meines Erachtens auch Kastilien. Als beliebteste Reisemonate haben sich in den letzten Jahren April, Mai und Oktober etabliert. Ein kleiner Nachteil ist natürlich, dass dann der Platz in den Herbergen gelegentlich etwas knapper wird. Es findet sich aber fast immer irgendeine befriedigende Lösung. Die Karwoche wird von Spaniern erfahrungsgemäß gerne dazu genutzt, einen Kurzurlaub zu machen oder beim Pilgern vorsorglich einige ältere Sünden abzuarbeiten. Während dieser Tage sind dann insbesondere in Sevilla, Salamanca und Zamora die Pensionen und Hostals schon tagelang im Voraus ausgebucht und auch auf dem Weg gestaltet es sich dann schwieriger unterzukommen.

Raureif im November in Kastilien (rj)

Medizinische Versorgung

Mit der europäischen Krankenversicherungskarte (EHIC) können gesetzlich Versicherte ihre im Krankheitsfall entstehenden Kosten im europäischen Ausland über diese abrechnen, in der Regel ohne finanzielle Vorleistungen erbringen zu müssen. Dies gilt aber nur für eine akut notwendige Behandlung in öffentlichen Einrichtungen und bei Kassenärzten. Dennoch ist es zu empfehlen, für die Dauer des Aufenthaltes eine Auslandsreise-Krankenversicherung abzuschließen. Sie können dies oft für einen sehr geringen Betrag bei Ihrer Bank oder Versicherung erledigen.

Bei Privatversicherten gestaltet sich die Leistungserstattung unterschiedlich nach den jeweiligen Richtlinien der Kasse und gewöhnlich muss Vorauszahlung geleistet werden. Nehmen Sie daher vor Ihrer Abreise Kontakt mit Ihrer Kasse auf und lassen Sie sich über die jeweils geltenden Bedingungen unterrichten. Auch hier empfiehlt sich oft der Abschluss einer Auslandsreise-Krankenversicherung.

In Spanien werden Sie im Normalfall in einem öffentlichen Gesundheitszentrum (sp: *centro de salud oder centro médico*) in unkomplizierter Weise von Ihren typischen Pilgerleiden befreit. In Notfällen können Sie es in größeren Städten auch bei der Abteilung *urgencia* eines Krankenhauses (sp: *hospital*) versuchen.

Notruf

Telefonnummer für Polizei, Feuerwehr, Notarzt bzw. Krankenwagen: ☏ 112. Unter der Nummer 902 102 112 können Sie in deutscher Sprache Anzeige erstatten. Sollte Ihre **Kreditkarte** abhandengekommen sein, so versuchen Sie es für den Fall, dass Sie über keine andere Notrufnummer Ihrer Bank verfügen, mit den folgenden internationalen Nummern ☏ 915 19 60 00 oder 90 09 74 44 45.

Post

Heute finden Sie in Spanien in jedem größeren Dorf eine Poststelle. Auch funktioniert der Postweg wesentlich besser, sodass Sie innerhalb Europas mit 3 bis 5 Tagen bis zur Zustellung rechnen können. Ein Brief oder eine Postkarte ins europäische Ausland wird mit € 1,70 frankiert. Für ein einfaches, unversichertes Päckchen (sp: *como carta*) nach Deutschland bis 1 kg Gewicht zahlen Sie € 13,35 und bis 2 kg müssen Sie mit € 21,25 rechnen. Wesentlich günstiger ist ein Paket an das Postamt in Santiago, wo Sie es postlagernd (sp: *lista de correos*) aufbewahren lassen können (als „Paq. Peregrino" bis zu 15 kg für € 20,95). Achtung: Wenn Sie auf dem Sendeformular als Absender eine Adresse angeben, wird das Paket nach 15 Tagen wieder zurück an diese Adresse geschickt. Geben Sie also besser nur Ihren Namen und Ihre Telefonnummer an. Ab dem 15. Tag wird allerdings eine Lagergebühr von € 1 pro Tag erhoben. Wertvolle Sachen sollten Sie besser per Einschreiben (sp: *correo certivicado*) verschicken, was je nach Gewicht zusätzlich ca. € 4 mehr kostet.

Auch die Casa Ivar in Santiago bietet je nach Größe für € 15 bis 35 einen Gepäcklagerservice für bis zu 90 Tage an, 🖥 www.casaivar.com, ☎ 625 176 571.

Radfahrer

Radler, die die Vía de la Plata nur auf Landstraßen zurücklegen, werden den Zauber des Weges kaum ganz genießen können. Die ersten 3/4 der Vía de la Plata sind größtenteils mit stabilen geländegängigen Fahrrädern gut machbar, wobei Mountainbikes besser und sicherer sind – natürlich muss man gelegentlich absteigen und schieben oder die wenigen besonders problematischen Teilstrecken umfahren, aber darauf wird im entsprechenden Fall extra hingewiesen. Seit neuerer Zeit wurde entlang der Vía de la Plata auch der Europaradwanderweg Nr. 1 gekennzeichnet, den Sie an einer „1" vor blauem Hintergrund, umgeben von einem Ring gelber Sterne, erkennen. Die Kennzeichnung mag zusätzlich zu den Beschreibungen hier im Buch evtl. eine zusätzliche Hilfe darstellen, umgeht aber auch gelegentlich ohne Not schöne Strecken des Originalweges und ist auch nicht vollständig gekennzeichnet und damit evtl. auch stellenweise irreführend.

Erst im Gebirge zwischen Kastilien und Galicien und dann in Galicien selbst wird der Weg schwieriger und etwas Erfahrung, gute Kondition und ein Mountainbike sind unbedingt notwendig, wenn man nicht ständig auf die Straße ausweichen will. In den Städten passiert der Radpilger einige Einbahnstraßen, bei denen aber auch oft vorsichtig auf den Bürgersteig ausgewichen werden kann. Die Beschreibungen in diesem Buch dienen also sowohl Radfahrern als auch Wanderern. Wo der Weg für Radfahrer nicht oder nur noch sehr schwer machbar ist, werden Ausweichrouten aufgeführt. Ansonsten wird bewusst der authentische Weg beschrieben, welcher auch ein authentisches Erleben dieses alten Weges garantiert.

Die Vía de la Plata ist als noch ursprünglicher Jakobsweg auch für einigermaßen geübte Radfahrer durchaus machbar. Sie ist aber kein Radweg (!) und daher nicht für Radrennen geeignet. Die Devise heißt auch hier „weniger ist mehr". Nehmen Sie sich also genug Zeit und genießen Sie die wundervolle Landschaft. Ich habe bei der Aktualisierung dieses Buches, die ich auf dem Rad vorgenommen habe, für die gesamte Strecke drei Wochen benötigt, wobei ich aber auch mit redaktionellen Tätigkeiten beschäftigt war. Ich empfehle daher auch trainierten Radfahrern, nicht weniger als 14 Tage für die gesamte Strecke zu veranschlagen.

Radler haben natürlich Satteltaschen dabei. Die Reduzierung des Gepäcks ist jedoch auch hier wie bei den Wanderern höchstes Gebot, denn wenn man mit voll bepackten Satteltaschen fährt, wird das Rad schwer kontrollierbar. Wer es verträgt, sollte darum einen Teil des Gepäcks in einem kleinen Rucksack auf dem Rücken tragen. In diesem können Sie dann auch die wichtigsten und wertvollsten Sachen nach dem Absteigen vom Rad immer bei sich tragen.

Auf jeden Fall sollten Sie auf der Vía de la Plata zwei Ersatzschläuche mit sich führen, da hier besonders im Sommer an einigen Orten, z. B. vor Salamanca, bestimmte

Bäume sehr spitze Dornen abwerfen. Lassen Sie sich darüber hinaus fachkundig über einen geeigneten Plattenschutz für Ihr Rad beraten.

Was sonst das Mitführen von Reparaturwerkzeugen und Ersatzteilen angeht, so sollten Sie es hier nicht übertreiben, um Gepäck zu sparen. Sie werden auch in Spanien Radgeschäfte und Bastler finden, die Ihnen weiterhelfen. Nehmen Sie nur das mit, was Sie unbedingt brauchen, um zur nächsten Stadt zu kommen, oder aber Ersatzteile, die sehr schwer zu bekommen sind. Sie brauchen z. B. keinen Ersatzmantel. Diesen können Sie bei Bedarf auch in Spanien kaufen. Bei den Beschreibungen der Ortschaften finden Sie Fahrradwerkstätten unter dem Symbol .

Die An- und Abreise mit dem Zug gestaltet sich für Radfahrer schwierig, weil nicht in allen französischen und spanischen Zügen Fahrräder mitgenommen werden dürfen. In Bussen kann das Fahrrad oft gut verpackt mitgenommen werden. Da jedoch die meisten Pilger die Vía de la Plata mit dem Flugzeug erreichen werden, ist der Transport unproblematisch, wenn das Fahrrad gut verpackt ist. Es kann lediglich Probleme wegen Übergepäck geben.

In spanischen Überlandbussen können Fahrräder in der Regel mitgenommen werden, manchmal mit vorheriger Anmeldung, manchmal ohne. Oft müssen sie aber vorher verpackt und zum Teil demontiert werden. Erkundigen Sie sich also auf jeden Fall beim Kauf der Fahrkarte nach den Bedingungen.

Die billigste Methode kann unter Umständen die sein, sich vor Ort ein billiges gebrauchtes Rad zu kaufen und es später wieder zu verkaufen. Hierzu bedarf es aber etwas Zeit und ausreichender Sprach- und Sachkenntnisse.

Schließlich ist darauf hinzuweisen, dass Fußpilger in manchen Pilgerherbergen Vorrang haben und Radfahrer notfalls auf dem Boden schlafen müssen, was jedoch nur sehr selten einmal nötig ist.

Der Anbieter **Bicigrino** bietet auf seiner Internetseite (bisher leider nur in Spanisch) nützliche kostenlose Informationen wie eine Liste radpilgerfreundlicher Unterkünfte und den freien Download von GPS-Routen für Radpilger. Er verleiht Mountainbikes und E-Bikes

- www.bicigrino.com

- **Radreisen** von Andreas Bugdoll, Conrad Stein Verlag, Basiswissen für draußen, Band 34, ISBN 978-3-86686-657-7, € 9,90

- **Fahrradfahren ultraleicht** von Roland Schmellenkamp, Conrad Stein Verlag, Basiswissen für draußen, Band 286, ISBN 978-3-86686-583-9, € 8,90

Sprache

In Spanien spricht man neben dem Schriftspanisch vielerorts starke Dialekte, so z. B. auch in Galicien. Auf der Vía de la Plata wird, da es sich hier um einen noch nicht sehr touristisch geprägten Weg handelt, wenig Englisch gesprochen. Natürlich kann man sich mit Händen und Füßen unterhalten, aber wer in der Lage ist, einige „Brocken" der Landessprache zu sprechen, zeigt dem Gastgeberland so, dass er dessen Kultur respektiert und wertschätzt. Er wird vielleicht überrascht sein, wie viele Spanier dann ihrerseits bereit sind, einige Worte ihres Schulenglisch zu sprechen oder ein überraschend gutes Deutsch aus ihrer Gastarbeiterzeit an den Tag zu legen. Inzwischen findet man jedenfalls auch auf der Vía de la Plata einige Spanier, die ein wenig Englisch sprechen. Da man Ihnen außerdem wohl ansieht, dass Sie Pilger sind, und es dort allgemein bekannt ist, was Pilger für gewöhnlich wünschen, werden Sie im Allgemeinen keine Probleme haben, sich in den wichtigsten Dingen verständlich zu machen.

Als ausführliche Sprachhilfe empfehle ich Ihnen meinen „Kleinen Pilgersprachführer", der Ihnen ein reichhaltiges Angebot an Pilgerwortschatz und Redewendungen für den Jakobsweg bietet.

 Kleiner Pilgersprachführer von Raimund Joos, Conrad Stein Verlag, Fremdsprech, Band 14, ISBN 978-3-86686-917-2, € 8,90

Telefonieren und Internet

Dank des Wegfalls der Roaminggebühren hat sich das Thema zusätzlicher Kosten für Gespräche in die Heimat eigentlich erledigt und in der Regel findet sich früher oder später auch eine Netzabdeckung auf dem Weg. Wer auf der Vía de la Plata nach reichlicher Überlegung bewusst auf das Smartphone und Handy verzichten will (☞ S. 41), trifft an verschiedenen Stellen wie z. B. Bars gelegentlich noch die guten alten Münzfernsprecher an, wo man zu durchaus bezahlbaren Preisen telefonieren und sich oft auch (über Billigvorwahlnummern) zurückrufen lassen kann.

Die Landesvorwahl lautet für Ⓓ 0049, für Ⓐ 0043 und für die ⒞ⒽⒺ 0041. Spanien erreichen Sie über die Landesvorwahl 0034.

Festnetznummern beginnen in Spanien fast immer mit der Ziffer 9. Auch wenn Sie sich im gleichen Ort befinden, müssen Sie immer auch die Ortsvorwahl mitwählen. Handynummern beginnen immer mit der Ziffer 6.

Unterkunft

Die meisten Pilger übernachten in der Regel in Pilgerherbergen oder günstigen Pensionen, Hostals und Jugendherbergen.

Das älteste und wohl auch heute noch wichtigste Standbein des Netzes dieser Pilgerunterkünfte stellen die **öffentlichen und kirchlichen Herbergen** dar, von denen auch auf der Vía de la Plata glücklicherweise eine stattliche Anzahl zu finden ist. Wenngleich in Galicien von einem guten Netz günstiger, einfacher, aber gepflegter Unterkünfte dieser Art in der Preislage von € 10 gesprochen werden kann, stellt sich die Situation weiter südlich stellenweise nicht ganz so günstig dar. Auch hier gibt es öffentliche Unterkünfte in der Preislage von ca. € 5 bis 10 für die einfache Übernachtung. Das Netz hat hier aber an einigen Stellen Löcher. In der Extremadura soll das **Projekt Alba Plata** zur touristischen Erschließung der Vía de la Plata eigentlich den Betrieb eines Netzes staatlicher touristischer Herbergen in privater Pacht garantieren. Der Preis für die Übernachtung (z. T. mit kleinem Frühstückssnack) beträgt hier in der Regel € 15 (Stand

2024). Allerdings war dieses Projekt bisher ein Musterbeispiel für ein schlecht organisiertes (halb)staatliches Unternehmen. So waren Ende Mai 2024 zum wiederholten Mal, wie im Text näher vermerkt, verschiedene eigentlich voll funktionsfähige Herbergen geschlossen. Zum einen, weil man es bis dahin schlicht nicht hinbekommen hatte, diese nach der Schließung während der Coronapandemie wiederzueröffnen – zum anderen, weil man es wohl einfach verpasst hatte, den mit öffentlichen Mitteln geförderten Projekten vor dem Zuschlag konkrete verbindliche Auflagen zu machen, wie lange die eigentlich als öffentliche Herbergen geförderten Immobilien dann später auch wirklich als Herbergen genutzt werden müssen. Ganz im Sinne einer gut geschmierten Vetternwirtschaft werden diese nun stellenweise anderweitig genutzt ... und so werden verschiedene Betreiber ortsansässiger kommerzieller Unterkünfte mit einem lukrativen Quasi-Monopol für die Unterbringung von Pilgern ausgestattet ... Bei fast allen Herbergen, die heute in der Extremadura unzuverlässig oder gar nicht geöffnet sind, handelt es sich aktuell um noch bestehende oder ehemalige Herbergen dieses Projektes, die später verkauft wurden und bis heute teilweise auch aufgrund baulicher Mängel oder offensichtlicher Fehlkonstruktionen nicht ohne Weiteres (wieder)eröffnet werden können.

Mit den Jahren sind auch zahlreiche **private Herbergen** auf dem Weg entstanden, die sich in der Preislage von € 12 bis 15 bewegen. Bei diesen ist im Gegensatz zu den öffentlichen und kirchlichen Herbergen mit wenigen Ausnahmen eine Reservierung möglich. Die Herbergen werden zum Teil von Pilgerfreunden geführt, welche diese Aufgabe mit viel Herzblut betreiben. In der Regel handelt es sich aber um Ortsansässige, welche durch ihre tägliche Arbeit aber nicht minder engagiert mit dem Weg und seinen Pilgern verbunden sind.

Einige wenige private Herbergen bitten um eine Spende, die, wenn eine ähnliche Qualität wie bei öffentlichen oder anderen privaten Herbergen geboten wird, folglich im Regelfall auch nicht wesentlich geringer als die eben genannten Preise ausfallen sollte, wenn Sie nicht wollen, dass letztendlich jemand anderes die Rechnung für Sie zahlen muss. Es bedarf wohl keiner vertieften betriebswirtschaftlichen Kenntnis, um zu erahnen, dass sich die Übernachtungspreise für eine komfortablere private Herberge, die in der Regel über keine öffentliche Förderung verfügt, natürlich auf einem höheren Niveau bewegen als die in einer einfachen, staatlich geförderten und gelegentlich durch Freiwillige betriebenen öffentlichen Herberge. Insbesondere ist dabei auch zu bedenken, dass die Herbergen im südlichen Teil des Weges aufgrund der großen Hitze im Sommer nur wenige Monate im Frühjahr und Herbst gut besucht sind und die Hospitaleros mit diesen Einnahmen dann nicht nur sprichwörtlich über den Winter, sondern auch über den Sommer kommen müssen. Allerdings entsteht an einigen Stellen – und insbesondere dort, wo es wenig oder keine Konkurrenz z. B. durch öffentliche Herbergen gibt – der Eindruck, dass das Preis-Leistungs-Verhältnis nicht mehr wirklich stimmig ist und man eben einfach ungehemmt in den vermeintlich vollen Geldbeutel seiner Gäste greifen möchte. Und so wird durch das Werk einiger weniger schwarzer Schafe auch die Arbeit vieler rechtschaffener Hospitaleros in Verruf gebracht. Für einen aus Deutschland, Österreich oder der

Schweiz stammenden Normalverdiener in Urlaubsstimmung mögen regelmäßige Übernachtungspreise von € 15 in den Pilgerherbergen kein wirkliches Problem darstellen ... Für Studenten ohne reiche Eltern, Arbeitslose, manche Rentner oder einfach nur Normalverdiener aus Osteuropa, Spanien und vielen anderen Ländern und Bevölkerungsschichten ist das aber durchaus ein hoher Betrag und diese werden dann praktisch von diesen Herbergen, der Pilgergemeinschaft und letztlich von diesem Weg überhaupt ausgeschlossen. Hier ist also letztlich auch Ihre Solidarität gefragt, wenn es darum geht, solchen Herbergen mit überhöhten Preisen oder einem zweifelhaften Preis-Leistungs-Verhältnis durch ein kritisches Verbraucherverhalten „die Tour zu vermasseln". Wenn Sie solche Herbergen mangels Alternativen nicht umgehen können, so lassen Sie deren Schaffen nach Möglichkeit zumindest nicht gänzlich unkommentiert ... Aus eben diesem Grund und auch weil aus Platzgründen nur eine Auswahl an Unterkünften beschrieben werden kann, lasse ich Pilgerherbergen in der Preislage von über € 16 (Stand 2024) in diesem Pilgerführer außen vor oder beschreibe diese nur in besonderen Fällen (z. B., wenn am Ort nichts Günstigeres zu finden ist oder ein Frühstück o. Ä. im Übernachtungspreis enthalten ist) nur knapp und/oder mehr oder weniger kritisch.

Insgesamt betrachtet, bieten die meisten privaten Herbergen aber wie anfangs beschrieben von wenigen Ausnahmen abgesehen durchaus noch ein gutes Preis-Leistungs-Verhältnis und deren Hospitaleros scheinen in freundlicher Weise um das Wohl der Pilger bemüht.

Pilgerherbergen – seien sie nun öffentlich oder privat – verfügen ebenso wie Jugendherbergen über Betten oder einfache Liegen bzw. Stockbetten, WC und warme Duschen. Kissen sind überall Standard und in privaten Herbergen und den öffentlichen Herbergen bis zur galicischen Grenze finden Sie in der Regel auch **Decken**. In einigen einfachen öffentlichen Herbergen und besonders den öffentlichen Herbergen in Galicien ist dies jedoch nicht der Fall. Eine **Küche** findet sich nur dort, wo sie ausdrücklich erwähnt ist. In Galicien fehlt dort aber meist das Geschirr. Insbesondere bei den günstigeren Herbergen fällt die Heizung aber gelegentlich sehr einfach aus, weshalb Pilger zur kälteren Jahreszeit öfters auf Pensionen ausweichen.

In vielen Herbergen gibt es **Waschmaschinen und auch Wäschetrockner**. Meist kostet die Benutzung je € 3-4. Sollten die Preise höher oder niedriger ausfallen, nenne ich diese dann in der Herbergsbeschreibung. Immer mehr Herbergen bieten auch **Schließfächer**.

Auch das **Internet** ist heute (leider) in fast allen Herbergen zu finden. Sehr oft ist auch die Nutzung von WLAN möglich, das in Spanien unter dem Begriff Wi-Fi bekannt ist. Die Benutzung ist hier mit wenigen Ausnahmen kostenlos (bedenken Sie aber, dass gerade ein uneingeschränkt zugängliches WLAN die Pilgeratmosphäre in den Herbergen oft sehr zum Negativen prägt, da dann deutlich weniger Kommunikation zwischen den Pilgern stattfindet).

Überlegen Sie sich gut, ob Sie während der Zeit des Jakobsweges nicht einmal bewusst auf das **Smartphone** verzichten wollen. Sie können Ihren digitalen Datenschnuller aber auch mit dem Flugmodus zum Schweigen bringen und in einem mutigen

Selbstversuch testen, ob Sie noch ohne Ihr Handy bzw. Internet leben können oder schon etwas süchtig danach sind. Der Jakobsweg bietet ja eigentlich die ideale Gelegenheit, etwas Verzicht zu üben und mal wieder den Unterschied zwischen einer virtuellen und realen analogen Existenz zu erleben und zu genießen. Das Mitnehmen eines einfachen **Handys** ist auf der Vía de la Plata aber m. E. aus Sicherheitsgründen eher ratsam – wobei die häufige Betätigung des Off-Schalters auch hier genauso viel Akku wie Nerven spart.

Schon seit Beginn der Wiederentdeckung der Vía de la Plata spielen günstige **Pensionen und Hostals** eine wichtige Rolle. Zum einen, weil das eben beschrieben Herbergsnetz an wenigen Stellen Löcher aufweist bzw. zu manchen Stoßzeiten die Plätze hier nicht ausreichen. Zum anderen können aber manchmal auch Krankheit, starkes Schnarchen oder die intensive Pflege einer Partnerschaft eine Übernachtung in einem solchem privateren Ramen unumgänglich machen. Da diese Unterkünfte nicht nur bzw. in erster Linie durch Pilger besucht werden, verfügen die Betreiber auch über eine längere Saison und können somit die fixen Betriebskosten besser als die Betreiber von reinen Pilgerherbergen über das ganze Jahr verteilen und die Übernachtungspreise somit unterm Strich günstiger gestalten. An vielen Orten könne solche Unterkünfte daher – auch wenn sie natürlich meist ein paar Euro teurer sind – für den, der es sich leisten kann, ein besseres Preis-Leistungs-Verhältnis bieten als manche Pilgerherbergen. Unterwegs finden Sie aber auch Pensionen, die bereits für € 15 bis 20 gebucht werden können, und die, da sie sich teilweise als „Pilgerpensionen" auf Pilger spezialisiert haben, so etwas wie typische Pilgeratmosphäre vermitteln. Aus den oben genannten Gründen werden hier im Buch ebenso wie bei den Herbergen nur die Pensionen und Hostals aus den günstigeren Preisklassen – also bis ca. € 30 für das Einzelzimmer und € 40 für das Doppelzimmer – beschrieben. An sehr touristischen Orten und dort, wo die Plätze knapp sind, so z. B. im Umkreis von Santiago, wird es allerdings schwierig werden, diese Preisgrenze einzuhalten.

Wer **Pilgerherbergen und Pensionen im Internet** etwas genauer betrachten möchte, deren E-Mail-Adresse oder Telefonnummer sucht oder deren Homepage besuchen will, findet unter 🖥 www.gronze.com ausführliche Informationen und praktische Links. Sie sollten aber bedenken, dass die Einträge in der Regel von den Betreibern selbst stammen und die Herbergen daher natürlich von ihrer besten Seite gezeigt werden.

Die Auffassung, dass eine Buchung über **Buchungsportale** „umsonst" sei, ist nur sehr oberflächlich betrachtet zutreffend. In der Regel zahlen die Herbergen z. B. bei einem Übernachtungspreis von € 13 rund € 2 an das Portal. Die zunehmende Zahl an Onlinebuchungen hat so zu einer wesentlichen Preissteigerung auf dem Weg geführt. Wer darauf verzichtet, „schenkt" somit dem Herbergsbetreiber oder nachfolgenden Pilgern bares Geld. Einige Herbergen unterscheiden noch bzw. wieder vollkommen zu Recht zwischen Direktpreisen und Buchungsportalpreisen. Achten Sie bei den wo auch immer veröffentlichten Preisen also darauf, ob es sich hier um Direktpreise oder Portalpreise handelt, und fragen Sie im Zweifelsfall bei der telefonischen Buchung

Tiefenentspannte Pilger vor der Pilgerherberge in Casar de Cáceres (dw)

oder bei Ankunft noch einmal konkret nach. So können auch auf dem Jakobsweg durch ein kritisches Verbraucherverhalten preistreibende Datenkraken wie Buchungsportale in Zukunft hoffentlich ein wenig in Zaum gehalten werden. **In diesem Outdoorführer werden soweit vorhanden und bekannt die Direktpreise veröffentlicht.**

Camping

Campingplätze habe ich hier nicht berücksichtigt, da Pilgerherbergen die typische Unterkunft für Jakobspilger sind. Campingplätze gibt es aber überall in Spanien. Wildes Zelten ist dagegen verboten (theoretisch).

Wasser

In Andalusien und der Extremadura kann es im Früh-, Hoch- und Spätsommer unterwegs zu Engpässen bei der Wasserversorgung kommen. Achten Sie darum gut auf die diesbezüglichen Empfehlungen, auf die Entfernungen zwischen den Ortschaften und auf die Tagestemperaturen während Ihrer Pilgerschaft!

In Kastilien und Galicien ist es kühler und die Ortschaften liegen nicht so weit voneinander entfernt, sodass Sie mit einer Ein-Liter-Flasche auskommen sollten. Wasserstellen am Weg werden nur dann im Text erwähnt und mit dem Symbol ♦ gekennzeichnet, wenn diese halbwegs sicher erscheinen und vermutlich Trinkwasser führen.

Wegbeschaffenheit, Wegmarkierungen und Wegbeschreibung

Die Vía de la Plata ist wohl einer der naturbelassensten Jakobswege Spaniens, was ja auch ihren Reiz ausmacht. Die andere Seite der Medaille ist, dass Sie unterwegs z. B.

auf einigen Strecken seltener Sitzgelegenheiten und Unterstände finden und gelegentlich auch einige Unwegsamkeiten der Natur zu bewältigen haben. Letzteres ist besonders dann der Fall, wenn es länger geregnet hat und die Wege dann stellenweise schlammig oder überflutet sind. Auch die Bäche und Flüsse können anschwellen und das Überqueren ist dann an einigen Stellen mit mehr oder weniger großen Schwierigkeiten verbunden. Ob das Überqueren der **Naturwege, Bäche und Flüsse** auf Ihrem Weg wirklich ein Problem darstellen wird, ist im Einzelfall nicht absehbar und kann daher bis auf wenige Ausnahmen auch nicht genauer in der Wegbeschreibung angekündigt werden. Bei meiner letzten Begehung war der Weg aber auch nach einer längeren Regenperiode trotz einiger Behinderungen ohne wirklich gravierende Probleme machbar – meist fanden sich Steine oder Seitenpfade, über welche die kritischen Stellen dann doch überwunden werden konnten. Natürlich sind hierbei gutes Schuhwerk und Wanderstäbe von Vorteil.

In der Regel ist die Vía gut mit gelben **Pfeilen und Muschelsymbolen** markiert, welche die verschiedenen regionalen Jakobusvereine auf Bäumen, Steinen, Hauswänden usw. angebracht haben. Orientieren Sie sich vorzugsweise an der Richtung der Pfeile. Die Richtung, welche die Muschelsymbole vorgibt, kann gelegentlich verwirrend sein, da sie nicht immer einheitlich dargestellt ist: Bis Galicien kennzeichnet der Scheitelpunkt der Muschel in der Regel die Richtung des Ziels – Santiago. In Galicien zeigen dagegen meist umgekehrt die Strahlen der Muscheln gleich den Fingern einer Hand in Richtung des folgenden Weges. Außerdem finden sich in Andalusien und Kastilien, besonders aber in der Extremadura Meilensteine, von denen später noch näher die Rede sein wird. In Galicien finden Sie dann zudem die typischen monolithischen Kilometersteine des Jakobsweges.

Sind die Markierungen am Weg nicht klar, wird im Text an einigen Stellen darauf hingewiesen. Die Wegmarkierungen werden jedoch von Jahr zu Jahr verbessert und der Verlauf des Weges kann sich auch gelegentlich durch den Bau neuer Straßen oder Autobahnen verändern, sodass einige Hinweise bald überholt sein können.

Natürlich ist es nicht im Sinne des Erfinders dieser **Wegbeschreibung**, dass Sie ständig selbige lesend mit dem Buch vor der Nase durch die schöne Landschaft pilgern und dabei zur Erheiterung der einheimischen Bevölkerung die meist guten Wegmarkierungen und die Naturschönheiten übersehen. Beim Wandern richtet man sich auch auf der Vía de la Plata normalerweise nach den Wegmarkierungen und wenn dies nicht ausreicht, weil die Pfeile z. B. verdeckt oder warum auch immer abhandengekommen sind, gehen Sie nach der Wegbeschreibung im Buch und der Karte. Eigentlicher Sinn der Wegbeschreibung ist es, Ihnen eine Vorschau auf den Weg zu geben. Auf dem Weg dient sie auch dazu, genauer zu bestimmen, wo Sie sich gerade befinden und welche eventuellen Probleme und Punkte Sie nicht übersehen sollten. Näheres dazu lesen Sie unter „Zum Gebrauch dieses OutdoorHandbuchs!" (☞ S. 9).

Die Vía de la Plata

Neue Kathedrale in Salamanca (☞ S. 146) (rj)

Andalusien

Sevilla ist die Hauptstadt Andalusiens, einer spanischen Region, die so groß wie Österreich ist, sieben Millionen Einwohner hat und aus acht Provinzen besteht, die alle nach ihren Hauptstädten benannt sind: Almería, Cádiz, Córdoba, Granada, Huelva, Jaén, Málaga und Sevilla. Andalusien ist weltweit berühmt für seine vielfältigen Landschaften und sehenswerten Städte, besonders aber für seine Einwohner, die Volksfeste, die volkstümliche Architektur (weiße Häuser), sein Licht und seine Blumen.

Geografisch entspricht Andalusien dem weiten Tal des Flusses Guadalquivir, auf dem Ozeanschiffe 80 km ins Landesinnere bis Sevilla fahren können und der früher sogar noch 100 km weiter bis Córdoba schiffbar war.

Sevilla kann auf eine reiche Geschichte zurückblicken und historische Referenzen sind auf Schritt und Tritt spürbar, sowohl im Stadtbild als auch in den Gesprächen der Sevillaner, die stolz auf ihr römisches und insbesondere auf ihr arabisches Erbe sind.

Das fruchtbare Andalusien war die erste Region auf der Iberischen Halbinsel, die von den Römern kolonisiert und vollständig romanisiert wurde. Nach dem Hauptfluss, der damals Betis hieß, nannten sie die Region Bética und machten Córdoba zur Hauptstadt. Aber auch Sevilla – damals Hispalis – und das nahe gelegene Itálica waren bedeutende römische Städte.

Auf die Römer folgten Anfang des 5. Jh. die Westgoten, deren kulturelles Erbe im Vergleich zu dem der Römer oder der nachfolgenden Araber eher bescheiden war. Ihre

Itálica in Santiponce ☞ S. 54 (rj)

erste Hauptstadt war Sevilla, bevor das Zentrum des Reiches nach Toledo in Zentralspanien verlegt wurde. Im Jahr 711 fielen die Mauren (Westaraber) von Marokko kommend in Andalusien ein, das bis Mitte des 13. Jh. vollständig unter islamischer Herrschaft blieb. Die Mauren gaben dem Fluss Betis seinen heutigen Namen Guadalquivir, der für „großer Fluss" – Guad-al-qibir – steht.

Im 11. und 12. Jh. entwickelte sich Sevilla zu einer der bedeutendsten Städte des maurischen Spanien, bis die Stadt im Jahr 1248 vom Heer des kastilischen Königs Ferdinand III. dem Heiligen erobert wurde. Seitdem blieb Sevilla wie der größte Teil Andalusiens christlich, während im Osten Andalusiens das islamische Königreich von Granada noch bis 1492 fortbestand. Im gleichen Jahr entdeckte Kolumbus Amerika und Sevilla entwickelte sich zum Zentrum der spanischen Schifffahrt und des Überseehandels. Hier wurden die bedeutendsten Entdeckungsreisen vorbereitet und bis Anfang des 18. Jh. hatte Sevilla das Monopol für den Handel mit Spanisch-Amerika inne. Besonders im 17. Jh., im sogenannten Goldenen Zeitalter (Siglo de Oro) der spanischen Kunst, entwickelte sich Sevilla zur Kunstmetropole. Hier lebten und arbeiteten die bedeutendsten Barockmaler Spaniens wie Francisco Zurbarán, Esteban Murillo, Juan Valdés Leal und Diego Velázquez.

Heute ist Sevilla eine pulsierende Großstadt mit einem bezaubernden Stadtzentrum und großartigen Monumenten. Den entscheidenden Schritt hin zu einer modernen Metropole tat Sevilla mit der Ausrichtung der Weltausstellung Expo 1992 anlässlich des 500-jährigen Jubiläums der Entdeckung Amerikas.

Sevilla 🛈 🏠 ⛴ ✗ 🛒 🚹 ✚ ✓ 🚌 ⇧ 10 m, 700.000 Ew.

🛈 Plaza del Triunfo 1 (hinter der Kathedrale), ☎ 954 787 578, 🕐 Mo bis Fr 9:00 bis 19:30, Sa und So 9:30 bis 19:30

🚌 Anreise mit **Bus, Zug oder Flugzeug** (☞ Reise-Infos von A bis Z): Vom Flughafen fahren Sie mit dem Bus ins Stadtzentrum, vom Bahnhof Santa Justa (☞ Stadtplan) können Sie mit dem Bus oder mit dem Taxi fahren oder sich schon mal warmlaufen, indem Sie zu Fuß ins Zentrum gehen. Der Busbahnhof (☞ Stadtplan) liegt dagegen nicht weit vom Jakobsweg aus der Stadt und der privaten Herberge Triana Backpackers entfernt.

🏠 **Private Herberge Triana Backpackers**. Sie liegt 1,2 km vom Busbahnhof und 1,8 km von der Kathedrale entfernt nahe dem Jakobsweg in der Straße Rodrigo de Triana Nr. 69. Die gepflegte, freundliche Herberge für Rucksacktouristen ist ortstypisch mit Schmuckkacheln gestaltet und hat sich gut auf Pilger eingestellt. Sie bietet 48 Betten in 11 schönen Zimmern, eine gut ausgerüstete Küche und zu allem Überfluss eine Dachterrasse mit kleinem 🏊 Pool nebst Hängematten. Im Preis ist ein kleines Frühstück inbegriffen, das es von 7:00 bis 10:20 gibt. Der Pilgerausweis kann (wenn er nicht gerade vergriffen ist) für € 2 erworben werden. Eine vorherige Reservierung ist zu empfehlen, 🛏 📺 T @, ☎ 954 459 960, 💻 www.trianahostel.com, 🕐 praktisch immer, wenn nicht gerade Ostern oder ein anderer Festtag ist, bekommen Pilger hier die erste Übernachtung mit Frühstück zum Sonderpreis von € 16

↩ Die Alternative zur Übernachtung in der eben genannten privaten Herberge ist irgendeine der zahlreichen Pensionen im Stadtzentrum. Da Sevilla extrem touristisch ist, ist die Übernachtung selbst in einfachen Pensionen oft ziemlich teuer. Eine erfreuliche Ausnahme sind aber gerade einige **Pensionen im malerischen Stadtviertel Barrio Santa Cruz**. Vor der Abreise können Sie diese evtl. über Buchungsportale (☞ S. 42) u. a. mit den Suchbegriffen „Sevilla Santa Cruz" buchen.

☺ „**Sevilla es una maravilla**" (Sevilla ist wunderbar) – für viele Ausländer ist Sevilla die schönste Stadt Spaniens, für viele Spanier ist sie unvergleichlich und die Sevillaner sind unsagbar stolz auf ihre Stadt – Sevilla muss man erleben. Zudem birgt die andalusische Hauptstadt eine Vielzahl bedeutender Sehenswürdigkeiten, die es fast zwingend machen, zumindest zwei Nächte hier zu verbringen. Berücksichtigen Sie rechtzeitig, bevor der ungezügelte Wandertrieb Sie packt, dass Sie vielleicht lange nicht die Gelegenheit haben werden, in diese wundervolle Stadt zurückzukehren und wenn Sie erst mal draußen sind, werden Sie es vielleicht bereuen, nicht etwas länger hiergeblieben zu sein.

ⓘ **Sevillas Frühlingsfeste.** Der Frühling ist in Sevilla sicher die attraktivste Jahreszeit. Wenn es schon angenehm – für deutsche Verhältnisse sommerlich – warm ist und die Natur in voller Blüte steht, erreicht auch das ohnehin schon überschwängliche Lebensgefühl der Sevillaner seinen Höhepunkt.

Da ist zuerst die Karwoche, die **Semana Santa**, die in fast allen spanischen Städten mit feierlichen Prozessionen begangen wird, nirgends aber wie in Sevilla, wo sich Inbrunst und Begeisterung, Tradition und Religion und auch ein bisschen Aberglauben in einem einzigartigen Spektakel vereinen. Sollten Sie in der Zeit der Semana Santa Ihren Jakobsweg in Sevilla beginnen wollen, so ist zu empfehlen, besonders frühzeitig zu reservieren, da sonst alles ausgebucht ist. Zwei oder drei Wochen nach der Inbrunst der Karwoche kommt das Lebensgefühl der Sevillaner während des Volksfests von Sevilla, der berühmten **Feria**, voll zum Ausbruch. Auf dem Festplatz im Ortsteil Los Remedios werden dann Hunderte von Festzelten aufgebaut, in denen sechs Tage lang fast rund um die Uhr gefeiert, gegessen, getrunken und getanzt wird.

✣ **Kathedrale und Giralda.** Das drittgrößte Gotteshaus Europas wurde im 15. Jh. im spätgotischen Stil erbaut. Im Innern sind besonders der Hauptaltar und die dahinter befindliche Königliche Kapelle (*Capilla Real*) sowie als Kuriosität das Grabmonument von Christoph Kolumbus sehenswert. Die Kathedrale wurde an der Stelle der einstigen Moschee erbaut, von der nur das mächtige, fast 100 m hohe Minarett aus dem 12. Jh. erhalten blieb, das heute als Glockenturm der Kathedrale dient. Sein Name ist Giralda, benannt nach der Metallfigur, die auf seiner Spitze steht und sich im Wind dreht (drehen = *girar*). Man kann eine breite Rampe hinaufgehen, über die einstmals der Sultan zu Pferd bis auf die Turmspitze ritt.

Die Kathedrale von Sevilla (rj)

- ♦ Mo bis Sa 11:00 bis 19:00, So 14:30 bis 19:00. Letzter Einlass eine Stunde vor Ende der Öffnungszeit, aktuelle Infos unter www.catedraldesevilla.es, (vormittags Messen), Studenten und Rentner mit entsprechendem Ausweis € 7, sonst € 13

⌘ **Königspalast Reales Alcázares.** Hier stand der alte maurische Königspalast, von dem nur noch wenige Reste erhalten sind. Mitte des 14. Jh. wurde der jetzige Palast erbaut, allerdings in Anlehnung an die arabische Baukunst im Mudéjar-Stil, dem arabischen Stil unter christlicher Herrschaft. Der Palast stammt somit aus derselben Zeit wie der bedeutendste Teil der berühmten Alhambra von Granada und steht ihr auch in Kunstfertigkeit kaum nach.

- ♦ neben der Kathedrale, Mo bis So 9:30 bis 19:00, Okt bis März nur bis 17:00, Rentner und Studenten € 7, sonst € 14,50

⌘ **Kunstmuseum (Museo de Bellas Artes).** Diese großartige Gemäldegalerie verfügt über eine ausgezeichnete Sammlung von Werken der Maler des Goldenen Zeitalters (Siglo de Oro), vor allem Gemälde von Murillo und Zurbarán.

- Plaza del Museo, 1 km von der Kathedrale entfernt, ⏰ Di bis Sa 9:00 bis 21:00, So 9:00 bis 15:00, für Bürger der EU gratis, sonst € 1,50

⌘ **Hospital de la Caridad.** Dieses Asyl für Arme und Kranke stammt im Wesentlichen aus dem 16. Jh. und wurde damals mit bedeutenden Kunstwerken beschenkt, unter denen zwei Gemälde des Barockmalers Valdés Leal herausragen – „In ictu oculi" (In einem Augenblick) und „Finis gloria mundi" (Das Ende irdischer Herrlichkeit) –, die beide die Vergänglichkeit irdischen Lebens beschreiben.

- Calle Temprado, 100 m von der Kathedrale entfernt, ⏰ ganzjährig Mo bis Sa 10:30 bis 19:00, So 14:00 bis 19:00, So ab 14:30 freier Eintritt, Rentner € 5, sonst € 8

⌘ **Casa de Pilatos.** Reicher Adelspalast aus dem 15. Jh. in den Stilen Spätgotik, Mudéjar und Renaissance mit vielen interessanten Kunstwerken.

- Plaza de Pilatos, 1 km von der Kathedrale entfernt, ⏰ täglich 9:00 bis 18:00, nur 1. Stock € 12, 1 und 2. Stock € 18

⌘ **Stadtviertel Barrio Santa Cruz.** Das einstige Judenviertel (die Juden wurden im Jahr 1492 aus Spanien vertrieben) schließt an den Palast Reales Alcázares an. Die bezaubernden verwinkelten Gassen mit schmiedeeisernen Tür- und Fenstergittern, hinter denen sich blumengeschmückte Innenhöfe zeigen, laden doppelt zum Besuch ein, einmal tagsüber und einmal nachts.

⌘ **María-Luisa-Park.** Im 19. Jh. angelegt, wurde dieser Park zur Iberoamerikanischen Ausstellung 1929 ausgebaut. In der abwechslungsreichen Parkanlage sticht besonders der monumentale Spanienplatz (Plaza de España) hervor. Nach der anstrengenden Besichtigung Sevillas tut ein Spaziergang durch den Park, der sich auf dem Weg zwischen dem Stadtzentrum und der Jugendherberge befindet, besonders wohl.

Sevilla – Santiponce (9,4 km) – Guillena   22 km

⇨ *Die Etappe führt in großen Teilen durch Sevilla und seine Vorstädte. Letztlich bleibt es eine Sache der persönlichen Einstellung zum Pilgern, aber wer seinen Weg nicht mit einer ausgedehnten Stadtwanderung beginnen will, kann auch den vom Busbahnhof häufig verkehrenden Bus nach Guillena wählen – sollte dann aber in Santiponce zumindest einen Zwischenstopp machen, um nicht das Highlight des Tages – die Ausgrabungen von Itálica – zu verpassen.*

🚶 Wenngleich der Weg durch die Stadt mit ca. in 2,5 m Höhe aufgehängten Kacheln mit Muschelsymbol und kleinen gelben Pfeilen gekennzeichnet ist, verlaufen sich einige auf den ersten Metern ihres Pilgerweges im Morgengrauen recht gerne. Startpunkt der hier beschriebenen Strecke ist das Westportal der Kathedrale, der Puerta de San Miguel, in der sich eine Santiago-Darstellung befindet. Folgen Sie der breiten Avenida de la Constitución 100 m und gehen Sie an der Ecke der Kathedrale links in die Calle García de Vinuesa. Nach nur 50 m biegen Sie rechts in die Calle

Jimios ab, die sofort halb links weiterführt und nach 150 m in die Calle Zaragoza übergeht. Immer geradeaus erreichen Sie nach 400 m die breitere Calle Reyes Católicos und gehen links 300 m zur Brücke Isabel II., die im Volksmund auch Puente de Triana heißt, weil sie in das volkstümliche Stadtviertel Triana führt. Nach weiteren 300 m haben Sie den Fluss **Guadalquivir** überquert und eine Kreuzung erreicht (km 1,3). (↪ Wollen Sie zur 🏠 Herberge Triana Backpackers, so verlassen Sie hier den Jakobsweg und erreichen diese wie auf der Stadtkarte auf S. 48 ersichtlich nach 450 m.). Nach rechts können Sie direkt durch einen 🏪 kleinen Markt gehen und noch etwas bummeln und evtl. Proviant einkaufen. Dem offiziellen Jakobsweg folgend gehen Sie dagegen noch etwas weiter geradeaus und 100 m nach rechts in die Calle San Jorge bis zu deren Ende. Dann wenden Sie sich nach rechts in eine Straße, die sich gleich nach links wendet. Immer geradeaus über verschiedene Kreuzungen hinweg erreichen Sie nach 900 m den Ortsrand, wo die Straße nun eine Linkskurve beschreibt (km 2,3). Achten Sie nun gut auf die gelben Pfeile: Verlassen Sie die Straße hier nach rechts zu einer breiten Treppe, die zu einer doppelspurigen Straße hinaufführt. Bei einem Kreisverkehr wird bald eine Schnellstraße überquert und dann geht es gleich nach rechts, links an dieser vorbei, über einen Fußweg zu einem Parkplatz. Dort gehen Sie nach 300 m nach

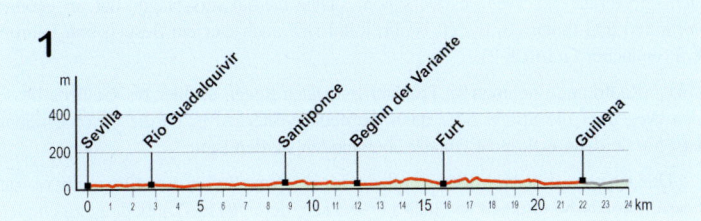

links und dann über eine Bücke, über die auch ein grüner Radweg verläuft. Nach 500 m haben Sie den Fluss bzw. Kanal überquert (km 3,1).

⌘ Werfen Sie einen Blick zurück, so sind von hier die futuristischen Gebäude der Weltausstellung Expo '92 auf der Halbinsel La Cartuja gut zu sehen.

Passen Sie nun gleich am Ende der Brücke gut auf, dass Sie hier nicht den Abzweig verpassen, denn nun geht es zunächst querfeldein nach rechts bergab zu einem Weg, der teils schattig entlang des Flusses verläuft. Nach 1,3 km wird dieser nach halb links verlassen und Sie pilgern gleich rechts vorbei an einem halb verlassenen Hof über einen Feldweg. Im Prinzip immer geradeaus über verschiedene Pisten werden eine Schnellstraße, eine Bahntrasse und nach insgesamt 2,6 km dann nach links die Autobahn Autovía de la Plata unterquert (km 7). Sie gehen noch 1 km weiter über Asphaltpiste zu einem Kreisverkehr, dort unter einer Unterführung hindurch und an einer Tankstelle vorbei erreichen Sie nach 300 m am Ortsanfang von Santiponce einen weiteren Kreisverkehr. Hier biegen Sie rechts in den lang gestreckten Ort ein. Immer entlang der bald gewundenen Hauptstraße, die in und durch den Ort führt, erreichen Sie nach 1,1 km nahe dem Zentrum den in der Herbergsbeschreibung näher umschriebenen Punkt (km 9,4), wo der ✜ Abzweig nach rechts zur örtlichen Herberge und dem kleinen Museum ⌘ Cotidiana Vitae beginnt.

Santiponce 🏠 🛌 ✗ 🛒 ♨ ✚ 🚌 ⇧ 18 m, 6.000 Ew.

🏠 **Private Herberge Itálica Hostel.** Weg: Bei einem Schaubild mit Stadtplan gehen Sie nach rechts 150 m weit in die Straße Alcalde Cipriano Montero zu der Plaza de la Constitución gleich nach dem ⌘ Museum Cotidiana Vitae. Die Herberge, die sich meist mit Besuchern des bekannten Ortes füllt, nimmt auch gerne Pilger auf und hat für diese Sonderkonditionen eingerichtet. 26 Plätze in 3 Schlafsälen, Tee und Biskuit gratis, Kochgelegenheit, gepflegt und modern freundlich, einfacher Innenhof, @. ☎ 636 678 376, 🕐 ganzjährig 11:00 bis 24:00, am Sa und So werden die Preise entsprechend der Nachfrage (d. h. relativ hoch) bemessen, Mo bis Fr gibt es für Pilger Ü mit kleinem Frühstück zum Selberherrichten für € 17.

⌘ **Museum Cotidiana Vitae.** Neben der Herberge Itálica Hostel befindet sich ein kleines Museum zum römischen Alltagsleben. Die Führungen finden nur auf Spanisch statt, aber die Ausstellung vom Leben in einem typischen römischen Wohnhaus ist an sich selbsterklärend. Wenn es Sie schon zufällig hierhin verschlagen hat, es geöffnet vorfinden und Ihnen etwas Zeit bleibt, lohnt sich auch hier ein Besuch (mit Führung € 3, einfacher Eintritt € 2).

🚴 Radfreunde nehmen im Frühjahr und nach Regen ab hier bis Guillena besser den Weg über die Straße oder dann die neuere Alternative, da die gleich erwähnte Furt für sie dann evtl. nicht einfach überwunden werden kann.

Danach geht es weiter 800 m entlang der Hauptstraße bis zum Ortsende, wo sich links die römischen Ruinen von Itálica erstrecken, deren Besuch unbedingt zu empfehlen ist (km 10,2).

✼ **Itálica** (☞ Foto S. 46). In dieser bedeutenden Römerstadt wurden die Kaiser Trajan (53 n. Chr.) und Hadrian (76 n. Chr.) geboren. Die zahlreichen ausgegrabenen Reste zeigen einige interessante Mosaiken. Beeindruckend ist das Amphitheater, das zu den größten des Römischen Reiches zählt und 25.000 Personen Platz bieten konnte. Dies allein belegt schon die Bedeutung der Stadt Itálica. An der Rezeption bekommen Sie einen kostenlosen deutschsprachigen Prospekt und im Informationszentrum wird ein Film mit deutschen Untertiteln gezeigt. ☺ Sicher sind die römischen Bauten von Mérida wesentlich berühmter und größer – aber auch touristischer und teurer. Für den Pilgerfreund mit kleinem Geldbeutel oder den, der eher ein beschauliches, ruhigeres Original sucht, ist Itálica also genau das Richtige.

♦ 📖 21. Sep bis 20. März Di bis Sa 9:00 bis 18:00, So 9:00 bis 15:00, 21. März bis 20. Juli Di bis Do 9:00 bis 18:00, Fr und Sa 9:00 bis 21:00, So 9:00 bis 15:00, 21. Juli bis 20. Sep Di bis Sa 9:00 bis 15:00, So und Feiertage 9:00 bis 15:00, Mo meist geschlossen, Eintritt frei für EU-Bürger, für alle anderen € 1,50

🚶🚶 Weiter gehen Sie entlang der Straße 1,3 km vorbei an einem Industriegebiet ⚑ bis zu einem Kreisverkehr. Hier halten Sie sich rechts. Nach 400 m haben Sie die Autobahn unterquert und deren Zufahrten hinter sich gelassen und gehen geradeaus weiter auf einen Feldweg, der zunächst wenige Meter durch eine Allee verläuft (km 11,9).

↳ **Neuere Alternative.** Von den örtlichen Pilgerfreunden wurde 2024 ein Weg gekennzeichnet, der gleich nach halb rechts verläuft und die bald folgende Furt umgeht. In Guillena trifft er nach rund 10 km kurz vor der öffentlichen Herberge bei der Kirche Nuestra S. de la Granada wieder auf den regulären Weg. Diese Variante ist damit praktisch gleich lang, nicht so monoton wie die alte Wegführung und zu empfehlen, wenn es viel geregnet hat. 1 km vor Guillena können Sie problemlos auf den alten Weg wechseln. Ob er sich zum neuen Standardweg entwickelt ... darüber ist man sich vor Ort offenbar noch nicht ganz einig. Letztlich stimmen aber auch die Pilger mit ihren Füßen darüber ab.

🚶🚶 **Alte Wegführung.** Nach der Allee geht es weiter geradeaus, gleich auf einer Schotterpiste immer schnurstracks geradeaus zwischen Weizenfeldern hindurch. Sie entfernen sich langsam von der Autobahn und es kehrt endlich Stille ein. Nach 4,1 km treffen Sie bei einem weithin sichtbaren Speicherturm auf eine **Furt**, die bei Regen

Wasser führt, aber wenige Meter rechter Hand über einen schmalen Stahlträger überquert werden kann (eine richtige Brücke ist schon seit Jahren in Planung) (km 16).

Nach der Furt, wo Sie auch ein wenig Schatten finden, geht es noch weitere 3,3 km schnurstracks geradeaus, bis die Piste auf einer anderen endet. Wenden Sie sich nun aber am besten nach links, gehen gleich vorbei an einem Tierheim 400 m in Richtung der Straße und dort nach rechts – bei Regen entlang dieser – und bei gutem Wetter vorzugsweise auf den rechts danebenliegenden Wegen und Pfaden. Nach 1,4 km überqueren Sie dort die Brücke. Weiter über die Straße und vorbei an der 🚌 Bushaltestelle erreichen Sie nach 250 m linker Hand die 🏠 private Herberge (km 21,4). Nur 100 m weiter verlassen Sie die Hauptstraße – hier dem offiziellen Jakobsweg folgend – auf eine Straße, die anfangs zwischen zwei kleinen Parks hindurch verläuft, und gehen 150 m nach rechts zur schönen Kirche Nuestra S. de la Granada. Noch 350 m weiter erreichen Sie so die ?🏠 öffentliche Herberge, die jedoch zu Redaktionsschluss geschlossen war (km 22).

Glockenturm der Nuestra S. de la Granada in Guillena (rj)

Guillena
🏠 🛏 ✕ 🍴 🅰 ✚ 🌊 🚌 ⇧ 23 m, 7.700 Ew.

🏠 🛏 **Private Herberge.** Die einfache, gepflegte private Herberge Albergue Luz del Camino, deren Wände mit Pilger-Graffiti geschmückt sind, bietet 22 Betten in 4 Zimmern (€ 14 p. P.) sowie ein DZ und ein EZ (€ 16 p. P.), große Dachterrasse, zwei Aufenthaltsräume, eine Küche. Das 🌊 Freibad neben der öffentlichen Herberge kann von den Pilgern der beiden Herbergen umsonst benutzt werden. Ein einfaches Frühstück wird bereitgestellt, @, ☎ 665 068 222 oder 667 727 380, 🕐 ganzjährig 11:00 bis 22:00, Übernachtung mit Frühstück € 14

?🏠 **Öffentliche Herberge.** Die kleine Herberge direkt neben dem 🌊 Freibad bietet 14 Plätze in 2 Zimmern und Kochgelegenheit. Die

Herberge wird gewöhnlich nur einige Wochen im Jahr geöffnet, wenn die private Herberge nicht mehr ausreicht, und bietet dann die gleichen Konditionen wie diese. ☞ Siehe private Herberge, 🛏 unsicher, Anmeldung immer bei der privaten Herberge

Hostal Francés. Avenida de Andalucía 70 (an der Landstraße), Übernachtung € 25, ✕ Halbpension für € 35. Da das einfache, aber gepflegte Hostal neben der Hauptstraße liegt, kann es in den vorderen Zimmern laut werden! Einfache Menüs ohne Getränk 13:00 bis 22:30 für € 8. ☎ 955 785 177 und 639 594 496

Guillena – Castilblanco de los Arroyos (Ortsanfang) 17,2 km

Auf den nächsten 17 km gibt es abgesehen von der Tankstelle des gleich folgenden Industriegebietes keine absolut sichere Möglichkeit, Wasser nachzufüllen!

Auch auf zahlreichen weiteren Etappen der **Vía de la Plata wird das Wasser oft knapp.** An einigen Stellen im Text wird besonders darauf hingewiesen, letztlich kennen aber Sie Ihren persönlichen Wasserbedarf selbst am besten und müssen daher auch vor jeder Etappe selbst entscheiden, wie viel Wasser Sie mit sich führen wollen bzw. müssen.

Von der öffentlichen Herberge gehen Sie weiter geradeaus auf der Avenida de la Vega aus dem Ort und biegen nach 400 m dann rechts 100 m in Richtung des Flusses ab (km 0,5).

Abkürzung: Wenn es vorher nicht viel geregnet hat, können Sie am Flussufer angekommen den Fluss in der Regel über einen einfachen Damm überqueren. Dahinter wird eine Schotterpiste betreten, die nach 1,9 km einen Kreisverkehr vor einem Industriegebiet erreicht, hinter dem sich eine Tankstelle mit kleinem Kiosk 🍴 befindet (km 2,4).

Weg über die Brücke: Am Fluss angekommen gehen Sie nach links zur Straßenbrücke und überqueren diese nach insgesamt weiteren 400 m. Nach 300 m verlassen Sie die Straße nach links und treffen bald auf die oben beschriebene Schotterpiste, welcher Sie 1,6 km bis zum besagten Kreisverkehr vor dem Industriegebiet folgen (km 2,8).

Gemeinsamer Weg: Vorbei an der Tankstelle mit Kiosk 🍴 wird das Industriegebiet gleich wieder verlassen und dann geht es stetig bergauf über einen oft sandigen und stellenweise wenig befestigten Weg durch die ruhige Landschaft zwischen Feldern und Olivenhainen hindurch. Nach 3,1 km erblicken Sie rechter Hand eine alte Ruine mit Turm. Nach weiteren 1,8 km durchqueren Sie einen Zaun und das Landgut Cortijo del Chaparral beginnt (km 7,3).

Naturparadies. Die herrliche, von Korkeichen, zwischen denen Rinder und Pferde weiden, geprägte Landschaft lässt (zumindest bei gutem Wetter und außerhalb längerer Dürreperioden) das Pilgerherz gleich höher schlagen. Sie birgt ein wahres Tier- und Vogelparadies. Zahlreiche Vogelarten, die man in Mitteleuropa kaum noch sieht, sind hier häufig anzutreffen: Wiedehopfe, Bienenfresser, Blauracken, Pirole, Eichelhäher, Rebhühner usw. Auch der starke Duft von aromatischen Pflanzen wie z. B. Zistrosen verwandelt diesen Wegabschnitt in das erste Highlight der Vía de la Plata.

🚶 Achten Sie gut auf die kleinen gelben Pfeile. Im Prinzip dem breitesten Weg bzw. Pfad folgend geht es immer geradeaus. Nach 2,3 km finden Sie evtl. eine 80 m rechts des Weges gelegene, durch Schilder gekennzeichnete Wasserstelle (Wasserpumpe mit Handbetrieb), die aber 🖐 nicht immer Wasser führt. Noch 1,7 km weiter wird nahe einer Finca eine Piste überquert. In der Umgebung befinden sich zahlreiche Steinquader, die sich gut für eine Rast eignen. Noch 1,5 km weiter betreten Sie eine Piste, die 1 km zur Landstraße führt (km 13,8). Entlang dieser geht es auf einem Trampelpfad nach 300 m an einer Sitzgelegenheit vorbei und weiter im kleineren und größeren Abstand zur Straße kurz über eine alte Teerpiste und dann über einen Schotterweg.

Fast oben angekommen erreichen Sie nach 2,9 km bei einem Kreisverkehr wieder die Straße. Nur 200 m weiter oben bei dem letzten Kreisverkehr finden Sie wieder zwei praktisch gleich lange Varianten, die vorbei an den verschiedenen Herbergen verlaufen, und deshalb endet diese Etappe aus Gründen der Übersichtlichkeit bereits hier am Ortsanfang (km 17,2).

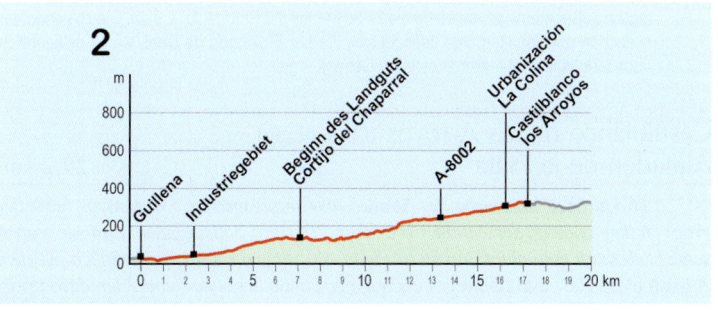

Castilblanco de los Arroyos

⇧ 327 m, 4.000 Ew.

- **Einfache öffentliche Herberge.** Sie bietet 28 Plätze in zwei Zimmern, einfache Kochgelegenheit und Mikrowelle, Badezimmer und große Dachterrasse mit schöner Aussicht. Bisher verfügte sie zwar über heißes Wasser, bietet aber nur gelegentlich eine einfache Standheizung und auf Nachfrage evtl. Decken. Meist leisten hier freiwillige Hospitaleros Dienst, @. ☎ 955 734 811 (Rathaus), Feb bis Juni und Sep bis Dez 13:00 bis 22:00, Spende

- **Pilgerpension Casa Salvadora.** Die freundliche, seit vielen Jahren pilgererprobte Pension liegt wie später beschrieben am schöneren Weg durch das alte Ortszentrum rechter Hand im Haus Nr. 43. Ihre einfachen und gepflegten DZ (€ 30) und EZ (€ 17) bieten ein gutes Preis-Leistungs-Verhältnis. Heizung und Klimaanlage, Aufenthaltsraum mit Mikrowelle. Wer einen Yorkshire Terrier streicheln will, fragt nach Toby (☞ Foto hinten). ☎ 615 500 963

- **Einfache private Herberge.** Die kleine Herberge Posada de Escardiel wurde 2024 nahe dem Ortsausgang eröffnet und bietet 7 Plätze in 2 Räumen sowie Kochgelegenheit. Wenn sich mindestens 2 Interessenten unter den Übernachtungsgästen finden, bringt man hier für € 10 p. P. deren Rucksäcke nach Almadén de la Plata und nimmt die Gäste dann bei dieser Gelegenheit die folgenden 16 km über die Straße gleich mit und setzt sie vor dem Eingang des Parkes ab. ☎ @. ☎ 641 024 128, ständig, Ü mit kleinem Frühstück zum Selberherrichten € 17

- Das Restaurant **Casa Macarena** liegt 500 m nördlich der öffentlichen Herberge und bietet täglich außer montags von 20:00 bis 21:30 Menüs mit Getränk für € 9 an. Gleich neben der einfachen privaten Herberge befindet sich die Bar **El Rincón de Beni**, wo es gelegentlich auch Menüs für € 9 – allerdings ohne Getränk – gibt.

Castilblanco de los Arroyos (Ortsanfang) – Almadén de la Plata

29,2 km

⇔ *16 km über bzw. nahe der Straße:* Ab Castilblanco de los Arroyos führt der Weg 16 km entlang der Straße. Die über 20 Jahre andauernden Proteste haben schließlich doch gefruchtet und so wurde in den vergangenen Jahren endlich mit dem Ausbau eines Fuß- und Radweges entlang der Straße begonnen und 7 km davon wur-

*den bereits bis Anfang 2024 im letzten Teil fertiggestellt. Die ersten 9 km, die aber zum Glück nicht stark befahren sind, verlaufen (vorerst) noch wie bisher über Asphalt. Die Strecke ist landschaftlich durchaus schön, aber das Gehen auf Asphalt nervt manchen Pilger doch etwas und deshalb kürzen nach verschiedenen Schätzungen 25 bis 40 % der Pilger diese Strecke ab, was sich aber hoffentlich in Zukunft ändern kann. Die Herberge Posada de Escardiel bringt wie eben beschrieben ihre Gäste auf Wunsch zum Eingang des Parkes – ansonsten sichert diese Strecke auch den 🚗 örtlichen Taxiunternehmen ein regelmäßiges Einkommen (€ 30 für eine Fahrt mit bis zu 4 Personen; Juan José: ☎ 609 989 011). Entscheiden Sie selbst nach Lust, Laune, Kondition und Wetterlage, ob Sie den Weg nun abkürzen. Wenn Sie sich entscheiden, den Weg über die Straßen zu gehen, so versteifen Sie sich aber nicht auf Ihren Ärger über den Asphalt, sondern nehmen Sie es locker, dann geht es sich auch wesentlich lockerer. ✋ Erst gut 18 km nach Ortsausgang gibt es vermutlich **Trinkwasser**! Sorgen Sie also vor und nehmen Sie genug Wasser mit.*

🚴 Radfahrer müssen am Ende der Etappe (bei km 27,4) ein paar Hundert Meter sehr steil bergauf schieben, aber die landschaftliche Schönheit entschädigt für die Anstrengung. Einzige Alternative wäre, den Naturpark gar nicht zu betreten, sondern auf der Landstraße bis Almadén de la Plata zu fahren.

🚶‍♂️🚶 **Schönerer Weg durch das alte Ortszentrum.** Gehen Sie hinter dem Kreisverkehr am Ortsanfang nach halb links und pilgern Sie der etwas spärlichen Markierung folgend immer geradeaus und bald bergab 700 m bis zu einem 🛒 Lebensmittelladen. (↪ Hier führt der gekennzeichnete Weg eigentlich nach links zur Kirche.) Wenn Sie diese nicht besuchen wollen, gehen Sie der Einfachheit halber immer weiter geradeaus. Nach 150 m erreichen Sie so die 🛏 Pension Casa Salvadora (km 0,9) und nochmals 300 m weiter die 🏠 einfache private Herberge. Gleich vorbei an der ✗ Bar El Rincón de Beni treffen Sie nach 250 m wieder auf die Hauptstraße. Hier vereinigen sich die verschiedenen Varianten wieder und es geht nach links (km 1,4).

🚶‍♂️🚶 **Weg über die öffentliche Herberge.** Wollen Sie in der 🏠 öffentlichen Herberge Ihr müdes Haupt niederlegen, gehen Sie am Kreisverkehr dagegen weitere 300 m geradeaus bis zu einer Tankstelle, hinter der sich nach 50 m bergauf rechts die Herberge befindet (km 0,4). Von der Tankstelle geht es am folgenden Tag entweder, wie Sie auf dem Kartenausschnitt sehen können, ↪ mit einem kleinen Umweg auf dem Weg durch das alte Ortszentrum oder auf der Hauptstraße weiter geradeaus und nach 500 vorbei an dem ✗ Restaurant Casa Macarena. Noch 500 m weiter biegen Sie am Ortsende nach links in Richtung Almadén de la Plata ab. Wie eben näher beschrieben gehen Sie nun derselben Straße folgend immer weiter geradeaus und nach 100 m sind die beiden Varianten wieder vereint (km 1,5).

🚶‍♂️🚶 **Gemeinsamer Weg ab Ortsausgang.** Der eigentliche Ort wird verlassen, langsam endet die lose Besiedlung entlang der Straße und nach 7,6 km geht es in einer

Linkskurve an der eher unscheinbaren Zufahrt der Bonzenfinca „Dehesa Yerbabuena" vorbei. Sie latschen noch 1,5 km über den Asphalt und spätestens jetzt können Sie die Straße nach rechts auf den bis Anfang 2024 fertiggestellten geschotterten Fuß- und Radweg verlassen (km 10,5). Nochmals 6,4 km weiter erreichen Sie endlich am Ende einer Steigung rechter Hand ein Wachhäuschen, das bei Regen gut als Unterstand dienen kann. Hier wird der Weg entlang der Straße verlassen und das Naturschutzgebiet betreten. Auf einer Piste wandern Sie 1,5 km bergab bis zu den Dienstgebäuden des Parks (Casa Forestal) (km 18,4).

Naturpark. Früher befand sich hier das Landgut **El Berrocal**. Dieses wurde von der Provinzregierung gekauft und dem östlich gelegenen Naturpark **Sierra Norte de Sevilla** angeschlossen. Die Natur und besonders die reiche Fauna des abgelegenen Parks sind weitgehend vom Tourismus unberührt geblieben und ein wahrer Genuss! Mit etwas Glück entdecken Sie hier z. B. Hirsche.

Hier können Sie hoffentlich **Wasser** nachfüllen. Vor den Gebäuden gibt es einen Brunnen mit Trinkwasser. Sollte dieser im Sommer versiegt sein, finden Sie 10 m daneben einen Wasserhahn.

Dem gut durch kleine graue Quader (Monolithen) mit Jakobsmuscheln gekennzeichneten Weg folgen Sie über eine breite Schotterpiste vorbei an Eichen leicht bergab und erreichen nach 2,7 km unten angekommen einen Bachlauf, der im Frühling Wasser führt. Nach 500 m überqueren Sie die Staustufe eines kleinen (Speicher-)Sees – ein schöner Picknickplatz (km 21,6).

Ab hier verläuft der Weg wieder leicht bergauf über verschiedene Pisten nach 400 m an dem ⬥ Trinkbrunnen Fuente Zurita und nach weiteren 800 m an einem Häuschen vorbei. Danach wandern Sie zunächst durch einen Kiefernwald und dann durch eine Heide- und Buschlandschaft, wo auch Zistrosensträucher wachsen. Nach 2,8 km durchqueren Sie ein Zauntor und laufen weiter entlang eines kleinen Tals, in

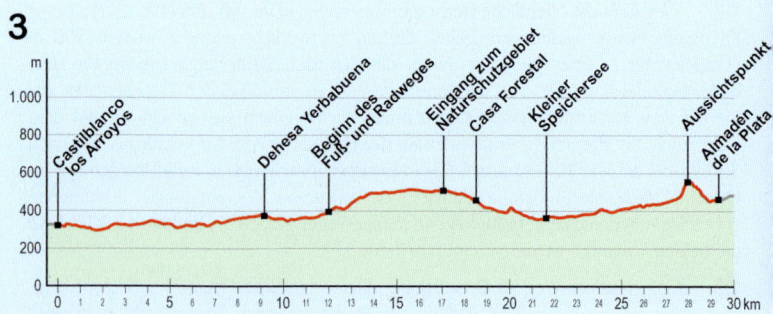

dem gelegentlich ein kleiner Bach Wasser führt, meist leicht bergauf. 2 km weiter endet der ausgebaute Schotterweg.

Es geht bald über einen einfachen Weg bzw. Trampelpfad, vorbei an einem Gedenkstein für einen 2016 verstorbenen Pilger, sehr heftig in Serpentinen bergauf durch die Steineichen (🚲 Radfahrer schieben). Nach 400 m erreichen Sie die Anhöhe (⇧ 550 m) (km 28).

🚶 Von einem 📷 Aussichtspunkt eröffnen sich herrliche Blicke zurück auf den Naturpark und voraus auf Almadén de la Plata. Wieder bergab betreten Sie bald wieder gut begehbare Pflaster und Wege, welche Sie vorbei an einem etwas rechts vom Weg gelegenen Felsenkreuz 800 m zum Ortsanfang führen. Nur 150 m weiter auf der Hauptstraße angekommen sind Sie im Zentrum (km 29).

Die Wegmarkierung war im Ort bisher etwas verwirrend. Der wohl empfehlenswerteste Weg führt, wie Sie auch in der Ortskarte sehen können, auf der Hauptstraße angekommen nach halb rechts und 100 m weiter nach links. Nach 150 m erreichen Sie auf der Plaza del Reloj (auch Passeo del Reloj) die 🏠 Herberge Casa del Reloj. Wenngleich es von hier bis zur etwas abgelegenen 🏠 Jugendherberge noch 500 m Weg sind (km 29,7), endet hier aus Gründen der Übersichtlichkeit die beschriebene Etappe (km 29,2).

Almadén de la Plata (cs)

Almadén de la Plata 🏠 🛏 ✕ 🍽 🚶 ✚ 🚌 ⇧ 452 m, 1.700 Ew.

🏠 **Casa de Reloj**. An der Plaza del Reloj links im Haus Nr. 9. Die nette, kleine, einfache private Herberge bietet 10 Plätze in zwei geräumigen, hellen Zimmern mit Aussicht auf den schönen Platz. Kochgelegenheit, 🛏 € 5, **T** € 7!, @. ☏ 692 552 659, 🚪 ständig, € 12

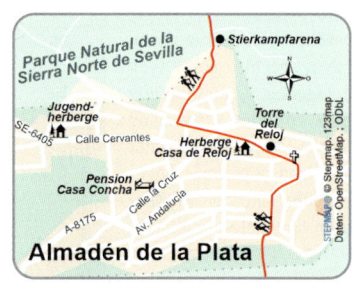

🏠 **Jugendherberge**. Einfach und gepflegt mit insgesamt 70 Plätzen in 4 Schlafräumen und großem, gutem Aufenthaltsraum, Kochgelegenheit, bei Ankunft einfach Bett suchen und warten, bis jemand kommt, oder anrufen, 🔒 @. ☏ 651 070 813 (kaum erreichbar), 🚪 ständig, bis 30 Jahre € 8, sonst € 10

🛏✕ **Casa Concha**. Die Pilgerpension hat einfache, gepflegte DZ (€ 35) und EZ (€ 20) zu einem recht guten Preis-Leistungs-Verhältnis, Frühstück wird nicht angeboten, Menüs ohne Getränk für € 10 im schönen, rustikalen Speisesaal. ☏ 954 735 043

ⓘ **Schwarze Schweine**. In den Bergen der Sierra Norte de Sevilla, die ein Teil der Sierra Morena ist, werden die Iberischen Schweine gehalten, die ein ausgezeichnetes, sehr geschmackvolles Fleisch geben. Die dunkle Hautfarbe kommt auch von ihrer Ernährung, denn sie fressen hauptsächlich die Eicheln der Steineichen. Schwarze Schweine gibt es sowohl hier in den Bergen als auch später in der Extremadura, aber während sie dort massenhaft gezüchtet werden, sind sie hier kleiner und fast frei lebend, wodurch ihr Fleisch sehr mager ist.

Wenn Sie sich also dazu entschließen, Kotelett (*chuleta*), Rippchen (*costillas*) oder eine andere der zahlreichen Speisen mit dem Schweinefleisch aus der Region zu probieren, sponsern Sie damit ein glückliches, wenn auch recht kurzes (ca. 12 Monate langes) Schweineleben.

Almadén de la Plata – El Real de la Jara 14,1 km

Auf der gesamten Etappe gibt es keine sichere **Wasserstelle**!

Radfahrer, die dem normalen Weg folgen, werden je nach Kondition ca. 1 bis 2 km schieben. Über die wenig befahrene Landstraße ist es landschaftlich auch schön und nur ca. 3 km länger.

Vorbei an der Stierkampfarena wird der Ort nach 400 m verlassen und der Weg schlängelt sich an Agaven und Kakteen vorbei und dann wieder durch Eichen. Nach 1,2 km halten Sie sich bei einem Wasserspeicher (Wasserloch) leicht links und betreten zunächst einen unbefestigten Weg. Vorbei an einer Finca wandern Sie weiter über verschiedene Wege und Pfade durch Zistrosensträucher, bis Sie nach 1,3 km wieder eine Schotterpiste betreten (km 2,9).

Es geht vorbei an zwei Bauernhöfen und sich fröhlich suhlenden schwarzen Schweinen, bis die Schotterpiste nach 3,2 km hinter dem zweiten Bauernhof in einen einfachen Feldweg mündet. Achten Sie jetzt gut auf die kleinen gelben Pfeile, die nun öfters die Richtung wechseln. Der Weg verläuft rechts an einem Weiher bzw. Wasserloch vorbei und tendenziell weiter bergab nach 800 m zu einem flachen Bachlauf. Dieser führt nur selten Wasser und kann dann evtl. besser etwas linker Hand des Weges überquert werden (km 6,9).

Es geht zunächst 150 m bergauf über einen Pfad, dann mündet dieser nach einem Zauntor wieder in einen Waldweg. Der Jakobsweg führt zunächst nun entlang des Hanges und dann zunehmend steiler bergauf (Radfahrer schieben). Nach 1,5 km sind Sie oben (⇧ 530 m) und der Weg führt wieder bergab. Nach 400 m folgt ein 300 m langer Pfad, der teils steinig und steil bergab zu einer Schotterpiste führt (Radfahrer schieben stückweise). Sie folgen dieser nach rechts weiter bergab. Zügigen Schrittes geht es ab hier meist eben 3,1 km auf einer breiten Piste weiter, bis Sie linker Hand ein Denkmal erreichen (km 12,4).

✠ Das Denkmal ist **José Luis Salvator** (1942 bis 1995) gewidmet, dem Gründer der Jakobusgesellschaft von Sevilla und Wegbereiter und geistiger Vater der modernen Vía de la Plata, der hier beim Malen gelber Pfeile einem Herzinfarkt erlag. Die Übersetzung der Inschrift des Steines durch unseren lieben, ebenfalls bereits verstorbenen

Pilgerfreund **Michael Kapser,** auf den die erste Auflage dieses Buches zurückgeht, lautet lautet wie folgt: „Deine festen Schritte hinterließen Spuren, die viele andere auf ihren Weg führen werden."

Auf derselben Piste gehen Sie noch 1 km weiter bis zum Ortsanfang von El Real de la Jara, wobei sich zuletzt ein schöner Blick über den Ort und auf die darüberliegende Burg öffnet. Nur 100 m weiter finden Sie rechter Hand die 🏠 private Herberge (km 13,5). Der weitere Weg ist gelegentlich etwas verwirrend: Folgen Sie der Straße 100 m bis zu ihrem Ende. (↳ Wenn Sie sich wie auf dem Kartenausschnitt ersichtlich im Prinzip geradeaus halten, führt Sie der Weg gleich an der Bäckerei, dann an der 💊 Apotheke, einem 🛒 Supermarkt, dem 🏊 Freibad und nach 800 m an dem etwas abgelegenen 🍴 Restaurant Casa el Capote de Galloso vorbei, wo es ganztags Menüs für € 13 gibt.) Gehen Sie, wenn Sie dagegen dem Jakobsweg folgen wollen, am Ende der Straße 100 m nach rechts, bis die Straße auf der Plaza de España endet, und dort nach links vorbei an der 🍷 Café Bar el Chati (🕒 Mo bis Sa spätestens 6:00, So

„etwas später"). Immer geradeaus erreichen Sie nach 250 m die 🏠 öffentliche Herberge und 150 m weiter die 🛏🏠 örtliche Pilgerpension (km 14,1).

El Real de la Jara 🏠 🛏 ✕ 🍽 🍹 🏊 🚌 ⇧ 461 m, 1.700 Ew.

🏠 **Private Herberge.** Die Herberge Alojamiento del Peregrinos befindet sich auf der rechten Straßenseite. Der Eingang ist die Tür nach der Hausnummer 19. Sie bietet 10 Betten mit Decken in 3 Zimmern eines einfachen, aber gepflegten Hauses. Einfache Heizung für extra € 3 pro Zimmer, gut ausgestattete Küche und Dachterrasse mit schöner Aussicht auf die Burg, @ 🖥 **T**. ☏ 654 862 553 oder 675 306 121, 🕐 ständig außer Juli und August, € 12

🏠 **Öffentliche Herberge.** Die 2024 eröffnete, schlichte, freundlich-helle, moderne Herberge bietet 18 Plätze in 4 Zimmern und eine Küche. Decken und Heizung. Wenngleich es sich sicher um eine der besten öffentlichen Herbergen des Weges handelt, erscheint mir das Preis-Leistungs-Verhältnis im Vergleich zu den örtlichen Unterkünften und besonders in Anbetracht, dass es sich um eine öffentliche Herberge handelt, doch etwas gewagt. @. ☏ 633 248 505, 🕐 ganzjährig 12:00 bis 24:00, € 15

🛏🏠 **Pilgerpension.** Eine altbekannte gute und preisgünstige Alternative zu der Herberge bietet die freundliche private Herberge/Pension Casa Molina, die zum Ortsende hin direkt am Weg recht zentral, aber doch ruhig in der Calle Real 70 liegt. 12 Personen können hier in vier gepflegten, irgendwie nett altmodischen Zimmern unterkommen. Aufenthaltsraum, Garten. Die Küche der Familie kann nach Rücksprache mitbenutzt werden. 🖥 € 5, **T** € 5, Frühstück € 4, Raumheizung € 5 pro Zimmer, sogar Heimtrainer! ☏ 954 733 053 oder 610 026 132, 🕐 ständig, € 13 p. P.

Blick auf El Real de la Jara und die Burg (rj)

Extremadura

Im Verlauf der folgenden Etappe überqueren Sie die Provinzgrenze zwischen Andalusien und der Extremadura. Die Extremadura ist so groß wie die Schweiz und besteht aus zwei großen Provinzen mit den Hauptstädten Badajoz und Cáceres. Hauptstadt der Region ist jedoch die historisch unvergleichlich bedeutsamere Symbolstadt Mérida.

Nur eine Million Menschen besiedeln diese weite Region, die eine wahre Kornkammer ist, über einen erstaunlichen Wasserreichtum verfügt und trotz alldem die ärmste Region Spaniens ist. Die Landschaft der Extremadura ist recht eintönig, beherrscht von einer unendlich scheinenden Hochebene von etwa 300 bis 600 m Höhe, die nur von wenigen Höhenzügen unterbrochen ist, bevor sie sich dann hinauf zum Kastilischen Scheidegebirge zieht.

Die Extremadura ist eine spanische Region ohne besonders ausgeprägten individuellen Charakter. Wenn man von einer Blütezeit sprechen kann, dann waren es die ersten Jahrhunderte unserer Zeitrechnung, als Mérida die Hauptstadt der römischen Provinz Lusitania war.

Vom 8. bis ins 13. Jh. war das Gebiet islamisch und wurde dann wie der größte Teil Südspaniens von den Heeren der christlichen Könige erobert. Sowohl die Bauweise als auch die Traditionen erinnern noch stark an Andalusien. Heute ist diese schöne Provinz leider zur Spielwiese einer der unfähigsten Kommunalregierungen Europas geworden, was Sie als Pilger eventuell auch im Rahmen des Projektes Alba Plata (☞ S. 39) hautnah zu spüren bekommen werden.

ⓘ **Wegweiser.** In der Extremadura finden Sie am Weg Granitquader und gelegentlich auch billige Blechimitationen derselben, die eigentlich als Wegweiser dienen sollen. Die Richtung entspricht dabei der des Weges, welcher durch das auf den Quadern dargestellte Tor verläuft. Quader mit einer **gelben** Kennzeichnung zeigen an, dass hier die aktuelle Route des Jakobsweges verläuft. Granitquader mit einer **grünen** Kennzeichnung zeigen den Verlauf der historischen Vía de la Plata an. Wenn Sie Quader mit gelben und grünen Kennzeichnungen sehen, so laufen Sie auf einem heute noch begehbaren Originalstück der Vía de la Plata.

✋ Die Auszeichnung der Vía de la Plata durch die eben genannten Quader wirkt manchmal etwas wirr. Verlassen Sie sich also besser nicht immer blind darauf, halten Sie besser auch nach Pfeilen Ausschau und werfen Sie vor Etappenbeginn auch mal einen Blick auf die Wegbeschreibung im Buch.

El Real de la Jara – Monesterio 20,2 km

✋ Erst nach gut 11,3 km finden Sie die erste sichere Gelegenheit, etwas zu trinken zu kaufen.

El Real de la Jara – Monesterio

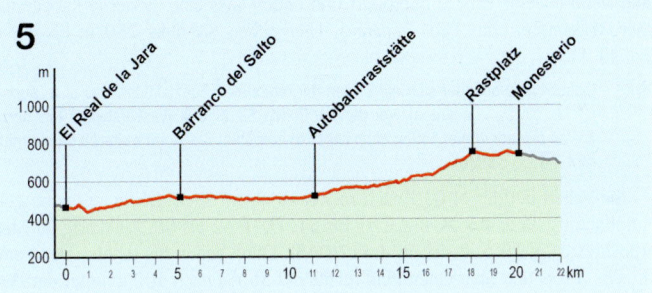

Von der Pension Casa Molina gehen Sie weiter auf der Calle Real. Gleich wird der Ort verlassen und bergauf, bergab über eine Piste erreichen Sie nach 900 m einen Bach, der zugleich die Grenze zwischen Andalusien und der Extremadura darstellt.

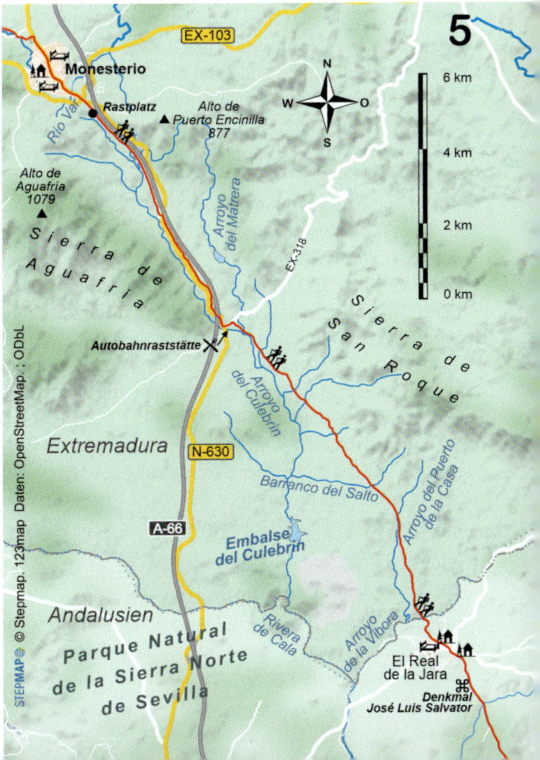

Hier erhebt sich rechter Hand eine kleine Burg, die im Mittelalter der Kontrolle des Weges diente und in Blickweite zur großen Burg von El Real de la Jara steht. Ein Beweis, dass Sie sich tatsächlich auf einem historisch bedeutsamen Weg befinden.

Immer der gleichen Schotterpiste folgend geht es tendenziell leicht bergauf 5,2 km durch schöne, bizarre Korkeichen hindurch, dann öffnet sich die Landschaft. Nach weiteren 2,1 km wird über eine kleine Brücke mit Leitplanke ein (ausgetrockneter) Bach überquert. Noch 2,9 km weiter haben Sie bereits eine weitere kleine Brücke überquert und finden links eine moderne Kapelle (im örtlichen Volksmund „das Ufo" genannt). Hier gehen Sie links 250 m bis zur N-630 (km 11,1).

✕🏪 Linker Hand befindet sich ein Laden mit regionalen Spezialitäten und u. a. auch Keksen (🕒 Mo bis Sa vormittags). Vor der Tür finden Sie eine 💧 Wasserstelle (🕒 immer). Gehen Sie an diesem vorbei 150 m nach links, so erreichen Sie einen weiteren Laden mit Restaurant, (🕒 Di bis Mo).

Sie gehen bei der N-630 nach rechts zu einem Kreisverkehr mit nahe gelegener Autobahnraststätte 🛏✕ (EZ € 45 bis 51, DZ € 62 bis 68, Aufschlag für Menü und Frühstück ca. € 10 p. P., ☎ 924 517 048). Dann gehen Sie rechter Hand am Kreisverkehr vorbei und über einen Pfad rechts der Straße nach 400 m unter der Autobahn hindurch. Nur 250 m weiter gehen Sie dann über einen Pfad rechter Hand an einer kleinen, halb verfallenen Kapelle vorbei. Der Pfad wird zum Waldweg, der zwischen Landstraße und Autobahn verläuft. So geht es 2 km durch einen Eukalyptushain, bis der Weg wieder die Straße erreicht. Dann wandern Sie noch 900 m auf Pfaden rechts und links derselben weiter und verlassen diese dann vor einer Unterführung über eine Treppe auf eine Nebenstraße (km 14,7).

Entlang der Straße und dann über Piste gehen Sie meist leicht oder mäßig bergauf – es zieht sich ... – und nach 3,4 km sind Sie endlich oben bei einem Rastplatz angekommen und erblicken Monesterio, den vorläufig höchsten Punkt (⇧ 760 m) auf der Vía de la Plata (km 18,1). Bald vorbei an einem Kreisverkehr, in dessen Mitte ein großer verrosteter Blechschinken prangt, geht es weiter zum Ortsanfang, wo Sie nach 800 m die ℹ Touristeninfo erreichen (☎ 924 516 737. ✣ Hier findet sich auch ein kleines, kostenloses Museum, in dem Sie den Werdegang eines noch intakten Schweins zum tellerfertigen Schinken verfolgen können). Gleich vorbei an einem 🚲 Radladen noch 300 m weiter der Hauptstraße folgend liegt 50 m linker Hand das 🛏 Hotel Moja. Nochmals 300 m weiter sind Sie nahe dem Zentrum bei einem rechter Hand liegenden Brunnen (km 19,5) angekommen. (👣 Nach rechts geht es hier die Vía verlassend 250 m in das Ortszentrum mit seiner Kirche, vor der sich auch ein kostenloses ⓘ Museum mit einer Ausstellung zur Vía de la Plata befindet, die allerdings nur auf Spanisch beschrieben ist.)

Nur 100 m weiter erreichen Sie linker Hand die 🏠 private Herberge des Ortspfarrers und 50 m dahinter den Abzweig zur 🏠 öffentlichen Herberge. Sie folgen der Straße nach 500 m vorbei an der Plaza Extremadura, wo sich auch das gleichnamige 🛏 Hotel und die gleich beschriebene ☕ Churrería befinden (km 20,2).

Monesterio
ℹ 🏠 🛏 ✕ 🛒 🚌 ✚ 🚲 🏊 🚍 ⇧ 754 m, 5.200 Ew.

ⓘ Der Name des Ortes ist auf das nahe gelegene mittelalterliche Kloster Tentudía zurückzuführen (*monasterio* = Kloster), das sich auf dem höchsten Berg der Umgebung befindet, aber heute fast komplett eingewachsen ist. Monesterio betrachtet sich als kulinarisches Zentrum für Schinken und Wurst, was Sie unter anderem an dem Denkmal am Kreisverkehr am Ortsanfang, dem eben genannten Museum für Schinkenherstellung und den nicht wenigen Metzgereien erkennen können.

- **Private Herberge des Ortspfarrers**. Die einfache, gepflegte Herberge befindet sich an der Hauptstraße im Haus Nr. 218 und bietet 14 Betten in 3 Zimmern sowie Küche mit Ausstattung, Wäscheschleuder und große Terrasse. Sie wurde in einem renovierten Wohnhaus eröffnet und ist einfach, aber nett dekoriert und gepflegt. Zum Frühstück gibt es Kekse und Kaffee und zum Kochen stehen einige Grundnahrungsmittel und Früchte bereit, die im Preis inbegriffen sind. Die Heizung (bzw. der Frostschutz) wird hier in der Regel nur von Nov bis Feb angeschaltet. Bedürftigen Pilgern wird auf Nachfrage ein Teil der Übernachtungsgebühr erlassen, Wäscheschleuder gratis, @. ☏ 687 516 511, ganzjährig 10:00 bis 22:00, € 10

- **Öffentliche Herberge**. Von der Herberge des Ortspfarrers geht es noch 50 m weiter und dann links in die Calle primero del Mayo. Der Kennzeichnung folgend erreichen Sie nach 700 m am Rande eines Industriegebietes die Herberge Las Moreras (km 20,3). Eine Abkürzung zurück zum weiteren Jakobsweg ist mit improvisierten gelben Pfeilen an den Straßenlaternen gekennzeichnet. Die abgelegene Herberge ist, wenngleich sie sich nicht gerade in einer idyllischen Umgebung befindet, doch ruhig gelegen und recht nett gestaltet. Die gute, gepflegte neuere Herberge bietet 48 Plätze in 9 Zimmern von je 4 bis 16 Betten, einfache Decken, gute Küche. Die einfache Heizung verströmte bisher nur im Esszimmer einen Hauch von Wärme. Frühstück € 3,50, auf Wunsch Bettwäsche und Handtuch für je € 2, auf Nachfrage ▨ **T** @. ☏ 679 587 435, ganzjährig 12:00 bis 24:00, € 12,50

- In einer Reihe von **Pensionen und Hotels vor Ort** werden Zimmer angeboten. Da eine Heizung, die den Namen auch wirklich verdient, auf einer Höhe von immerhin ⇧ 754 m der Gesundheitsprophylaxe zur kälteren Jahreszeit durchaus zuträglich ist, werden hier die günstigsten Angebote aufgeführt: Das am Ortseingang gelegene **Hotel Moja** bietet DZ für € 45 bis 60 (als EZ € 35 bis 40), Dreibettzimmer für € 65 bis 75. Das Frühstück kostet extra und wird erst um 10:00 serviert. Menüs für € 12 (Sa und So € 15) (☏ 637 766 793). Das seit Jahren pilgerbewährte **Hostal Extremadura** befindet sich nicht weit vom Ortsausgang und bietet gepflegte DZ und EZ mit Klimaanlage und Heizung an. Die einfache Übernachtung kostet € 15 p. P., Heizung € 5 extra p. P. (☏ 924 516 502).

- ✗ Natürlich können Sie hier in zahlreichen Restaurants die vorher beschriebenen **örtlichen Spezialitäten vom Iberischen Schwein** (☞ S. 62) probieren oder ausgiebig schlemmen. Ziehen Sie es aber vor, Ihren Pilgerhunger (davor erst einmal) effektiv und günstig mit einem abendlichen **Menü** zu stillen, so finden Sie am Ende des Ortes einen landes(un)typischen Dönerladen und einige Schritte weiter im eher schlicht-modernen Restaurant des Hotels Leo Mo bis Fr ab ca. 20:30 lohnende Menüs für € 11,50.

- ♀ Wie eben beschrieben befindet sich am Jakobsweg gegenüber dem Hostal Extremadura die **Bar Triana**. Es handelt sich hierbei um eine der zahlreichen **Churrerías** vor Ort, welche das ursprüngliche spanische Spritzgebäck, die sogenannten Churros, preiswert anbietet. In diesem Lokal fallen diese besonders groß aus und kosten pro Stück ca. € 0,50. täglich außer montags spätestens um 8:00

Monesterio – Fuente de Cantos (20,5 km) – Calzadilla de los Barros 26,8 km

Sie finden bis Fuente de Cantos Bäche, aber **keine sicheren Wasserstellen** am Weg!

Der Weg war bisher etwas sparsam markiert: Vom Hotel Extremadura gehen Sie weiter entlang der Hauptstraße vorbei am 🛏 ✗ Hotel Leo 700 m bis zum Ortsende, wo Sie die Straße hinter einem Fußballplatz nach links verlassen können. Bald verläuft der Weg über einen Feldweg bzw. eine Schotterpiste rechts eines Baches. Achten Sie gut auf die Kennzeichnung: Nach 1,6 km wird der Bach nach links über eine kleine Betonbrücke mit Leitplanke überquert und der Weg führt wieder bergauf. Sie wandern 2,7 km über breite Schotterpisten an Steineichen und Rindern vorbei und überqueren dann eine Asphaltpiste (km 5).

Noch 2,9 km weiter müssen Sie etwas aufpassen: Der Eichenbewuchs hat weitgehend geendet und Sie durchqueren nun ein Zauntor, hinter welchem sich nach einer Schautafel mit Muschel gleich ein Granitquader befindet. Folgen Sie nun NICHT der Richtung, welche die auf dem Steinquader angedeutete Wegspur vorgibt, sondern gehen Sie weiter geradeaus bzw. leicht nach rechts den gelben Pfeilen folgend zunächst links am Zaun entlang. Der Weg verläuft wieder leicht bergab über

Auf dem Weg nach Fuente de Cantos (dw)

Monesterio – Fuente de Cantos – Calzadilla de los Barros

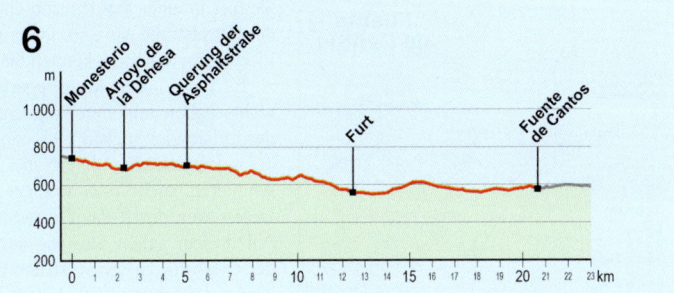

Feldwege, bis man nach 4,8 km unten angekommen (über einige Steine hinweg, ☞ S. 44) eine Furt überquert. Ein guter Platz für eine kleine Rast (km 12,7).

Achten Sie weiter gut auf die gelben Pfeile. Der Weg führt Sie gleich in einer Linkskurve wieder bergauf, weiter in verschiedenen Kurven über geschotterte Feldwege, bis Sie nach 2,7 km oben Fuente de Cantos erblicken. Über die gewohnten Feldwege geht es weiter leicht bergab und bergauf an einigen Bauernhöfen vorbei, bis Sie nach 3,4 km kurz vor der N-630 eine Pistengabelung erreichen und nach halb links entlang einer langen Betonmauer gehen. Nach 1 km sind Sie am Ortsrand und müssen sich dann wieder entscheiden (km 19,9).

Es gibt hier einige verwirrende Pfeile und der Weg im Ort ist nicht immer übersichtlich gekennzeichnet. (☞ Wollen

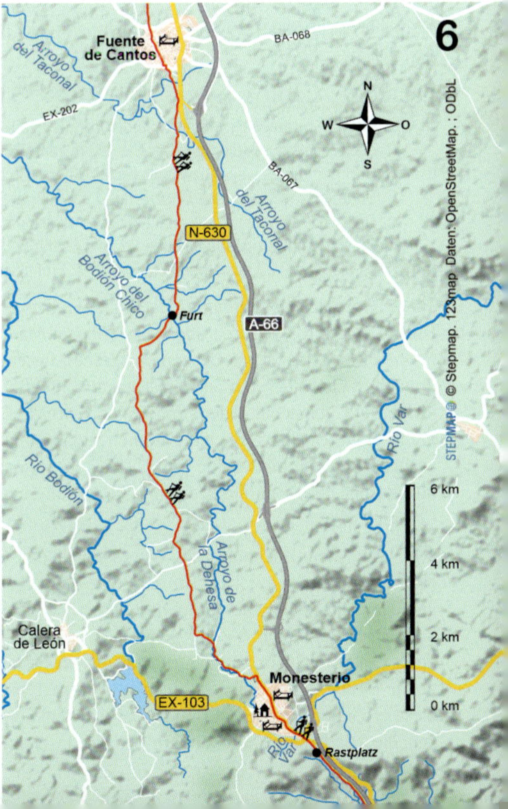

Sie hier in einer 🛏 Pension entlang der Hauptstraße wie z. B. in der Casa Vicenta übernachten, können Sie sich z. B. wie in der Karte ersichtlich rechts halten und den Weg entlang des Ortsrandes suchen.) Ich empfehle und beschreibe Ihnen aber den schöneren, mehr oder weniger offiziellen Weg durch das Ortszentrum. Auf diesem gehen Sie, wie auch in der Ortskarte zu sehen ist, am Ortsrand angekommen noch 100 m nach links und dann nach rechts weiter in den Ort. Immer geradeaus erreichen Sie nach 600 m die Plaza de la Constitución vor der Kirche ✝ Virgen de la Granada (km 20,5).

Fuente de Cantos 🛏 ✗ 🛒 🐴 ✚ 🚐 ↑ 586 m, 5.100 Ew.

🛏✗ **Casa Vicenta.** Weg: wie auch in der Karte zu sehen vor der Kirche Virgen de la Granada nach rechts durch die Calle Llerena 400 m zum Platz mit den Palmen und der Jesusstatue. Dort geradeaus weiter bzw. halb rechts 300 m durch die Calle Isabel la Católica. An deren Ende, dort, wo sich eine **Churrería** (🍺 ab 7:00) befindet, noch 20 m nach links (km 21,2). Das wohl gelegentlich etwas chaotische Wirtshaus bietet Plätze in einfachen, an einigen Stellen renovierungsbedürftigen DZ und EZ für € 17 p. P. und DZ für € 30, Mo bis Fr gibt es hier ab 20:00 auch Menüs für ca. € 12, Frühstück ab 7:00. ☎ 611 617 641

⌘ **Francisco de Zurbarán.** Der Maler Francisco de Zurbarán wurde 1598 hier in Fuente de Cantos geboren und starb 1664 in Madrid. Er war einer der größten spanischen Barockmaler und besonders berühmt für Helldunkelmalerei und Stillleben, die er auch in Gemälden mit anderer Thematik integrierte. In einem Informationszentrum werden gut gemachte Videos präsentiert, wie alle Beschreibungen aber nur auf Spanisch. Echte Fans des Künstlers können auch sein Geburtshaus in der Calle Aguila 37 besuchen. Leider sind beide Räumlichkeiten normalerweise geschlossen und werden nur auf Nachfrage geöffnet. Fragen Sie bei Interesse im Rathaus bei der Plaza de la Constitución nach.

🚶 Die Kennzeichnung des Weges durch den Ort war bisher an einigen Stellen etwas ungeschickt, weshalb ich den Weg nun etwas genauer beschreibe: Gehen Sie geradeaus an der Kirche vorbei und immer weiter geradeaus. Nach 100 m erreichen Sie die Hausnummer 7A und gehen hier nach halb rechts gleich vorbei an der Casa de la Cultura 150 m zu einem Platz, der im Prinzip geradeaus in die gegenüberliegende Straße – die Calle San Juan – überquert wird. Immer weiter geradeaus durch diese erreichen Sie nach 200 m vorbei an einem Spielplatz den Ortsausgang und kreuzen die Landstraße. Sie wandern 5,6 km in einigen Kurven und vorbei an einigen

Höfen immer weiter auf derselben Schotterpiste bis zum Ortsanfang von **Calzadilla de los Barros** 🏠 🛏️✗ 🍴 🍺. Immer der Kennzeichnung folgend erreichen Sie nach 300 m den Hauptplatz Plaza de España, wo sich rechter Hand am Rathaus, ✋ in dem Sie sich normalerweise für die Herberge anmelden müssen und wo sich auch eine 💧 Wasserstelle befindet (km 26,8).

🏠 **Öffentliche Herberge.** Die einfache Herberge befindet sich am südwestlichen Ortsrand nahe der Ermita de Nuestra Señora de la Encarnación in einem guten, schlichten, geräumigen, neuen Bau mit Aussicht auf den Ort. Sie bietet – „weil man hier sowieso wohl nicht mehr braucht" – bisher nur 14 Einzelbetten in 2 Zimmern. 🚿 gratis und wenn es viele geregnet hat, ist auch der **T** gratis zugänglich, @. ☎ 634 518 382, 🚪 eigentlich ständig geöffnet ... außer 10. bis 19. Mai und vom 7. bis 11. Aug tobt hier das Dorffest „... und dann kann dort bis ca. 4:00 keiner einschlafen", ✋ Mo bis Fr meldet man sich bis 15:30 im Rathaus am Weg an und ansonsten ruft man Antonio (☎ 650 068 208) an, € 10

🛏️✗ **Pensión Los Rodríguez.** Weg: beim Rathaus nach rechts in die Calle Iglesia 150 m zur Kirche Divino Salvador, rechts an dieser vorbei und durch die dahinter versteckte schmale Gasse 200 m bis zur großen alten Tränke bzw. Brunnen, weiter geradeaus, links an dieser vorbei und 250 m weiter zur eher wenig befahrenen N-630 (km 6,9). Einfache, aber hinreichend gepflegte und aufgeräumte, bewährte Fernfahrer- und Pilgerpension, DZ € 30 mit Heizung, EZ (ohne Heizung) € 15, Menüs ab 20:30 für € 12, Frühstück ab 7:00, 🚿 und **T** p. P. zusammen € 5, @. ☎ 924 584 808

Calzadilla de los Barros – Puebla de Sancho Pérez (14 km) – Zafra   17,5/18,5 km

🚶 Nach der Plaza de España wird der kleine Ort auch schon bald wieder verlassen. Bald geht die Straße in eine Piste über und nach 1 km erreichen Sie eine Weggabelung, wo es links weitergeht. Über Feldweg und Piste geht es immer geradeaus und meist leicht bergab, bis Sie nach 2 km in der Senke der N-630 sehr nahekommen. Gleich verläuft der Weg direkt neben der Straße, führt dann aber schon nach 500 m

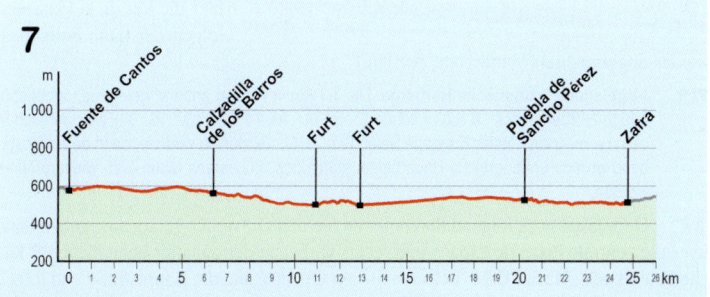

wieder über einen schönen Feldweg, zunächst eben von der Straße weg. Nach 1,3 km überqueren Sie eine Furt, die Sie bei hohem Wasserstand gut etwas rechter Hand umgehen können (km 4,8). Nach weiteren 2 km folgt eine weitere Furt, die selten problematisch ist, und noch 1,2 km weiter überqueren Sie eine schmale Straße. Nach 400 m führt Sie der Weg an einem überdachten Rastplatz vorbei (km 8,4). Es geht weitere 4,3 km immer geradeaus, vorbei an Weinreben, dann werden Bahngleise überquert und nach weiteren 1,1 km sind Sie am Ortsanfang von **Puebla de Sancho Pérez** ?🏠 ✕ 🛒 🍴. Nur 150 m nach dem Überqueren der ersten Straße kommen Sie an eine Kreuzung (km 14). (👣 Sollte die örtliche ?🏠 Herberge wieder geöffnet sein, verlassen Sie hier die Vía de la Plata und folgen der dann hoffentlich wieder angebrachten Markierung dorthin.)

?🏠 **Abgelegene touristische Herberge**. Die 1,1 km vom Weg entfernt gelegene, angenehm ruhige Herberge des so ruhmreichen Projektes „Alba-Plata" (☞ S. 39) befindet sich in dem renovierten Kloster Ermitage Belén (km 21,4). Vermutlich wird sie, da in deren Umgebung gerade umfangreiche Bauarbeiten stattfinden, frühestens Mitte 2025 wiedereröffnet werden.

🚶 Dem Jakobsweg folgend durchqueren Sie den Ort weiter geradeaus, gehen dann über die zentrale Plaza de España und rechts vorbei an der dahinter befindlichen ✝ Kirche Santa Lucía. Nach 700 m betreten Sie am Ortsausgang die Hauptstraße und folgen dieser 1,1 km geradeaus aus dem Ort. Dann kann diese nach halb links auf eine schmale Nebenstraße verlassen werden, die in eine Ortsstraße mündet. Nach weiteren 1,7 km trifft diese wieder in Zafra im spitzen Winkel auf die Hauptstraße, deren Eckhäuser durch kleine Türmchen auffallen. Genau vor Ihnen befindet sich hier die ⌂ Pilgerherberge der Pilgerfreunde von Zafra (km 17,5).

↪   Wie Sie auf dem Stadtplan an der gestrichelten Linie sehen, können Sie, wenn Sie den **Weg abkürzen** wollen, auch eine direktere 300 m kürzere Variante wählen, die auch stellenweise inoffiziell mit (verwirrenden) Pfeilen gekennzeichnet ist. Diese führt Sie vorbei an dem später erwähnten imposanten ⌘ Palast Alcázar de los Duques de Feria und der schön gekachelten ℞ Apotheke Martínez Buzo direkt zur ⌂ touristischen Herberge (km 18,2).

Im Regelfall ist aber der reguläre Weg zu empfehlen, denn auch wenn die vorher genannten Punkte für manchen interessant sein mögen, ist die Innenstadt mit ihren schönen Gassen und Plätzen ein Highlight der Extremadura. Nach 700 m erreichen Sie über den offiziellen gekennzeichneten Weg durch die Innenstadt die schöne Plaza Grande (km 18,2) und 300 m weiter treffen Sie auf die ⌂ touristische Herberge, wo diese Etappe endet (km 18,5).

Zafra   🛈 ⌂ 🛏 ✕ 🛒 ℞ ✚ ✓ 🚌 ⇧ 508 m, 14.000 Ew.

🛈   Plaza de España, ☎ 924 551 036, 🕘 Winterzeit Mo bis Fr 10:00 bis 14:00 und 17:00 bis 19:00, Sommerzeit Mo bis Fr 10:00 bis 14:00 und 18:00 bis 20:00, Sa und So immer 10:00 bis 14:00

Tagesausklang in Zafra (cs)

Zafra

1. Pilgerherberge der Pilgerfreunde von Zafra
2. Alcázar de los Duques de Feria
3. Apotheke Martínez Buzo
4. Touristische Herberge

ⓘ Zafra ist eine der ältesten und traditionsreichsten Städte der Extremadura. Insbesondere nachts empfiehlt sich ein Spaziergang durch die Altstadt mit ihren Bars und schön beleuchteten Plätzen.

Herberge der Pilgerfreunde von Zafra. Bei der Herberge Vincent van Gogh handelt(e) es sich im Prinzip um eine geschmackvoll dekorierte, von Pilgerfreunden geführte Herberge, was sie für viele zu einer der Kultherbergen des Weges macht(e). Allerdings scheint hier die Pflege, die Gastfreundlichkeit und auch das Platzangebot inzwischen stark von dem jeweils diensthabenden Hospitalero abhängig zu sein. Ca. 25 Plätze in ca. 3 Zimmern. Gelegentlich geöffnete, große begrünte Dachterrasse mit Aussicht ... Schauen Sie einfach mal rein und ziehen Sie dann evtl. gleich weiter, wenn der Zustand oder Empfang nicht Ihren Geschmack trifft. ☐ **T** @, Pilgerausweise für € 2. ☎ 924 969 123 oder 617 846 551, ◷ ständig 10:00 bis 22:00, € 12

Schöne touristische Herberge. Gepflegte, geräumige Herberge in einem angenehm schlichten ehemaligen Kloster. 15 Plätze in 3 Schlafsälen mit guten Federbetten sowie ⇔ zwei DZ für € 36 mit Frühstück (als EZ € 25 mit Frühstück), ab 19:00 gibt es gute Menüs für € 10, bis 9:00 steht das Frühstück zum Selbstherrichten bereit, schöner Innenhof mit Säulen, Mikrowelle, einfache Heizung, ☐ **T** @. ☎ 680 663 806, ◷ ganzjährig 10:30 bis 23:30, Ü im Schlafsaal mit Frühstück € 15

⌘ **Alcázar de los Duques de Feria.** Der Palast mit 9 Türmen, an dem der beschriebene Weg vorbeiführt, stammt aus dem 15. Jh. und ist heute ein staatliches Parador-Hotel, in das Sie gerne eintreten und an der Hotelbar eine Kleinigkeit zu sich nehmen können. Sehenswert sind der Renaissance-Innenhof aus weißem Marmor und der Goldene Salon im Mudéjar-Stil.

Zafra – Los Santos de Maimona 4,7 km

Von der Ecke der touristischen Herberge gehen Sie wie im Stadtplan ersichtlich geradeaus bzw. nach rechts, zunächst entlang der Straße Calle Ancha und dabei vorbei an einem kleinen Kiosk mit Churros (☞ S. 69). Nach 400 m wird am Ortsrand vorbei an einem 🔧 Radladen ein Kreisverkehr umrundet. Sie verlassen den Ort immer geradeaus, vorbei an zwei weithin sichtbaren Türmen. Es geht zuerst leicht und bald stärker ansteigend über Schotter- und Betonpisten, bis Sie nach 2,5 km oben auf einem kleinen Bergrücken angekommen sind (km 2,9).

Vorbei an Pinien pilgern Sie stetig bergab und nach 1,1 km betreten Sie die Plaza de España des Ortes. Rechter Hand befindet sich hier die 🛈 Touristinfo, ✋ wo Sie sich für die örtliche Pilgerherberge anmelden (km 4).

Weiter der Vía folgend wird der Weg nach halb links, links an der ✟ Kirche vorbei überquert. Hinter der Kirche folgen Sie dann den auf den Boden gezeichneten großen gelben Pfeilen weiter durch den Ort und nach 600 m über die Hauptstraße hinweg, wo Sie wie wieder einen kleinen Kiosk mit Churros finden. Dort, wo der Weg dann nach weiteren 100 m bei der Hausnummer 2 eine Linkskurve beschreibt, befindet sich linker Hand die öffentliche Herberge (km 4,7).

Los Santos de Maimona   🏠 🛒 🍴 🏨 💊 ✚ 🚌 ⇧ 529 m, 7.600 Ew.

🏠 **Öffentliche Herberge.** ✋ Wenn Sie hier übernachten wollen, müssen Sie sich zunächst in der am Weg (km 4) gelegenen Touristinfo anmelden. Sollte diese in seltenen Fällen geschlossen sein, gehen Sie zur Polizei an der Plaza Vistahermosa. Den Schlüssel werfen Sie morgens in den Briefkasten am Ausgang der Herberge. Die nette, schlichte Herberge bietet 2 Zimmer mit je 8 Plätzen und eigenem Bad, Handtücher, Bettdecken und Heizung sowie Aufenthaltsraum mit Küche und ein Innenhof. ☎ 924 544 801 (Touristinfo), ☎ 924 544 294 und 659 932 935 (Polizei), 🗝 ständig, € 7

Los Santos de Maimona – Villafranca de los Barros 15,5 km

Der Ort wird nach der öffentlichen Herberge bald über eine Asphaltpiste verlassen und nach 600 m sollten Sie es nicht wie so viele andere Pilger verpassen, die

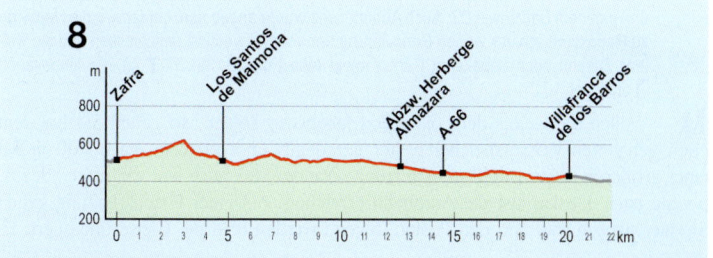

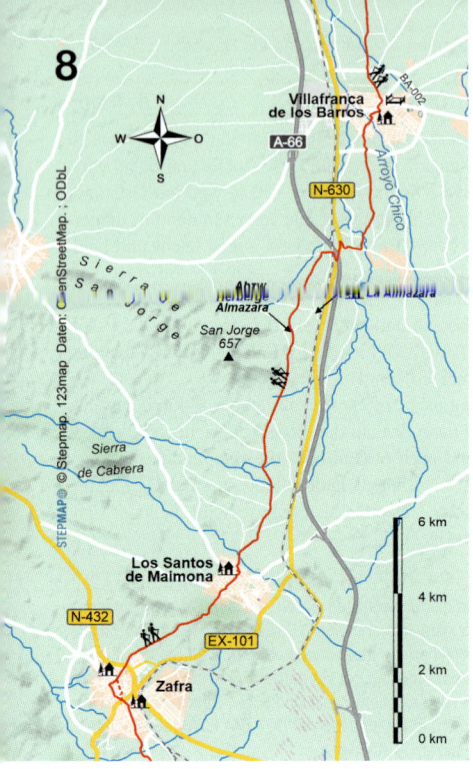

Straße nach halb rechts auf eine Schotterpiste zu verlassen. 1,4 km geht es über verschiedene Pisten und Feldwege leicht bergauf. Ab hier schlängelt sich der Weg bergab und wieder bergauf, vorbei an Oliven- und einigen Mandelbäumen sowie Reben durch die schöne, leicht hügelige Landschaft. Nach 2,5 km mündet die Schotterpiste in einen teilweise unbefestigten Fahrweg, welcher 2 km zwischen zwei Zäunen hindurch verläuft (km 6,6).

Sie erblicken in der Ferne nun Villafranca de los Barros und sollten nun etwas genauer auf die Beschreibung und Kennzeichnung des Weges achten, die war bisher etwas verwirrend. 50 m nach dem Zaun erreichen Sie eine Weggabelung und gehen halb rechts.

Nur 500 m weiter erreichen Sie bei einem Wasserspeicher einen Wegweiser, der zur Herberge Almazara verweist (km 7,1). (Evtl. wird über die Herberge in Zukunft auch eine weitere offizielle Variante verlaufen.)

Wunderschöne Herberge in einer alten Ölmühle. Beim Wasserspeicher geht es 500 m nach rechts zu sicher einer der schönsten Herbergen des Weges und Spaniens überhaupt: Sie befindet sich in einer reizvoll renovierten alten Ölmühle mit verschiedenen rustikalen Aufenthaltsräumen und Höfen und bot bisher 25 Plätze in Zimmern mit je 4 Plätzen und eigenem Bad sowie DZ. Auch Abendessen wurde angeboten. Leider war die Herberge zu Redaktionsschluss wegen Renovierung und Pächterwechsel geschlossen und die weitere Zukunft noch unbekannt (☞ Projekt Alba Plata S. 39). ☏ T @. ☎ Unbekannt, unsicher

Wollen Sie weiter dem offiziellen Jakobsweg folgen, so gehen Sie bei dem eben genannten Wasserspeicher weiter geradeaus und erreichen nach 700 m bei einer größeren Ruine eine Pistenkreuzung. Wandern Sie auch hier weiter geradeaus, bis Sie nach 1,6 km fast die Autobahn erreichen. Auf einer Pistenkreuzung gehen Sie hier nach rechts und den Pfeilen folgend werden bald die Gleise überquert. Es geht nach rechts entlang der Autobahn und dann wird diese nach 600 m nach links unterquert.

Nur 200 m danach können Sie den Weg normalerweise 🚶 um ca. 300 m abkürzen, indem Sie gleich nach dem Beginn der Autobahnzufahrt nach rechts über einen teils zugeschütteten Graben und durch ein Loch im Zaun auf eine Piste gehen, welche entlang der Straße verläuft und sich nun von dieser entfernt. Der offizielle Weg verläuft aber noch 250 m weiter entlang der Straße und führt erst dann scharf rechts auf eine breite Betonpiste (km 10,5).

Auf verschiedenen Schotterpisten wandern Sie an einigen Fincas vorbei, bis nach 3,2 km bei einem Kreisverkehr wieder Asphalt betreten wird. Nach 500 m sind Sie am Ortsanfang von Villafranca de los Barros und weiter dem Weg in den Ort folgend befinden Sie sich nach 500 m an eine Kreuzung an der Markthalle.

Werfen Sie einen Blick auf den Kartenausschnitt und suchen Sie nach Kacheln mit Muschelsymbolen, die auf Höhe der Straßennamen angebracht wurden. Nach dem Markt führt Sie der Weg nach 250 m an der Herberge Extrenatura vorbei und nach nochmals 500 m erreichen Sie nicht mehr weit vom Ortsausgang entfernt die 🛏 Casa Perin (km 15,5).

Villafranca de los Barros

🏠 🛏 **Extrenatura.** Private Herberge mit 10 Plätzen in zwei geräumigen, gepflegten Zimmern mit Fernseher, Heizung und Decken. Im Nebentrakt findet sich eine Küche. Dort werden auch helle, geräumige Apartments mit Küche sowie DZ angeboten, in denen man ebenfalls für € 15 p. P. unterkommt. 🚿, 📶 gratis, **T** gratis, @. ☎ 656 314 025, 🕐 ständig (wenn nicht wieder mal kurzfristig Personal fehlt oder so), € 15

🛏 **Casa Perin.** Die bei Pilgern beliebte Pension war bis vor ca. 15 Jahren auch die erste Quasi-Pilgerherberge dieses Ortes überhaupt. Das schöne, freundliche, gepflegte Haus, das auch Touristen unterbringt, hat die Preise inzwischen deutlich angezogen und bietet nun leider keine Plätze in Gruppenschlafräumen mehr an, sondern nur noch EZ für ab € 27, DZ € 45, Dreibettzimmer ab € 67 und Vierbettzimmer für € 80, Kaffee, Tee und Kekse (als einfaches Frühstück zum Selbstherrichten) sind im Preis inbegriffen. Kochgelegenheit, schmucke Aufenthaltsräume, Innenhof, 📶 **T** @. Die Besitzerin kann im Haus mit der Hausnummer 1 am Eingang des Platzes genau gegenüber der Herberge gefunden werden.
☎ 646 179 914

Villafranca de los Barros – Torremejía (Ortsanfang) 26,4 km

⇔ *Die Etappe weist keinerlei Schwierigkeiten auf und kann, wenngleich sie recht lang ist, deshalb relativ schnell zurückgelegt werden. 🚴 Das gilt besonders auch für Radfahrer. Wem diese Strecke wirklich zu lang ist, der hat die Möglichkeit, wie gleich unten beschrieben den Bus zu nehmen oder auf halbem Wege ins nahe gelegene Almendralejo auszuweichen und sich dort eine Unterkunft zu suchen.*

ⓘ Mein werter Vorgänger Michael Kasper schrieb einmal zur folgenden Etappe: „Sie befinden sich im **Tierra de Barros**, dem Lehmland, daher auch der Beiname einiger Ortschaften, die Sie schon durchquert haben. Bei der Frage nach der Bedeutung dieses Namens erklärten mir die Einheimischen, dass *barro* außer Lehm auch „fruchtbarer Boden" bedeute, aber als es zu regnen begann und an meinen Schuhen mächtige Lehmbrocken kleben blieben, merkte ich, dass die erstere wörtliche Übersetzung auch ihre Berechtigung hat."

✋ Wenngleich der Weg nun großteils geschottert wurde und lehmverklebte Schuhe im Wesentlichen der Vergangenheit angehören, ist diese Etappe auch weiter mit Vorsicht zu genießen. Weniger hinsichtlich einiger zum Ende hin dann bei Regen evtl. noch feuchter Stellen, sondern vielmehr an warmen sonnigen Tagen wegen des wenigen Schattens unterwegs. Nehmen Sie also genügend **Wasser** mit, denn bis Torremejía finden Sie keine Wasserstelle mehr!

🚌 Wollen Sie **die Strecke mit dem Bus abkürzen,** weil Sie sich die eben ausgesprochenen Warnungen zu Herzen nehmen oder Ihnen das Stück schlicht zu langweilig erscheint, so können Sie von dem im Ortsplan eingezeichneten Busbahnhof etwa drei Mal täglich für ca. € 2,70 den Bus (30 Min.) bis nach Torremejía nehmen.

🚶 Am Ende der Plaza de la Coronada, dort, wo sich die Casa Perin befindet, gehen Sie links. Immer derselben Straße folgend wird der Ort verlassen und nach 800 m eine Landstraße geradeaus auf eine Schotterpiste überquert, die dann 3,5 km geradeaus vorbei an einigen Pistengabelungen und Kreuzungen durch Wein-

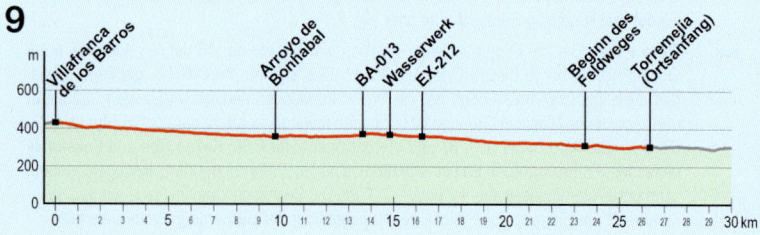

und Olivenpflanzungen führt. Wo die Piste leicht nach rechts zieht, biegen Sie halb links in einen breiten Feldweg ein (km 4,3).

Nach 3,6 km durch die Weinfelder erreichen Sie eine breite Piste. Dieser nach halb links folgend kreuzen Sie nach 1 km eine im spitzen Winkel von links kommende Piste geradeaus und überqueren nach weiteren 500 m einen (ausgetrockneten) Bach bzw. Bewässerungskanal. 300 m danach führt die breite Piste bei einem Strommast nach halb rechts. Nach 4 km immer dem Verlauf der Hochspannungsleitung folgend – Weinfelder, so weit das Auge reicht – treffen Sie auf eine schmale Asphaltpiste (km 13,7).

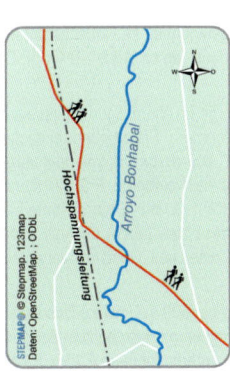

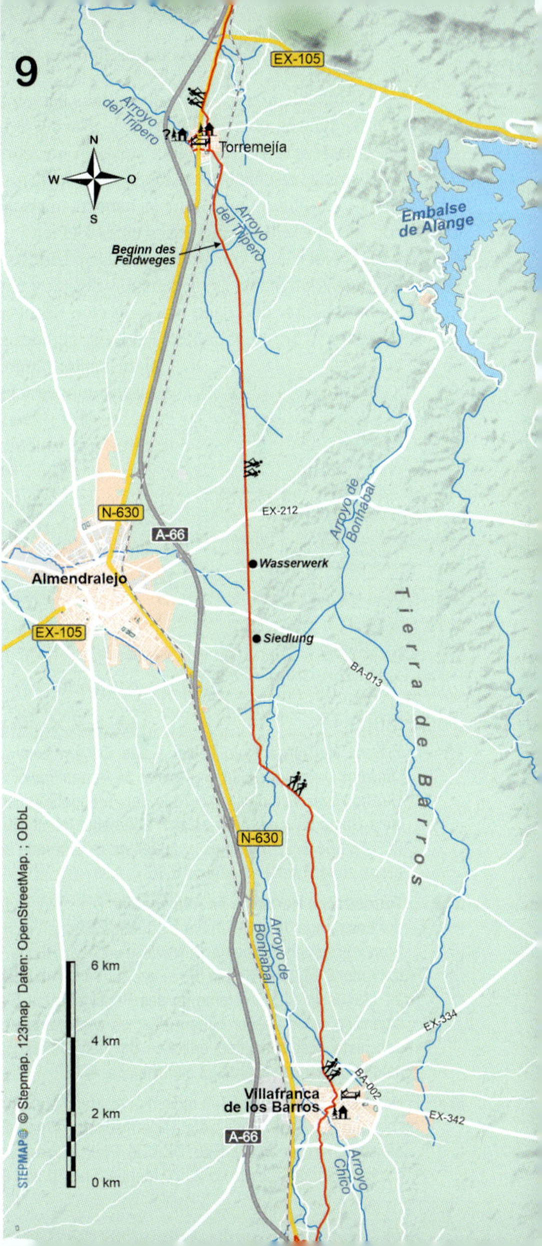

Wie ein Monolith anzeigt, führt die authentische Vía de la Plata Sie weiter geradeaus über diese hinweg über einen Feldweg. Nach 1,2 km finden Sie rechter Hand ein stattliches Wasserwerk vor, dass aber sorgsam umzäunt und sicher abgesperrt wurde ... ☹ Und somit verschließt sich Ihnen auch hier in unmittelbarer Nähe eines Wasserspeichers von Tausenden Litern in nahezu menschenverachtend zynischer Weise leider jede Möglichkeit des Genusses eines kleinen erfrischenden Tröpfchens Wasser am Wegrand. Noch 1,5 km weiter wird eine Landstraße überquert. Weiter geht es idiotensicher 6,2 km immer geradeaus, bis der Weg eine Linkskurve beschreibt. Noch 1,1 km geht es weiter und dann macht er eine Rechtskurve (km 23,7).

Hier verlassen Sie den breiten Feldweg geradeaus auf einen anderen Feldweg (10 m weiter finden Sie zur Orientierung einen zeitweise eingewachsenen Monolithen). Gehen Sie immer weiter geradeaus über den geschotterten Feldweg und zuletzt entlang einer Bahnlinie. Nach 1,2 km erreichen Sie eine Piste und gehen gleich über die Bahnüberführung. Weiter geradeaus erreichen Sie nach 500 m den Ortsrand von Torremejía (auch Torremegía), in dem die Kennzeichnung des Weges bisher eher schlecht war. Da Sie sich nun, wie auf der Ortskarte erkennbar, evtl. entscheiden müssen, welchen weiteren Weg Sie wählen, endet diese Etappe hier aus Gründen der Übersichtlichkeit (km 26,4).

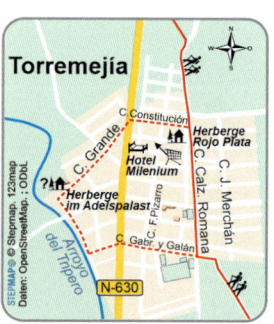

Torremejía
⇧ 301 m, 1.900 Ew.

- **Private Herberge Rojo Plata.** (Lage: 550 m vom Ortsanfang entfernt, praktisch kein Umweg) Die private Herberge bietet 24 Betten in vier einfachen, schlichten Zimmern. Die Heizung bzw. Klimaanlage wird in den Gruppenräumen nur dann angeschaltet, „wenn so viele Gäste da sind, dass es sich überhaupt lohnt!", Kochgelegenheit im Nebengebäude. ☏ 658 854 372, „immer ... außer wir sind gerade im Urlaub" ab ca. 12:30, Ü für m. E. etwas zu reichlich bemessene € 16

- **Touristische Herberge im Adelspalast.** Die schöne Herberge im ehemaligen Adelspalast der Lastra aus dem 15. Jh. verfügt über 23 Betten in vier Zimmern. Federbetten, einfache Standheizungen, Cafeteria, Mikrowelle und evtl. Küche, T, einige DZ. Von dem unteren Aufenthaltsraum haben Sie einen wunderbaren Blick auf die Weinberge. Frühstück und ✗ Menüs, @. Ein Herberge des Projektes Alba Plata (☞ S. 39) ... man könnte sie eigentlich sofort wieder öffnen, aber es wird gemunkelt, dass dies (auch) deshalb nicht geschieht, weil man den örtlichen privaten Unterkünften nicht das Geschäft versauen möchte ... ☏ Unbekannt, unsicher, ca. € 12

- **Hotel Milenium.** (Lage: 700 m vom Ortsanfang entfernt und ca. 500 m Umweg) Das einfache, aber gepflegte Hotel bietet Pilgern schon seit Jahren Zimmer mit Heizung zum Sonderpreisen für Pilger an (EZ € 20, DZ € 35, Platz in verschieden großen Zimmern € 15 p. P.). In der Bar darunter gibt es ab 20:30 Menüs für € 10 und Frühstück, @. ☏ 924 341 095

Torremejía (Ortsanfang) – Mérida   16 km

⇔   *Die Kürze dieser Etappe bietet Ihnen die Gelegenheit, die Sehenswürdigkeiten von Mérida zu besichtigen.*

✋ Bis Mérida finden Sie es keine **Wasserstelle**! Der Weg ist stellenweise nicht gut markiert, weshalb es ratsam ist, die Augen offen zu halten und gelegentlich in die Wegbeschreibung zu schauen.

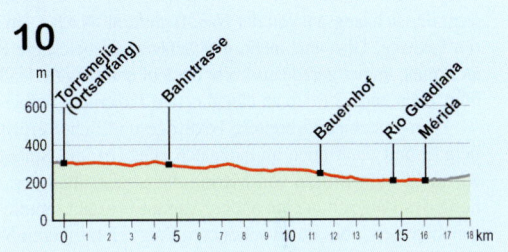

🚶 Die Etappe beginnt rechnerisch am Ortsanfang von Torremejía. Der Ort wird von dort (oder den Herbergen kommend) durchquert und nach (spätestens) 1 km treffen Sie gleich nach dem Ortsausgang auf eine gelegentlich etwas unklare Stelle: Die Piste hat gerade eine Rechtskurve beschrieben. Sie biegen nun am Anfang einer Olivenpflanzung halb links auf einen Feldweg ab, der zur Straße hin verläuft. Der Weg führt dann im kleineren und größeren Abstand über verschiedene, teils unbefestigte Wege an dieser entlang. (↯ Bei Regen gehen Sie evtl. besser auf dem Seitenstreifen der Straße.) Nach 2,3 km überqueren Sie nahe einer größeren Straßenkreuzung eine Landstraße. Bald betreten Sie die verwitterte Piste einer alten Landstraße und nach 1,2 km überqueren Sie eine Bahntrasse (km 4,5).

(↯ Hier waren Anfang 2024 Bauarbeiten im Gange und die Pilger werden (vorläufig) umgeleitet.) Wegführung bis 2023: Etwas weiter führt Sie der Weg über den breiten Seitenstreifen der wenig befahrenen N-630, neben der die viel befahrene Autobahn verläuft, wobei Sie gelegentlich auch nach rechts auf einen Pfad ausweichen können. Nach 2,8 km,

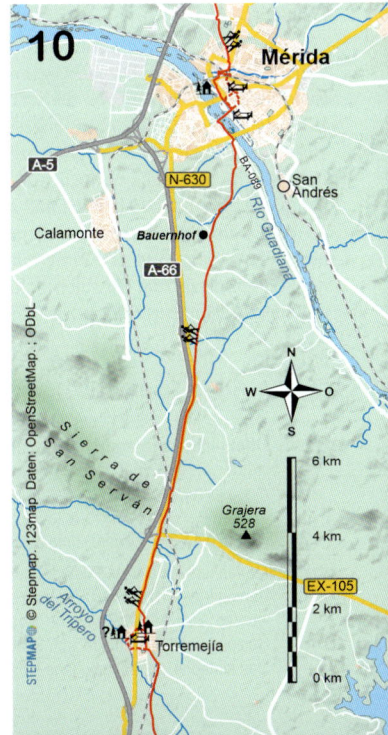

dort, wo eine Linkskurve der N-630 bergab beginnt, verlassen Sie die Straße nach halb rechts direkt vor dem Beginn einer Leitplanke in Richtung einer alten verwitterten Teerpiste. Bald finden Sie einige Steinquader und der Weg verläuft dann entlang eines Zaunes über eine breite Piste. Nach insgesamt 400 m wird nahe einer Kreuzung die Zufahrt zu einer Pellet-Fabrik überquert. Sie wandern nun immer geradeaus zu und über einen Feldweg, der sich langsam von der N-630 entfernt. Nach 1 km mündet dieser in einen anderen Feldweg. Über mal mehr, mal weniger gut befestigte Feldwege verläuft die Vía nun im Prinzip immer geradeaus leicht bergauf und bergab durch Weinreben und Wiesen und führt dann nach 2,6 km an einem ersten Bauernhof vorbei (km 11,5).

Über zunehmend breitere Feldwege und Schotterpisten wandern Sie meist leicht bergab und dann eben an einzelnen Häusern und Ruinen vorbei. Nach 2,8 km wird vor der ersten Brücke von Mérida die Straße überquert. Auch wenn die Kennzeichnung des Weges nun eine andere Variante vorgibt, empfehle ich Ihnen den folgenden, gleich langen, aber etwas schöneren Weg: Unterqueren Sie die Brücke und wählen Sie den Fußweg, der zwischen Flussufer und Straße schattig durch den Park verläuft. Nach 700 m gehen Sie an dessen Ende hinauf zur 500 m langen Römerbrücke, die Sie nach rechts überqueren.

Wie Sie auch im Stadtplan auf S. 85 sehen können, bieten sich nun **verschiedene Wege durch die Stadt:** Die nicht gekennzeichnete Variante **a** empfehle ich Ihnen dann, wenn Sie ein wenig mehr von der schönen Altstadt sehen wollen. Bei dem Wegverlauf **b** handelt es sich um die etwas ungeschickt durch Bodenplatten gekennzeichnete offizielle Variante. Der teilweise gekennzeichnete Weg **c** ist dann interessant, wenn Sie in der Pilgerherberge übernachten wollen, und wird hier als einfachster und kürzester Standardweg näher beschrieben und als Standardstrecke berechnet:

Weg c über die Herberge: Gehen Sie nach der Römerbrücke links auf den Fußweg neben der Straße. Nach 100 m erreichen Sie zwei rote Treppen. Ich empfehle Ihnen nun, diesen hinab zum Flussufer zu folgen. Dort geht es nach rechts am Ufer entlang und immer geradeaus 600 m zur öffentlichen Herberge (km 16).

Mérida   🛈 🏠 ⇌ ✕ 🍴 🛎 ⊞ ✓ 🚍 ⇧ 217 m, 50.000 Ew.

🛈   In der Calle Santa Eulalia 62 (ca. bis 2025 wegen Renovierung geschlossen) und am Römischen Theater, ☏ 924 330 722

🏠   **Öffentliche Herberge.** Die einfache, aber nett gelegene Herberge Molino de Pan Caliente wurde von der Stadt und den Pilgerfreunden der Extremadura in einer ehemaligen Mühle eingerichtet und bietet 16 Plätze in einem Raum mit Decken und Standheizung. Aussicht auf den Park, 🖥 **T**, Mikrowelle und auch verschiedene Pilgerausweise für 2 € und € 3. ☏ 682 514 366, 🕒 ganzjährig außer Weihnachten und August 11:30 bis 24:00, € 10

⇌   Mérida ist kein billiges Pflaster und deshalb finden sich hier auch keine wirklich günstigen Pensionen. Einige unter Pilgern bekannte Unterkünfte sollen hier dennoch kurz erwähnt werden: Das zentral gelegene **Hostal Senero** bietet Pilgern gute, gepflegte Zimmer mit Heizung und Klimaanlage zum Sonderpreis (EZ ab € 30 und DZ ab € 45, ☏ 924 317 207). Das einfache, zentral gelegene **Hostal Imperial Mérida** ist evtl. auch eine Option (EZ € 29

bis 45, DZ € 39 bis ca. 50, ☏ 672 870 218). Das **Hotel Lustiana** ist für Pilger in der Nebensaison bezahlbar (EZ ab € 30, DZ ab € 40). Im Juli/August, wo sowieso keine Pilger unterwegs sind, sind die Zimmer hier so wie auch in den anderen Hostals übrigens deutlich teurer (EZ € 40, DZ € 50, ☏ 924 316 112).

ⓘ Im Jahr 25 v. Chr. wurde die Stadt unter Kaiser Augustus als Veteranenkolonie mit dem Namen Emerita Augusta gegründet. Bald wurde sie zur Hauptstadt der Provinz Lusitania erhoben, die den westlichen Teil der Iberischen Halbinsel umfasste. Insgesamt gab es 3 Provinzen: die große Tarraconensis mit der Hauptstadt Tarraco = Tarragona, die relativ kleine Bética = Andalusien und Lusitania. Bereits gegen Ende von Augustus' Regierungszeit gehörte Mérida zu den wichtigsten Städten des Römischen Reiches. Viele ihrer Monumente ließ Agrippa, der Schwiegersohn des Kaisers, errichten.

Heute zeigt sich die Stadt auf den ersten Blick als eine bescheidene Provinzstadt. Doch wegen ihrer überragenden historischen Bedeutung und den beeindruckenden römischen Ruinen, die ihr den Beinamen „Spaniens Rom" eingebracht haben, ist Mérida heute Sitz der Regierung der Region Extremadura.

⌘ **Nationalmuseum für Römische Kunst.** Dieses moderne Museum wurde von dem bekannten Architekten Rafael Moneo entworfen und zeigt auf beeindruckende Weise die bedeutendste Sammlung römischer Überreste in Spanien.
- Calle José Ramón Mélida, gegenüber dem Fremdenverkehrsamt, ⌘ Di bis Sa 9:30 bis 20:00 (Winter bis 18:30), So 10:00 bis 15:00, So nachmittags und Mo geschlossen, für Rentner und Studenten immer gratis, Sa ab 14:00 und So morgens für jeden gratis, sonst Eintritt € 3

⌘ **Theater und Amphitheater.** Das Theater wurde um 20 v. Chr. unter Agrippa, dem Schwiegersohn des Kaisers Augustus, erbaut und fasste 6.000 Zuschauer. Die gelungene Rekonstruktion der zweistöckigen Rückwand hinter der Bühne mit 32 Marmorsäulen macht das Theater Méridas zu einer der schönsten römischen Anlagen in Spanien. Daneben befindet sich das Amphitheater, das 14.000 Zuschauern Platz bot.
- ⌘ April bis Sep täglich 9:00 bis 21:00, Okt bis März täglich 9:00 bis 18:30. Es gibt verschiedene (Sammel-)Eintrittskarten für € 17, die neben den beiden Theatern wahlweise auch andere Monumente abdecken. EU-Bürger über 65 und unter 30 Jahren bekommen 50 % Rabatt.

Mérida – Carrascalejo (13,7 km) – Aljucén 16,2 km

⇔ *Da es von Carrascalejo bis Aljucén nur ein Katzensprung von 2,5 km ist, wird die Etappe hier ausnahmsweise zusammengefasst.*

Vor der öffentlichen Herberge gehen Sie die Treppen zur Straße hinauf, wo Sie sich nach links wenden. Wie auf dem Stadtplan ersichtlich und auch gut gekennzeichnet, erblicken Sie nach 800 m nicht weit vom Weg entfernt das Aquädukt Los Milagros. Noch etwas schöner als der ab der Herberge gekennzeichnete Weg **c** ist die im Stadtplan gestrichelt eingezeichnete Variante **d**, welche durch den Park letztlich näher am Aquädukt entlang verläuft.

⌘ **Aquädukt Los Milagros.** Parallel zur Brücke verläuft auf der rechten Seite das römische Aquädukt, das die 800 m breite Senke des Flusses Albarregas überwindet

Aquädukt Los Milagros in Mérida (dw)

und von dem 37 Pfeiler von etwa 25 m Höhe erhalten sind. Über diese Wasserleitung wurde einst das Wasser vom 5 km entfernten Stausee von Proserpina in die Stadt transportiert.

🥾 Der Weg führt entlang der Straße vorbei an verschiedenen Kreisverkehren und einem Industriegebiet leicht bergauf. Dann wird nach 1,4 km am Ortsrand von Mérida ein weiterer Kreisverkehr umrundet. Die Vía de la Plata verläuft nun 2,2 km meist leicht bergauf über einen Fuß- und Radweg entlang der Straße und über die Autobahn – dann wieder 1,3 km bergab, bis Sie die Straße geradeaus auf eine Nebenstraße verlassen. Nach 500 m erreichen Sie die Staumauer des Stausees (km 6,2).

⌘ **Stausee von Proserpina.** Der größte heute bekannte römische Stausee ist gemeinsam mit der Stadt Mérida von der UNESCO zum Weltkulturerbe erklärt worden. Heute ist er ein beliebtes Naherholungsgebiet, 🏊 in dem man auch baden kann.

🥾 Die Vía de la Plata führt an der 420 m langen Staumauer entlang, an der sich auch einige Schaubilder zu deren Konstruktion befinden. Danach können Sie zunächst noch dem Strandweg folgen, der Sie an einigen ❓🍽 während der Badesaison geöffneten und nicht gerade billigen Strandbars und kostenlosen 💧 (Fuß-)Duschen vorbeiführt, wo Sie notfalls eventuell auch Wasser holen können. Spätestens nach 1 km, am Ende des Sees, wechseln Sie nach links auf eine verwitterte Asphaltpiste. Diese führt langsam bergauf durch eine schöne Landschaft, die streckenweise sehr an Bergalmen erinnert. Nach 2,5 km verlassen Sie die kleine Straße nach links auf einen sandigen Pfad (km 10,1).

Der Pfad wird zum sandigen Weg und führt idyllisch durch eine Busch- und Baumlandschaft mit Eichen und Ginster. Nach 2,5 km sind Sie oben bei einem Stall angekommen. Der Weg führt erst wieder leicht bergab und nach 1 km erreichen Sie vorbei an den ersten Häusern oben angekommen die Ortsstraße von **Carrascalejo**. Nach rechts geht es 100 m zur Kirche. Müde Pilger können den Weg aber sofort nach links durch eine Gasse abkürzen, in deren Verlängerung es weiter geradeaus bergab 100 m direkt zur Pilgerherberge am Ortsausgang geht (km 13,7).

> **Öffentliche Herberge.** Ordentliche, schlichte, helle, gepflegte Herberge mit 24 Plätzen in 3 Räumen. Decken, Heizung, Innenhof, Kochgelegenheit. Im Ort gibt es nichts zu kaufen, aber in der Herberge werden ✗ Menüs (€ 10) und Frühstück (€ 4) angeboten. 🛁 📺 T @. ☏ Noch unbekannt, 🗓 wegen Pächterwechsel unklar, ca. € 12

Die Vía führt von der öffentlichen Herberge zunächst über einen breiten Feldweg und dann nach links kurz über eine Straße entlang der Autobahn, die nach 1,3 km unterquert wird. Bergauf und bergab über Schotterpiste überqueren Sie eine Kreuzung und betreten die Straße. So erreichen Sie nach 1,1 km den Ortsanfang von **Aljucén**. Gleich vorbei an dem sehr kleinen Thermalbad Termas Aqvas Libera (Besuch für € 10 pro Stunde nach Anmeldung möglich, ☏ 667 520 190) erreichen Sie nach 100 m den Hauptplatz mit der Kirche (km 16,2).

> **Einfache private Herberge.** Weg: beim Hauptplatz nahe der Kirche rechts bergauf nach 100 m linker Hand. Schlichte, nette, freundliche, gepflegte Herberge, 23 Plätze in vier Räumen des Hauptgebäudes und einem Raum im neueren Nebengebäude gegenüber dem kleinen, einfachen Hof, kleine Küche, einfache Heizung, Decken. ✗ Die Besitzer der Herberge betreiben auch die Bar neben der Kirche, wo Sie täglich außer Di ab 18:00 Speisen für € 10 und morgens auch Frühstück bekommen. 🛁, 📺 kostenlos, @. ☏ 680 885 329 oder 691 231 248, 🗓 ständig, € 12

Aljucén – Abzweig Pension Los Olivos (16,5 km) – Alcuéscar (Ortsanfang) 19,4 km

Auf dem gesamten Weg gibt es keine **Wasserstelle**!

Der Ort wird von der Dorfkirche der Straße bergab folgend verlassen und nach 1,5 km auf der N-630 angekommen überqueren Sie den Fluss Aljucén. Nach 300 m verlassen Sie direkt an einer Kreuzung vor zwei stillgelegten Tankstellen die Straße nach rechts auf eine Schotterpiste (km 1,8).

Die Vía de la Plata führt 1,7 km über die ebene, breite Schotterpiste, vorbei an verschiedenen Schaubildern, welche das rechts liegende Biotop eines Feuchtgebietes beschreiben, dann erreichen Sie ein ⓘ Schaubild, wo sich 50 m rechter Hand die Reste einer alten Römerbrücke befinden. Immer auf derselben Piste, die sich nun etwas schmaler vorbei an bizarren Felsbrocken, Eichenbäumen, Zistrosen und wildem Schopflavendel durch die schöne Naturlandschaft schlängelt, führt Sie der Weg nun tendenziell leicht bergauf. Wenn Sie nach 2,1 km oben bei einer Pistenkreuzung ange-

Weg vorbei an bizarren Felsbrocken hinter Aljucén (dw)

kommen sind, senkt sich der Weg wieder und bald geht es ohne größere Höhenunterschiede auf einer breiten Schotterpiste weiter durch die Eichen. Noch 3,1 km weiter erreichen Sie einen großen Steinquader mit einem Schaubild der Vía de la Plata. Hier wird die Piste bei einer Sitzgelegenheit verlassen und gleich ein kleiner (ausgetrockneter) Bach überquert (km 8,7).

Der Weg führt zunächst über einen ausgetretenen Pfad, dann über einen unbefestigten Fahrweg, der bald stetig bergauf verläuft. Nach 2 km – der Fahrweg ist wieder zum geschotterten Feldweg geworden – haben Sie bereits die größte Steigung überwunden. Hier wird ein Zauntor durchquert und auf einer einfachen Schotterpiste geht es leicht bergauf durch die nun offenere Landschaft. Nachdem Sie derselben Piste folgend 3,7 km immer leicht bergauf durch Zistrosensträucher und wildem Schopflavendel

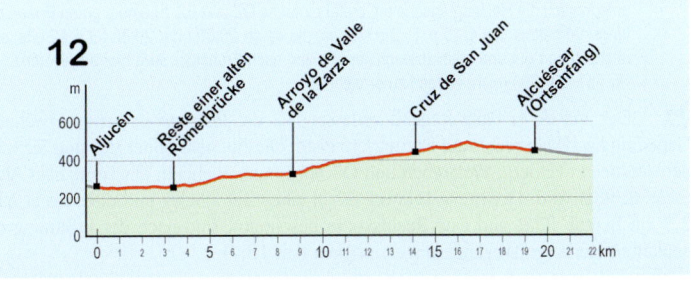

gewandert sind, führt Sie der Weg bei einer Pistenkreuzung geradeaus weiter an dem schönen granitenen Wegkreuz von San Juan vorbei. Bergauf und bergab über eine zunehmend breitere Schotterpiste und vorbei an einzelnen Häusern erreichen Sie nach 2,1 km nach einer Steigung fast oben angekommen eine Pistengabelung, wo sich eine schattige Sitzbank und zahlreiche vermutlich irritierende Wegweiser finden (km 16,5).

Abgelegene Pension/Restaurant Los Olivos. Weg: Der Piste noch 150 m folgen, dann nach links auf einen unbefestigten Fahrweg verlassen und ihm sofort nach rechts durch die Olivenbäume folgen. Immer geradeaus wird der unbefestigte Fahrweg langsam zum einfachen Feldweg und erreicht nach 1 km die Landstraße. Geradeaus über diese hinweg treffen Sie nach 50 m auf das einfache Restaurant, in dessen oberen Teil die Pension untergebracht ist. Sie befinden sich nun nahe der Kreuzung **Cruce de las Herrerias,** wo auch eine Haltestelle der Busse zwischen Merída und Cacéres liegt. Natürlich können Sie beim weiteren Weg nach Alcuéscar eine Abkürzung über die Straße nehmen, was aber nicht gerade erbaulich ist. Die einfache, etwas hellhörige, aber gepflegte Pension, die sogar gelegentlich die Heizung anschaltet, bietet einfache DZ und EZ zu einem guten Preis-Leistungs-Verhältnis von € 15 p. P. Die Menüs, die es ab 20:00 oder 20:30 für € 12 gibt, sind reichlich und gut und deshalb auch kein Fehler, auch Frühstück wird hier angeboten.
☏ 661 256 990 (nicht einfach zu erreichen)

Der Vía de la Plata folgend verlassen Sie die Piste an der eben erwähnten Gabelung nach halb rechts auf eine andere Piste. Die Aussicht öffnet sich und Sie wandern vorbei an Feldern, Weinreben und Olivenbäumen, wobei in der Ferne bald Alcuéscar sichtbar wird. Der breite Feldweg erhält einen Betonbelag und dort, wo er nach 2,2 km bergab führt und eine Rechtskurve beschreibt, sind nach der Eröffnung der geplanten Herberge Wegänderungen möglich (km 18,7).

➪ Sie können nun weiter geradeaus direkt in Richtung des Ortes (und evtl. weiter zur ?🏠 touristischen Herberge) und dann durch den Ort gehen. Oder Sie folgen dem kürzeren Weg. Letzterer führt nun nach halb links über einen Weg zur Landstraße, der Sie in den Ort folgen. So erreichen Sie nach 700 m im ersten Gebäude linker Hand die Herberge. ✗ Bei der Straßenkreuzung hinter dieser finden Sie übrigens gleich rechter Hand ein Restaurant (km 19,4).

Alcuéscar 🏠 🛏 ✗ 🛒 🍴 ✚ ✓ 🚌 ⇧ 488 m, 3.200 Ew.

🏠 **Herberge im Kloster.** Die Kongregation der Brüder von Maria und den Armen *(Congregación de los Hermanos de María y de los Pobres)* bietet den Pilgern in einem ehemaligen Waisenhaus seit Jahren eine schlichte, aber gepflegte Unterkunft. Je nach Jahreszeit können hier 15 bis 40 Pilger in 1 bis 2 Schlafsälen untergebracht werden. Es gibt keine Heizung, aber Decken. Die Herberge wird von einem Verein freiwilliger Hospitaleros betreut. ?✗ Gelegentlich werden die Pilger von den Brüdern auch zu einem einfachen Abendessen eingeladen. ☎ 651 323 466, 🕒 „im Prinzip – wenn man es sich nicht anders überlegt – ganzjährig" 13:00 bis 22:00, Spende von ca. € 6 bis 10 erbeten

?🏠 **Seit 2014 geplante touristische Herberge.** Weg (evtl. gibt es später auch gekennzeichnete Wege dorthin): Gehen Sie an der oben beschriebenen Stelle 700 m bis zum Ortseingang. Dort folgen Sie derselben Straße nochmals 500 m geradeaus in den Ort bis zur Plaza España mit dem Rathaus. Am Ende des Platzes gehen Sie nach rechts in die Gasse Calle Fuente del Castaño und nach weiteren über diese noch 300 m die Herberge (km 20,3). Bereits 2014 wurde hier am Rande des durchaus netten Ortes im Rahmen des Alba-Plata-Projektes ☞ S. 39 eine moderne öffentliche Herberge für € 290.000 errichtet. Bis 2019 war es immer noch nicht gelungen, diese zu eröffnen, und so wurde sie an den Ort verkauft. Nun, nach 10 Jahren, besteht tatsächlich eine Aussicht darauf, dass nach der langersehnten, inzwischen erfolgten Betriebszulassung nun nach einem langwierigen bürokratischen Auswahlverfahren ein Pächter gefunden wird ... und dann wirklich das Unfassbare geschieht und hier ab 2024 oder 2025 bis zu 24 Pilger in 4 Zimmern unterkommen. ✗ Evtl. wird dann auch Abendessen und Frühstück angeboten. Die Preisgestaltung war noch unbekannt, 🖥 **T**. ☎ 927 384 002 (Rathaus), 🕒 hoffentlich bald, ca. € 10 bis 14

Alcuéscar (Ortsanfang) – Aldea del Cano 14,8 km

🥾 Sie verlassen den Ort und betreten bald eine Schotterpiste. Dieser immer folgend erreichen Sie nach 4 km vor einem Stall eine Furt. Ab hier verläuft der Weg zunächst leicht bergauf über einen Weg und später über Pfade. Nach ca. 2 km können Sie rechter Hand durch die Bäume einen See erkennen (km 6). Die Wegbeschaffenheit wird langsam wieder besser und es geht über Feldwege und Pisten, bis Sie nach nochmals 2 km am Ortsanfang von **Casas de Don Antonio** 🍴 🛒 🚌 eine schön gelegene alte Brücke überqueren (km 8).

Über die Straße direkt am Ort vorbei finden Sie an dessen Ende einen Rastplatz mit 💧 Wasserstelle und nach 700 m treffen Sie auf die N-630. Die Vía verläuft bald über einen Pfad entlang der N-630. Nach 2,5 km erreichen Sie linker Hand einen ⓘ bekannten römischen Meilenstein, der eine große Öffnung aufweist, die einst als Briefkasten

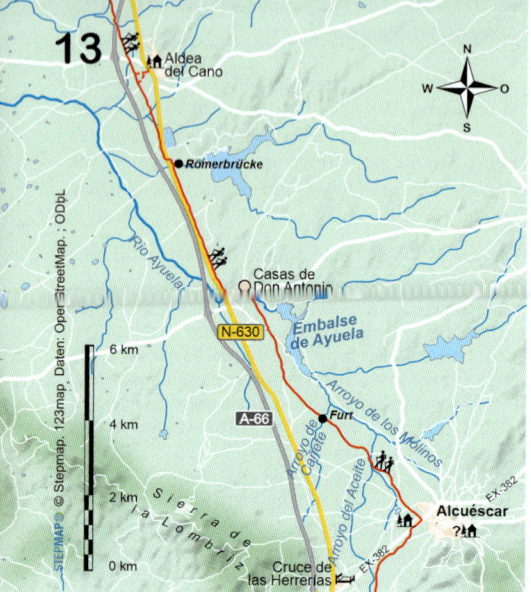

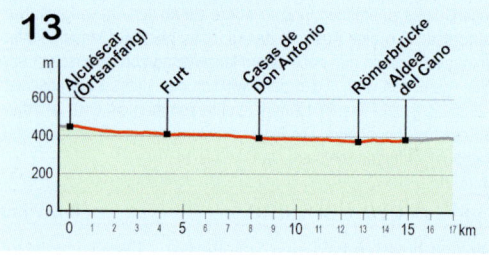

eines etwas abseits rechter Hand gelegenen Hauses diente (km 11,2).

Weiter geht es auf Wegen rechts neben der N-630 und nach 1,2 km über eine hübsche, verwitterte Römerbrücke, bei der sich auch ein überdachter Rastplatz befindet. Gleich wechseln Sie auf die andere Seite der N-630, wo es jetzt auf einem Feldweg weitergeht, der sich allmählich von der N-630 entfernt. Nach 1,7 km mündet der Feldweg in eine Schotterpiste. (↳ Wenn Sie einen Abstecher nach Aldea del Cano machen wollen, könnten Sie theoretisch schon jetzt nach rechts gehen.) Ich empfehle Ihnen aber, in jedem Fall noch weiter geradeaus bzw. nach leicht links zu gehen, um so die Asphaltstraße zu vermeiden. Erst nach weiteren 700 m, kurz vor der dritten Lagerhalle, sollten Sie sich entscheiden (km 14,8), ob Sie hier weiter der Vía de la Plata folgen oder ↳ nun nach rechts Richtung **Aldea del Cano** 🏠 🛏 ✕ 🍴 🍺 🚌 gehen, wo sich unter anderem auch eine Bar, ein Restaurant und eine bescheidene Herberge befinden.

- 🏠 **Nette, kleine öffentliche Herberge**. Weg: Sie verlassen die Vía de la Plata an der eben genannten Stelle nach rechts und gehen 500 m zum Ortsanfang (km 15,3). An der Ecke vor der N-630 befindet sich linker Hand das Restaurant Las Vegas, das den Schlüssel für die Pilgerherberge hat und ✕ ab ca. 19:30 auch Menüs für € 12 anbietet. Frühstück gibt es hier leider erst ab 8:30, aber wie Sie in der folgenden Wegbeschreibung lesen können, findet sich bald eine Restaurant, in dem man früher etwas bekommen kann. Den Weg zurück können Sie etwas abkürzen, wenn Sie, zurück bei der Weggabelung am Ortsrand, nicht

Nasser Niederbayer in Aldea del Cano (cs)

halb links, sondern halb rechts gehen. Die kleine Herberge war zu Redaktionsschluss geschlossen, soll aber nach Renovierung wiedereröffnet werden. Sie befindet sich rechter Hand an der Straßenkreuzung. Die Herberge bietet dann vermutlich ca. 12 Plätze in 3 Zimmern, eine Küche und einen großen Aufenthaltsraum. Die 🔲 Waschmaschine ist evtl. wieder im Übernachtungspreis inbegriffen. Einfache Standheizung und Decken. Den Schlüssel wirft man am nächsten Morgen in den Briefkasten vor dem Restaurant. ☎ 927 383 004, 🛏 ständig, ca. € 10

Aldea del Cano – Valdesalor   11,2 km

🚶 Die Etappe beginnt dort, wo man den Weg nach rechts Richtung Aldea del Cano verlässt. Nach 700 m wird eine Straße überquert, wo sich auch eine 💧 Wasserstelle befindet. (⮕ Nach links können Sie hier einen Abstecher von 250 m zu einer Tankstelle mit ✕ Restaurant machen, wo Sie auch frühstücken können). Geradeaus weiter wird die Piste einfacher und mündet in einen einfachen Weg, wobei Sie sich hier, wie die Quader anzeigen, auf einem authentischen Teil der Vía de la Plata befinden.

Nach 1 km unterqueren Sie die Autobahn und dahinter geht es im Prinzip in gleicher Richtung weiter über eine einfache Piste. Nach 600 m können Sie eine Furt etwas linker Hand über einige Steinquader hinweg überqueren. Gelegentlich bergauf und bergab geht es immer geradeaus über einen stellenweise steinigen Weg durch die Busch- und Baumlandschaft, bis Sie nach 3 km den kleinen regionalen Flugplatz Aeroclub Cáceres kreuzen (km 5,3).

Vorbei an verschiedenen römischen Funden nicht weiter geklärter Art und einem nicht überdachten Rastplatz pilgern Sie über zunehmend ebenere und offenere Feldwege

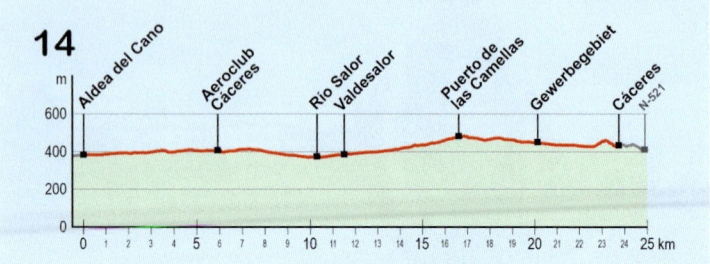

vorbei an Büschen, bis Sie nach 3,2 km ein Weidetor durchqueren. Die Aussicht öffnet sich auf Valdesalor. Leicht bergab wird nach 1,4 km eine römische Brücke über das teilweise verlandete Flüsschen Salor überquert (km 9,9).

Über einen nun besseren Feldweg erreichen Sie bereits nach 1 km am Ortsanfang linker Hand die 🏠 öffentliche Herberge. Nur 50 m weiter finden Sie am Ende des Parkes evtl. Pfeile vor, die Sie nach links geschickt zu dem kleinen 🛒 Lebensmittelladen La Despensa de Salor lotsen sollen. Sie gehen aber dem offiziellen Weg folgend zunächst nach rechts und erreichen nur 200 m weiter gegenüber dem weithin sichtbaren Glockenturm der Kirche vor der Plaza de España die einfache ✗ Dorfbar Salor, wo Sie den Schlüssel für die Herberge bekommen. Geradeaus vor Ihnen liegt über diese hinweg das Rathaus. Nach rechts geht es auf der Vía de la Plata weiter (km 11,2).

Valdesalor 🏠 🛏 ✗ 🛒 🅿 🚌 ⇧ 389 m, 600 Ew.

🏠 **Öffentliche Herberge**. In dem gepflegten Häuschen am Ortsanfang findet der müde Pilger 14 Betten in einem Raum mit Decken und einer kleinen, einfachen Standheizung sowie eine Kochgelegenheit mit wenig Geschirr und einen Aufenthaltsraum. ✗ In der Bar Salor gibt es Frühstück und von mittags bis nachts Menüs für € 13. Hier wird auch der Schlüssel für die Herberge abgeholt und wieder abgegeben. ☎ 927 129 711 (Gemeinde), 655 661 370 (Bar Salor), 🗝 im Prinzip immer, € 10

Valdesalor – Cáceres   12,2 km

🚶 Vor der Plaza de España überqueren Sie die N-630 nach rechts. Über unbefestigte Feldwege geht es nach 500 m entlang der Straße im größeren Abstand an einer Tankstelle mit ✗ Restaurant vorbei. Nach weiteren 600 m überqueren Sie die Autobahn. Die Vía führt über Feldwege und dann über Pfade im größeren Abstand zur N-630 langsam bergauf. Dann wird nach 2 km kurz eine Asphaltpiste betreten. Bald unterqueren Sie die N-630 und dann führt ein steiniger Weg entlang derselben weiter bergauf, bis Sie nach 1,7 km oben an der Puerto de las Camellas (⇧ 494 m) sind und der Weg wieder besser begehbar weiter entlang der Straße verläuft (km 4,8).

Sie wird bald ein letztes Mal überquert und Sie gehen geradeaus weiter auf einen Feldweg, der leicht bergauf und bergab durch die weiten Felder verläuft. Nach 2 km wieder oben angekommen sehen Sie vor sich Cáceres liegen. Der bisherige Feldweg wird bald nach halb rechts auf einen anderen Feldweg verlassen, der langsam bergab führt, bald einen Asphaltbelag erhält und nach 1,8 km am Ortsrand von Cáceres ein hässliches Gewerbegebiet ♀ erreicht (km 8,6).

Nach 400 m treffen Sie bei einer Tankstelle auf die Hauptstraße. Folgen Sie deren Verlauf noch 150 m nach halb links und überqueren Sie diese dann nach rechts über eine Fußgängerampel in eine Nebenstraße. Auf dieser gehen Sie immer geradeaus weiter und so erreichen Sie nach 1,8 km in einer Senke einen Kreisverkehr, in dessen Mitte eine alte Brücke steht. Es handelt sich um die Plaza San Francisco und wie Sie auf dem Stadtplan sehen können, bieten sich hier zwei Varianten durch die nun beginnende Altstadt an (km 11).

Die gekennzeichnete offizielle Variante führt nach rechts, ist gut markiert und verläuft mit einem kleinen Umweg über den oberen Teil der Stadt an der Kathedrale usw. vorbei.

Empfohlene linke, nicht gekennzeichnete Variante. Ich empfehle Ihnen aber wie auch schon Kasper die linke Variante, die m. E. einfach schöner ist. Da diese nicht gekennzeichnet ist, folgt hier nun eine genaue Wegbeschreibung: Im Prinzip gehen Sie vorbei am Kreisverkehr durch die Senke zur

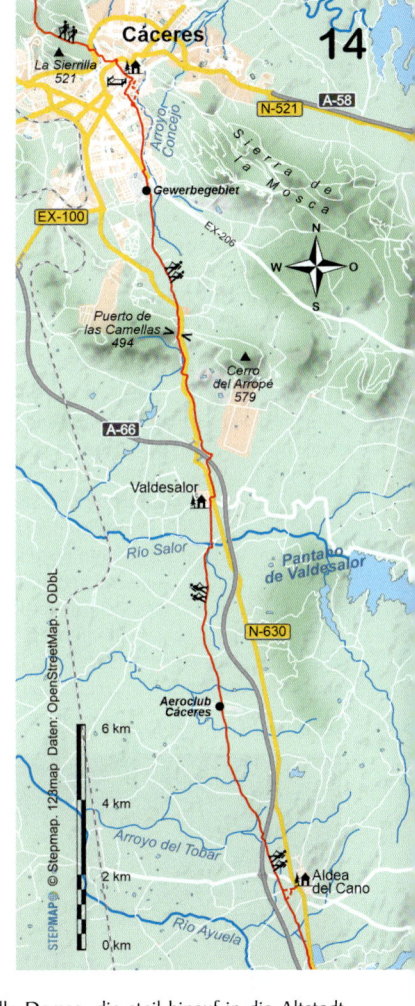

entgegengesetzten Seite und dort in die Calle Damas, die steil hinauf in die Altstadt führt. Nach 350 m wird ein Platz geradeaus überquert. Danach geht es nur 20 m leicht nach rechts und dann gleich nach links in die Calle Puerta de Mérida (in Richtung Parkplatz des Paradors). Nach 100 m macht diese Straße eine Rechtskurve und führt 300 m bergauf und wieder bergab zum Stadttor Puerta de la Estrella, das Sie links durchqueren. Über eine lange Treppe erreichen Sie die Plaza Mayor mit der

📋 Touristeninfo (☎ 927 111 222) (km 11,8) und gehen weiter halb rechts zur 🛏 Pension Carretero (☞ S. 98). Weiter dem Weg aus dem Ort folgend laufen Sie am rechten Ende des Platzes durch das mittlere Sträßchen Calle Gabriel y Galán. Nach 150 m erreichen Sie die erste Straße, die Calle Zapatería. 🏠 Wollen Sie zur städtischen Jugendherberge, folgen Sie ab hier der Wegbeschreibung.

✋ Passen Sie bei dem weiteren Weg aus der Stadt gut auf, denn hier verlaufen sich komischerweise viele Pilger. Gehen Sie nach links in die Calle Zapatería auf die wieder besser gekennzeichnete Vía de la Plata. Die Straße wechselt sogleich den Namen und nach 200 m befindet sich rechter Hand die 🏠 touristische Herberge Las Veletas (km 12,2).

Cáceres 📋 🏠 🛏 🍴 🛒 🏧 ✚ ⚕ 🚌 ⇧ 439 m, 85.000 Ew.

ⓘ Innerhalb der Mauern, die maurischen Ursprungs sind, erstreckt sich ein Monumentalbereich im gotischen und Renaissance-Stil aus dem 15. und 16. Jh., der insbesondere aufgrund seiner Homogenität einzigartig ist und darum in seiner Gesamtheit von der UNESCO zum Weltkulturerbe der Menschheit erklärt wurde.

Als die damals noch islamische Stadt im Jahr 1170 vorübergehend in christliche Hände fiel, wurde hier der Orden der Jakobusritter gegründet, der sich den Schutz der Pilgerwege und die sogenannte Reconquista, die Eroberung des maurischen Spanien durch die Christen, zum Ziel setzte. Dass dieser Orden an der Vía de la Plata und nicht am Camino Francés, dem Haupt-Jakobsweg in Nordspanien, entstand, zeigt, dass seine Bedeutung eher politisch-militärische als religiöse Ursachen hatte. Wie auch immer, die Stadt wurde zunächst von den Mauren zurückerobert und erst 1220 definitiv dem christlichen Königreich León einverleibt.

Plaza Mayor in Cáceres (rj)

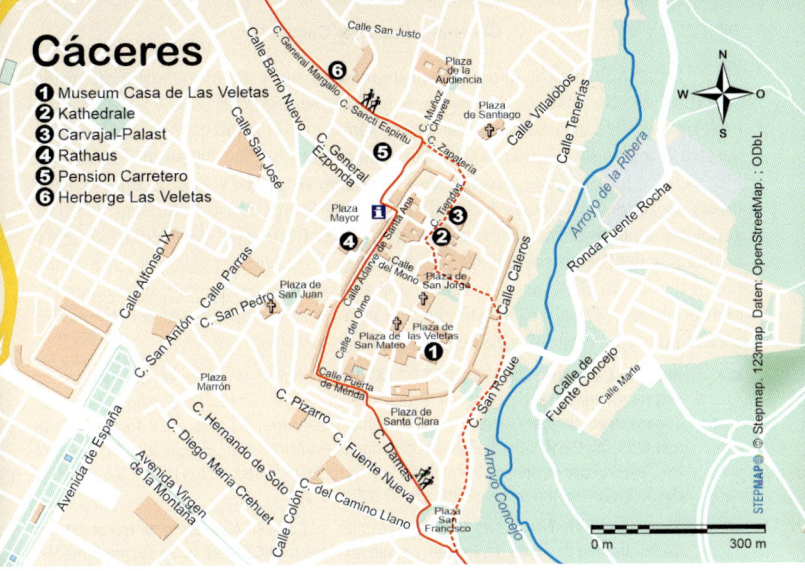

Die Besichtigung von Cáceres beschränkt sich im Wesentlichen auf gemütliche Spaziergänge durch die Gassen der ummauerten Altstadt und auf das Verweilen auf dem großartigen Hauptplatz, den Sie sowohl tagsüber als auch am Abend besuchen sollten. Überraschenderweise bietet Cáceres nur wenige Monumente, deren Innenbesichtigung unbedingt zu empfehlen ist. Dennoch sollten Sie sich genügend Zeit nehmen.

✝ **Kathedrale.** Schöne spätgotische Kirche aus dem 16. Jh., an der Plaza de Santa María gelegen, dem monumentalen Zentrum der Altstadt.
- Plaza de Santa María, 🕘 ganzjährig Mo bis Sa 10:00 bis 20:00, So 10:00 bis 12:30 und 14:00 bis 18:30, € 7

⌘ **Palacio de Carvajal.** Adelspalast aus dem 15. und 16. Jh., in dem sich heute der Sitz der Tourismus- und Handwerksbehörde befindet, mit einer entsprechenden Kunsthandwerks-Ausstellung.
- nahe der Plaza de Santa María, 🕘 Mo bis Fr 8:00 bis 20:45, Sa 10:00 bis 13:45 und 17:00 bis 19:45, So 10:00 bis 13:45, Eintritt frei

⌘ **Casa de las Veletas und Provinzmuseum:** Adelspalast aus dem 15. Jh. über den Resten einer ehemaligen maurischen Festung. Im Innern befindet sich eine der besterhaltenen Zisternen der Welt, die arabischen Ursprungs ist und aus dem 11. Jh. stammt. Das Museum zeigt archäologische Funde und Kunstwerke aus der Provinz Cáceres.
- Plaza de las Veletas, 🕘 ganzjährig Di bis Sa 9:00 bis 14:00 und 16:00 bis 20:00, So 10:15 bis 15:00, Eintritt frei

> ⓘ **Störche.** Vielleicht sind für Naturfreunde gar nicht die Monumente die größte Sehenswürdigkeit, sondern die unglaubliche Zahl von Störchen, die im Frühling und Frühsommer die Luft und sämtliche Turm-, Kirchen- und Palastspitzen bevölkern und auf den Dächern ihre Nester bauen. Die Extremadura ist die Region der Störche, die hier nicht vom Aussterben bedroht sind – ganz im Gegenteil – und besonders häufig in der Gegend um Cáceres anzutreffen sind. Sie werden in den Städten nicht nur geduldet, sondern sogar gehegt und sind wichtiger Bestandteil der Fremdenverkehrswerbung in der Extremadura. Den Störchen ist es ausgezeichnet gelungen, sich an ihre neuen modernen Biotope anzupassen, und als Folge der Erwärmung des spanischen Klimas gibt es hier zahlreiche Störche, die im Sommer nicht nach Afrika abwandern, sondern das ganze Jahr hierbleiben.

- **Pension Carretero.** Direkt an der Plaza Mayor, in dem Haus mit der Nr. 22. Sie kommen dort relativ zentral und gemessen an den lokalen Preisen nicht zu kostspielig in einfachen, angenehmen Zimmern unter. Sie sollten vorher reservieren. EZ € 35, DZ € 45, Dreibettzimmer € 59. ✗ Gegenüber befindet sich übrigens ein Dönerladen. Es gibt aber zu bestimmten Zeiten in der Nebensaison noch weitere bezahlbare Unterkünfte – fragen Sie einfach in der Touristeninfo am selben Platz. @. ☎ 927 247 482

- **Touristische Herberge Las Veletas.** Die gute, seit Jahren pilgererprobte Herberge liegt direkt am Weg in einem gepflegten, modernen Haus mit 40 Betten in 12 Zimmern mit Heizung und Klimaanlage. 3 einfache DZ für € 34, Mikrowelle, T @. ☎ 927 211 210, ständig, € 16

Cáceres – Casar de Cáceres 11,8 km

Weiter geht es 400 m geradeaus bis zu einer großen Kreuzung. Vorbei an dieser führt der Weg letztlich halb links an der dahinterliegenden Stierkampfarena vorbei. Auf einer breiten Straße mit begrüntem Mittelstreifen gehen Sie bergab 400 m bis zu deren Ende und dann nach halb links auf eine Nebenstraße. Bald wird eine Nationalstraße überquert und dann wandern Sie über einen Feldweg immer bergauf 2 km zu einer Pistenkreuzung. Hier haben Sie eine schöne Aussicht über die Ebene und gehen nach halb rechts bergab über eine Schotterpiste. Nach weiteren 1,3 km sind Sie wieder unten und

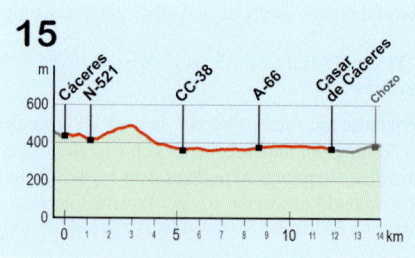

der Weg führt Sie durch eine Senke. Noch 1 km weiter stehen Sie kurz vor der Landstraße (km 5,1).

Leicht bergauf und bergab geht es über geschotterte Wege und Pisten entlang dieser weiter, dann entfernt sich der Weg langsam von der Straße und nach 3,6 km wird die Autobahn unterquert. Die

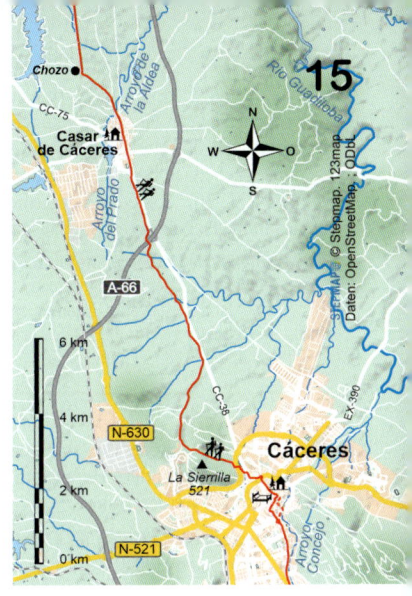

Piste verläuft bald wieder parallel zur Landstraße, die nach 2 km am Ortsrand von Casar de Cáceres erreicht wird (km 10,7).

An dieser entlang pilgern Sie über den breiten Paseo de Extremadura nach 200 m am öffentlichen 🏊 Freibad und an einer 💧 Wasserstelle vorbei. Nach 400 m erreichen Sie neben dem Freibad auch die 🛏 private Herberge, die bisher m. E. aber eher als nicht gerade günstige Pension bezeichnet werden kann und hier deshalb nicht näher beschrieben wird (☞ S. 40). Gehen Sie also am Ende des Paseos weiter geradeaus vorbei an einigen 🛒 Lebensmittelläden und Supermärkten, in denen Sie auch den gleich beschriebenen preisgekrönten örtlichen Stinkekäse kaufen können, 500 m zur eher kleinen Plaza de España mit der gegenüber dem Rathaus gelegenen 🏨 öffentlichen Herberge (km 11,8).

Casar de Cáceres   🛈 🏨 ✕ 🛒 🛏 ✚ 🏊 🚌 ⇧ 365 m, 4.000 Ew.

☺   **Der beste (Stinke-)Käse der Welt.** Casar de Cáceres ist der stolze Herkunftsort des berühmten Käses Torta del Casar der sich u. a. mit dem Titel des „World Cheese Awards" als bester Käse der Welt 2019 schmückt. Der Schafskäse wird mit der Wildform der Gemüseartischocke gewürzt und riecht so kräftig, dass er während unseres Testessens in der örtlichen Pilgerherberge sogar den Schweißgeruch der frisch ankommenden Pilgerinnen und Pilger mit Leichtigkeit überdeckte. (Was diese aber keineswegs am Betreten der Herberge hinderte.) Der Käse wird ca. 30 bis 60 Minuten vor dem Essen bei Raumtemperatur liegen gelassen. Dann schneiden Sie die obere harte Schicht ab und schaben den weichen Inhalt mit einem Löffel aus und verteilen diesen z. B. auf einem Brot. Im Rucksack ist der Käse ungekühlt noch bis zum nächsten Abend haltbar. In den örtlichen Läden und Supermärkten entlang des Weges in den Ort bekommen Sie z. B. für € 10 ein Stück von ca. 400 g, was mit einigen weiteren Beilagen wie Brot, Oliven, Tomaten usw. für ein Abendessen für zwei Personen reichen dürfte. Rümpfen Sie bei Romadur- oder Limburgerkäse gewöhnlich die Nase, so sollten Sie sich besser nicht dem Selbstversuch einer Verköstigung unterziehen. Ist das nicht der Fall, können Sie sich dank dieses regionalen Leckerbissens heute die Suche nach einem Pilgermenü sparen. Suchen Sie vor Ort noch etwas zum Zeitvertreib, finden Sie ein bescheidenes ✂ **Käse- und Heimatmuseum** (Museo del Queso), das einen kleinen Einblick in das Leben der Schäfer und die Käseherstellung gibt (alles auf Spanisch, aber im Grunde selbsterklärend, € 2). Sie finden das kleine Museum in der Calle Barrionuevo Bajo, die Sie erreichen, wenn Sie das Tor rechts neben (vor) der ℹ Touristeninfo an der Plaza de España bei der Herberge durchqueren und dann bei der nächsten Straße 50 m nach links gehen. In der gleichen Straße finden Sie auch 100 m weiter eine ♀ **Churrería** (☞ S. 96). Folgen Sie derselben Straße noch weiter, erreichen Sie vorbei am ✚ Gesundheitszentrum am Ortsausgang wieder den Jakobsweg.

🏠 **Öffentliche Herberge.** Die einfache Herberge bietet 20 Plätze in 3 Schlafsälen mit Raumtrennung, einfache Standheizung, kleine Küche, 🚿 und **T** sind gratis. Es handelt sich um eine der dienstältesten Pilgerherbergen des Weges überhaupt. Zum Zahlen und Stempeln meldet man sich in der ℹ Touristeninfo schräg gegenüber am Platz, @ auf dem Platz. ☎ 669 961 887, 🛏 ständig, € 6

Casar de Cáceres – Tajo-Stausee   22,3 km

✋ Der sehr schöne Weg bis zum knapp 34 km entfernten Cañaveral stellt in jedem Fall eine besondere Herausforderung, dar, die aber bei guter Planung gut und sicher bewältigt werden kann:

1. Auf der gesamten Strecke bis Cañaveral gibt es **keine sichere Versorgung mit Trinkwasser**. Sie können lediglich evtl. versuchen, nach 17,4 km im Notfall mit etwas Mühe Wasser aus dem Stausee zu schöpfen, wobei es sich hier um keine geprüftes Trinkwasser handelt. Nehmen Sie also auf jeden Fall genug Wasser mit.

2. Planen Sie eine Übernachtung in der abgelegenen, **unzuverlässig geöffneten Herberge am Tajo-Stausee**, so empfehle ich Ihnen, nochmals zeitnah zu prüfen, ob diese

Nach Casar de Cáceres (dw)

auch tatsächlich geöffnet wurde. Zwar war die Wiedereröffnung schon wiederholt angekündigt, aber da es sich um ja eine Projekt der Alba Plata (☞ S. 39) handelt, muss hier entsprechend auch weiter mit dem für diese Organisation typischen Totalversagen auf allen Ebenen gerechnet werden.

3. Wer die Strecke bis Cañaveral wie viele Pilger davor auch durchlaufen möchte bzw. muss, dem sei insbesondere **bei hohen Temperaturen** dringend empfohlen, dies nicht allein, sondern im (losen) Verbund auf Sichtweite mit weiteren Pilgern zu tun. Starten Sie vorzugsweise sehr früh, damit Sie später nicht in der größten Mittagshitze laufen müssen. Auf dieser Strecke kam es bereits mehrfach zu Todesfällen aufgrund von Hitzeschlag. Alle der verunglückten Pilger waren dabei allein unterwegs.

4. Es können **Taxis für Teile der Strecke,** z. B. vorzugsweise vom Tajo-Stausee nach Cañaveral, für € 15 bestellt werden, in die für diesen Preis bis zu 4 Personen passen, welche sich dann die Kosten teilen können (☎ 646 773 307). Wünschen Sie einen solchen Transport, so rufen Sie an und sagen Sie: „Taxi Albergue Tacho por favor." Warten Sie dann nach Rückbestätigung ca. 20 bis 30 Minute am auf Seite 104 beschriebenen

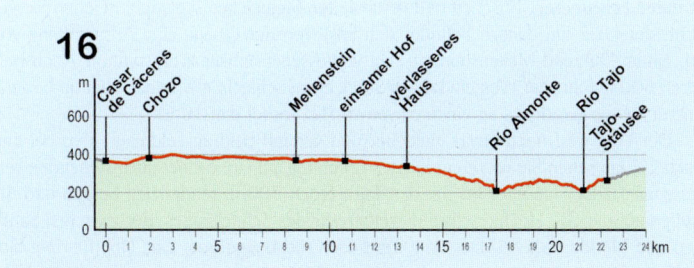

Abzweig zur öffentlichen Herberge (km 22,3) und NICHT an der abgelegenen (geschlossenen) öffentlichen Herberge. Wünschen Sie, dass das Taxi Ihnen gleich Wasser mitbringt, so sagen Sie beim Anruf auch noch: *„Agua por favor."* Im Notfall sollten auch Sie sich nicht scheuen, wie hier schon öfters geschehen, die Notrufnummer der **Polizei** (☎ 112) zu wählen, um eine Notbergung in die Wege zu leiten.

🚶🚶 Wenn Sie nicht wie eben beschrieben den kleinen Umweg über die ⛾ Churrería nehmen, gehen Sie von der Plaza de España direkt weiter geradeaus 500 m bis zum Ortsende, wo rechter Hand die Santiago-Kapelle steht. Einer breiten Schotterpiste folgend und vorbei an den letzten einzelnen Häusern erreichen Sie nach 1,5 km dort, wo die Piste eine Rechtskurve beschreibt, einen ⓘ *chozo*, eine traditionelle runde Schäferhütte (km 2).

Auf der breiten Schotterpiste geht es nun immer geradeaus durch eine Weidelandschaft mit vielen Rindern. ⓘ Am Wegrand finden Sie an wenigen Stellen eine Art hochgewachsene, violett blühende, distelähnliche Pflanze, bei der es sich um die Wildform der Gemüseartischocke handelt, die zur Herstellung des eben beschriebenen örtlichen Käses verwendet wird. Von diesem schönen, hoch gelegenen Weg können Sie bereits am Horizont vor dem ersten Höhenzug Cañaveral ausmachen, bei klarer Luft sehen Sie sogar die noch weit dahinter liegenden Berge der Sierra de Gredos, die mit fast 2.600 m Höhe die höchste Erhebung des Kastilischen Scheidegebirges darstellen und bis in den April hinein mit Schnee bedeckt sein können. Nach 5 km wird der Weg langsam etwas kurviger und schmaler und Sie passieren einen linker Hand liegenden Hain, der ein wenig Schatten spendet. Über gut begehbare Piste erblicken Sie 1,5 km weiter kurz vor dem Unterqueren einer Stromtrasse rechter Hand drei römische Meilensteine (km 8,5).

✜ **Meilensteine.** Die römischen Meilensteine sind neben den Römerbrücken und dem gelegentlich sichtbaren Pflaster das auffälligste Merkmal der alten Vía de la Plata. Eine römische Meile (*milia passuum*) betrug etwa 1.480 m.

Nur 300 m weiter erreichen Sie eine Weggabelung und es geht im Prinzip in gleicher Richtung weiter. Der Weg führt ab hier über einen einfachen Feldweg, der sich leicht bergab und bergauf durch die hügelige, zunehmend wildere Landschaft mit verstreuten Felsbrocken, Büschen und vereinzelten Steineichen schlängelt. Geben Sie gut acht, denn 1,2 km danach befindet sich links von der ⓘ Vía eine Ansammlung von ca. einem Dutzend Meilensteinen – ein vergessener antiker Werkstoffhof? Nach weiteren 600 m führt der Weg ein kurzes Stück etwas schlecht erkennbar, aber im Grunde immer weiter geradeaus an einen einsamen Hof vorbei (km 10,6).

Der Weg wird noch etwas einfacher und verläuft bald an Feldmauern vorbei und nach 2,7 km sehen Sie von einer kleinen Erhebung auf Höhe eines alleinstehenden verlassenen Hauses hinunter ins Tal des Tajo. Noch 700 m tendenziell bergab und Sie treffen auf die ⓘ Hochgeschwindigkeitsstrasse des Schnellzuges, der zwischen Santiago und Mérida verkehrt. Der Weg führt nach rechts und über eine Überführung hin-

Pilger auf dem Weg zum Tajo-Stausee (rj)

weg. Nach 800 m erreichen Sie nach einem Gittertor den ↳ Abzweig zum gleich näher beschriebenen Pfad, an dessen Beginn sich nach 100 m auch ein überdachter Rastplatz befindet. Folgen Sie dagegen weiter der Piste, betreten Sie nach 100 m die N-630 und wenden sich nach rechts (km 14,9).

↳ **Pfad oberhalb der Straße.** Im größeren und kleineren Abstand parallel zur und oberhalb der Straße verläuft ein praktisch gleich langer Naturpfad. Sicher ist dieser ursprünglicher und bietet auch eine bessere Aussicht auf den See. Allerdings ist er auch hügeliger, kurviger und stellenweise steinig und somit unwegsamer. Da auf der N-630 dank der nahe gelegenen Autobahn normalerweise wenig Verkehr herrscht und die Straße auch meist über einen guten Seitenstreifen verfügt, wählen viele Pilger heute den Weg über diesen. Wollen Sie dennoch den Pfad wählen, so können Sie diesen schon ca. 100 m vor der Straße nach scharf rechts betreten oder später an verschiedenen Stellen einen Weg von der Straße zu ihm suchen. In den vergangenen Jahren war der Weg im mittleren Stück zwischen den Brücken über die Flüsse Almonte und Tajo oftmals verwildert und teilweise gesperrt. **Wollen Sie direkt nach Cañaveral weiterlaufen,** so können Sie den Weg, wenn dieser wie 2024 noch einigermaßen gut begebbar ist, über diesen Pfad (bzw. hier über Treppen) direkt nach dem Überqueren der Brücke über den Tajo um ca. 600 m abkürzen. 🚴 Radfahrern ist auf jeden Fall der Weg über die Straße zu empfehlen.

Es geht also über den besagten Pfad oder den Seitenstreifen der hier meist wenig befahrenen N-630 hinab zur langen Brücke über den aufgestauten Fluss **Almonte**, der nach 2,5 km überquert wird (km 17,4). ↳ Direkt vor oder dann wieder 200 m nach der Brücke findet sich evtl. ein steiniger Weg bzw. Abhang hinab zum Stausee, wo Sie im Notfall mit etwas Mühe und einem kleinen Abstecher von 200 bis 300 m ?◊ Wasser schöpfen können, dessen Qualität aber nicht geprüft ist.) Nach weiteren 3,4 km überqueren Sie die Brücke über den **Tajo**. Danach steigt die N-630 aus dem Tal des Tajo hinauf und nach 1,5 km sehen Sie linker Hand an der Straße ein altes ?⇌ Hostal, das in der Regel aber, ✋ wenn es überhaupt geöffnet ist, nur Touristengruppen aufnimmt. (↯ Links an diesem vorbei verläuft der Abzweig zur unzuverlässig geöffneten öffentlichen Herberge und hier ist auch der auf S. 101 beschriebene 🚗 Treffpunkt mit dem Taxi) (km 22,3).

?⌂ Die öffentliche Herberge befindet sich 600 m unterhalb der N-630 (km 22,9) in einem fast schon futuristisch anmutenden, modernen Bau, von dessen Aufenthaltsraum sich ein überwältigender Ausblick auf den Tajo-Stausee bietet. Es gibt hier 25 Betten in Zimmern mit je vier bis sechs Betten, Mikrowelle und Ofen, Heizung, gepflegte Zimmer. ✗ In der kleinen Bar sollen wieder Speisen angeboten werden. ☐ @. ☎ Noch unbekannt. 🛈 Die Herberge war längere Zeit geschlossen, aber zu Redaktionsschluss wurde für 2024 (zum wiederholten Male) eine Wiedereröffnung in Aussicht gestellt. Auch wenn Sie dann offiziell Feb bis Nov 12:00 bis ca. 21:00 geöffnet sein soll, ✋ empfehle ich Ihnen, da Sie sehr abgelegen ist, sich kurzfristig nochmals z. B in den Herbergen davor zu erkundigen, ob sie wirklich aktuell geöffnet ist, Übernachtung mit ca. Frühstück € 15.

Tajo-Stausee – Cañaveral 11,6 km

🚶 Gegenüber dem vorher genannten ⇌ Hostal biegen Sie von der N-630 rechts auf einen steinigen Weg ab, über den es nun bergauf geht. Nach 400 m finden Sie rechter Hand etwas abseits des Weges einen überdachten Rastplatz. Hier bietet sich auch eine schöne Aussicht zurück über den See. Nach weiteren 800 m, in denen der Weg in Serpentinen weiter bergauf führt, sind Sie fast oben und der Weg verläuft wieder ebener durch die Buschlandschaft. Nach 1,8 km unterqueren Sie die Bahntrasse und gehen durch ein Zauntor weiter über einen einfachen Feldweg entlang eines Zauns – bald können Sie linker Hand Cañaveral erkennen. Nach 3,5 km überqueren Sie bei einigen Schaubildern, die Ausgrabungen der Vía de la Plata zeigen, die Bahntrasse (km 6,5).

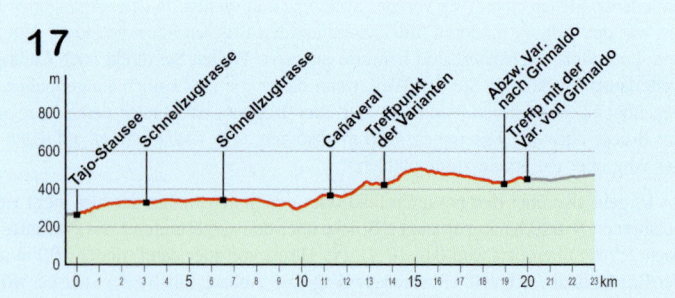

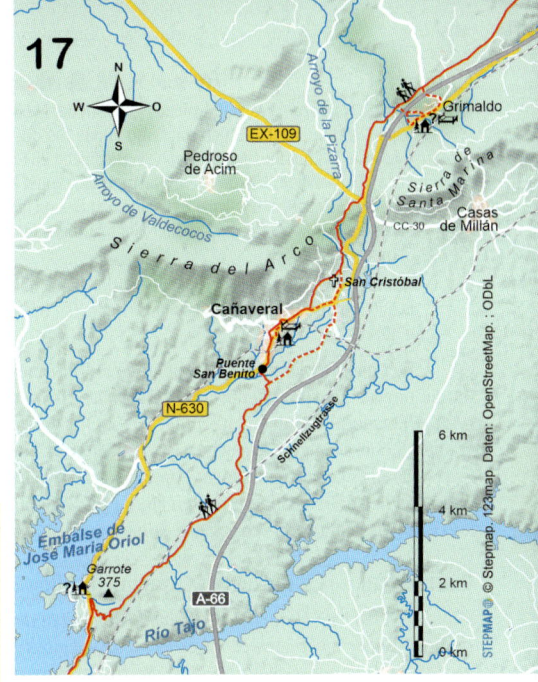

Es folgt eine Pistenkreuzung, die Sie geradeaus gleich durch ein Zauntor überqueren. Über den einfachen, teils steinigen, aber auch bei Regen in der Regel weitgehend problemlos begehbaren Weg geht es wie gewohnt weiter durch die Zistrosensträucher und nach 2,8 km finden Sie wieder einen überdachten Rastplatz und nur 300 m weiter erreichen Sie kurz vor Cañaveral eine Weggabelung (km 9,6).

Weg vorbei an Cañaveral: Die historische Vía de la Plata führt, wie Sie anhand des Quaders erkennen können, an Cañaveral vorbei und heute gegen Ende leider durch ein Industriegebiet. Diese Variante, die nun geradeaus verläuft, ist zwar ca. 400 m kürzer, schon seit dem Mittelalter wählen die Pilger aber den Weg über Cañaveral, um sich dort zu stärken oder von den Strapazen auszuruhen, und die allermeisten Pilger tun es ihnen auch heute noch gleich, weshalb diese Variante nicht näher beschrieben wird.

Der empfohlene Weg verläuft hier also nach links in Richtung der Straße. Sie folgen dabei einem breiten, steinigen Weg zunächst sehr steil bergab bis zur Einmündung in einen Weg und laufen auf diesem dann geradeaus und nach 500 m über die ⓘ Brücke San Benito aus dem 14. Jh. Dahinter gehen Sie 400 m bergauf zur N-630. Genau dort, wo der Weg unterhalb neben der Straße verläuft, finden Sie das erste lang ersehnte ✕ Restaurant, neben dem sich auch eine ● Wasserstelle und das 〰 Freibad des Dorfes befinden. Gleich sind Sie am Ortsanfang von Cañaveral und erreichen dort die N-630. Auf einem Fußweg gehen Sie neben dieser hinauf in den Ort und finden nach 700 m die 🏠 private Herberge. Linker Hand befindet sich der historische Ortskern, von dem gleich die Rede sein wird (km 11,2 km). Nur 100 m weiter gehen Sie an dem ✕ Restaurant Delfi vorbei, wo Sie ab 20:30 Menüs für € 12 bekommen. Nach 200 m folgt in der Rechtskurve ⚑ eine Churrería und nach den letzten 100 m finden Sie das 🛏 Hostal Málaga, welches das Ende dieser Etappe markiert (km 11,6).

Cañaveral ↑ 362 m, 1.700 Ew.

- **Private Herberge.** Weg: 300 m nach Betreten der N-630 weitere 300 m der Nationalstraße folgen, rechter Hand. Zurück zum Weg folgen Sie der N-630 weiter geradeaus. Der eher moderne, freundliche, geräumige, helle Bau bietet 23 Plätze in 3 Zimmern mit Decken, Heizung, Klimaanlage, Mikrowelle im Keller. Unten findet sich ein schönes altes Gewölbe mit weiteren 3 Betten, das je nach Belegung und Saison mit € 28 bis 58 zu Buche schlägt. Hinter dem Haus liegt ein sehr schöner Hof bzw. eine Terrasse. T @. ☏ 669 402 446, ganzjährig, € 16

- **Hostal Málaga.** Die gute, gepflegte Pension bietet den Pilgern schon seit Jahren EZ und DZ zu Sonderkonditionen und somit einem guten Preis-Leistungs-Verhältnis (EZ € 20, DZ € 40). ☏ 658 657 474

☺ **Der alte Ortskern** ist weitgehend vom Tourismus verschont geblieben und bietet die ungeschminkt-authentische Atmosphäre eines typischen verträumten Örtchens der Extremadura. Auf den Plätzen um die ✞ Ortskirche Santa Marina (14. bis 16. Jh.) können Sie in einigen ♀ einfachen Bars abhängen und finden in der Umgebung auch zwei kleine Lebensmittelläden. Am einfachsten kommen Sie dorthin, wenn Sie sich in der Rechtskurve nach der privaten Herberge scharf links halten oder vor der Rechtskurve vor der Churrería scharf links durch die breite Calle Real gehen.

Cañaveral – Grimaldo (Zusammentreffen der Varianten) 8,4 km

⇔ *Die nächste Herberge in **Grimaldo liegt nicht direkt an der Vía de la Plata**, sondern wird über einen Abstecher erreicht. Der Einfachheit halber wird hier der Punkt als Etappenziel angegeben, an dem die beiden Varianten wieder aufeinandertreffen, wobei der Weg vorbei an Grimaldo als Standardstrecke gilt. Die Herberge in Grimaldo erreichen Sie nach 8,6 km und nach weiteren 1,5 km trifft dann der Umweg nach insgesamt 10,1 km wieder auf den direkten Weg.*

✋ In Grimaldo gibt es keine Einkaufsmöglichkeit und der nächste Laden findet sich erst wieder in Galisteo. Kaufen Sie also rechtzeitig und genug ein.

🚶 Es gibt verschiedene Varianten, der offizielle, schönere, mehr oder weniger gut gekennzeichnete Weg verläuft wie folgt: Sie folgen nach dem Hostal Málaga der N-630 weiter aus dem Ort hinaus leicht bergauf 700 m bis kurz vor eine Linkskurve, wo Sie diese nach links auf eine Schotterpiste verlassen. Nach weiteren 700 m erreichen Sie eine Pistengabelung und gehen hier halb rechts weiter. Wenige Schritte weiter führt der Weg wieder bergab. Danach halten Sie sich halb rechts und dann immer weiter geradeaus bergab, bis Sie nach 800 m auf eine andere Piste stoßen. Hier findet sich auch wieder ein Steinquader nahe einem Strommast. Die verschiedenen Varianten treffen sich hier wieder und Sie gehen nach links bergauf (km 2,2).

Der nun wieder eindeutigeren Kennzeichnung folgend wandern Sie auf dem zunehmend steileren Weg bergauf und 600 m weiter folgt nach einem Steinbruch ein letzter, 200 m langer steiler Anstieg über einen steinigen Weg (🚴 Radfahrer schieben). Bei einem Pinienwald oben angekommen betreten Sie einen schönen Weg, der Sie leicht bergauf und beim Waldrand wieder bergab führt. Nach 1,5 km überqueren Sie genau vor einem Freudenhaus (!), das wohl schon bessere Zeiten gesehen hat, eine Landstraße (km 4,5).

🚴 Radfahrer, die nach Grimaldo wollen, fahren ab hier über die Landstraße weiter 3 km nach Grimaldo und folgen dann der Wegbeschreibung von der Herberge zurück auf den Weg.

Ohne zu zögern, pilgern Sie rechts am Freudenhaus vorbei auf einem einfachen Weg. Dieser wird gelegentlich zum Pfad und verläuft relativ eben durch die Korkeichen und Zistrosen. Auch wenn die Markierung hier evtl. recht sparsam erschien, war der Weg aber immer gut als ein solcher erkennbar. Nach 2,6 km durchqueren Sie ein Zauntor. Nach 250 m folgt bei einem Steinquader ein weiteres. Gleich wird ein Bach überquert und 150 m nach diesem erreichen Sie den Punkt, ✢ an dem Sie die Vía bei einem kleinen Weidetor, wie gleich näher beschrieben, nach rechts in Richtung Grimaldo verlassen (km 7,5). Noch weitere 900 m geradeaus und meist bergauf dem direkten Weg folgend erreichen Sie die von rechts kommende Landstraße aus Grimaldo, wo die beiden Varianten wieder zusammentreffen und die Etappe aus Gründen der Übersichtlichkeit endet (km 8,4).

✢ **Umweg über Grimaldo:** 300 m nachdem Sie das gerade erwähnte Weidetor durchquert haben, gibt es im Prinzip zwei Möglichkeiten, weiterzugehen: Entweder Sie verlassen den Weg, der bisher am Zaun entlang verlaufen ist, geradeaus auf einen anderen Weg unter der Autobahn hindurch und versuchen, den Bach zu überqueren. Auf einem schmalen Pfad (bzw. Feldweg/Piste) geht es danach weiter bergauf und nach 300 m erreichen Sie in Grimaldo die Hauptstraße. Sie gehen 150 m nach links und finden auf der rechten Straßenseite rechts neben der Bar Grimaldo die Pilgerherberge (km 8,3). Ist Ihnen die Bachüberquerung nicht möglich, folgen Sie nach der Unterquerung der Autobahn weiter demselben Weg, der später in eine Asphaltstraße mündet. Nach 500 m können Sie diese nach rechts über ein Feld Richtung Hauptstraße verlassen, wo Sie sich dann rechts halten und nach insgesamt weiteren 300 m die Herberge erreichen (km 8,6).

🏠 **Einfache öffentliche Herberge.** Die schlichte, aber freundliche Herberge bietet 14 Plätze in 5 etwas engen Zimmern und einige Matratzen für den Notfall, Decken und Standheizung, Mikrowelle, Kaffeemaschine, 🚿. Den Schlüssel holen Sie, wenn noch nicht geöffnet ist, gleich nebenan in der ✕ Bar El Refugio de Grimaldo, wo Sie auch etwas zu essen bekommen (Menüs ca. € 10,50). Dort gibt es auch @. ☎ 650 848 181, 🛏 ständig, Spende

?🛏 **Pension La Posada de Grimaldo.** Das schöne Haus liegt 100 m hinter der Herberge an der N-630 und bietet 3 schicke Zimmer mit 2 bis 3 Einzelbetten, in denen die Übernachtung mit Frühstück pro Person € 25 kostet. Ü im EZ € 35. Leider ist die Pension oft mit Touristen ausgebucht. Benutzung der 🚿 € 2, @. ☎ 616 931 745 oder 676 026 458

Weiter (nach Nordosten) vorbei an der Herberge und dann vorbei an der 🛏 Pension La Posada de Grimaldo folgen Sie der N-630 aus dem Ort. Nach 600 m erreichen Sie die Abzweigung nach Holguera und gehen halb links nach 700 m unter der Autobahn hindurch. Nach weiteren 150 m trifft Ihr Weg wieder mit der Route zusammen, die an Grimaldo vorbeiführt, und Sie gehen nach rechts (km 10,1).

Grimaldo (Zusammentreffen der Varianten) – Galisteo   18,5 km

☺ Beginnen Sie besser schon jetzt, auch mithilfe der Kilometerliste im Inhaltsverzeichnis und meiner Hinweise vor jeder Etappe, Ihre Etappenaufteilung bis Salamanca zu planen.

🚶🚶 **Gemeinsamer Weg:** Der Weg führt nach dem Überqueren (bzw. Verlassen) der Straße über Pfade und entlang eines Zaunes vorbei an Viehweiden wieder in die wilde Busch- und Baumlandschaft. Dann wird nach 2,7 km ein Tor durchquert und gleich eine leicht erhöhte Trasse betreten.

ⓘ **Calzada Romana**: Die großen, grob bearbeiteten, oft länglichen Steine weisen darauf hin, dass Sie sich direkt auf der Römerstraße befinden, die sich über die umliegende Ebene erhebt. Die Römerstraßen waren wahre Meisterwerke des Straßenbaus. Sie bestanden aus mehreren Gesteinsschichten: Zuunterst lagen größere Steine, die als Drainage dienten, darüber kamen kleinere Steine und dann fein gemahlenes Gestein oder Sand, was als Basis für das eigentliche Pflaster diente. Dabei wurde die Straße zur Mitte hin leicht erhöht, damit das Regenwasser abfließen konnte. Oben drauf kamen dann die bekannten großen Pflastersteine und längliche Bordsteine bildeten die seitlichen Begrenzungen. Die Römerstraßen waren etwa 5 bis 6 m breit und zu beiden Seiten befanden sich Gräben zum Auffangen des Regenwassers. Obwohl die Römerstraßen heute infolge der Erosion oft ausgegraben werden müssen, befanden sie sich doch vor fast 2.000 Jahren oft über dem Niveau des umliegenden Landes, wie die Reste der Straße beweisen, auf denen jetzt die Vía de la Plata verläuft.

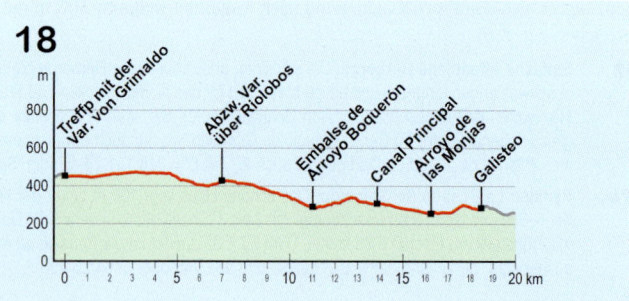

🥾 Langsam öffnet sich die Aussicht und bietet Ihnen einen Blick auf die bergige Landschaft. Wieder tendenziell bergab erreichen Sie nach 2,3 km ein kleines Feuchtgebiet bzw. einen Sumpf (km 5). Weiter geht es über einen einfachen, teilweise steinigen Weg bergauf und bergab durch die weitläufige Eichenlandschaft, bis Sie nach 1,9 km zwei Tore erreichen, wo der Abzweig über die Unterkunft auf dem Campingplatz beginnt (km 6,9).

🛏 Abgelegene Unterkunft auf dem Campingplatz (2,7 km Umweg). Das Preis-Leistungs-Verhältnis ist hier seit der letzten Preiserhöhung m. E. in der Regel nicht mehr angemessen und der Umweg lohnt sich daher eher weniger. Der Weg über verschiedene Pisten führt zu Anfang mit Aussicht 4,1 km hinab nach **Ríolobos**. Nun halten Sie sich der Kennzeichnung folgend rechts und treffen nach ca. 600 m am Ortsrand den Campingplatz an (km 11,6). Für den weiteren Weg bis Galisteo können Sie zurück über Ríolobos der Straße direkt dorthin folgen – laufen dann aber ca. 10 km über schnöden Asphalt, was nur selten gute Laune aufkommen lässt. Empfehlenswerter ist es deshalb, auf einem kleinen Umweg weiter der Straße ortsauswärts zu folgen. Dann erreichen Sie nach 2,4 km wieder den gekennzeichneten Jakobsweg (km 13). Gepflegte Zimmer mit 2 bis 6 Plätzen und eigenem Bad. Schöner Innenhof, ✕ Mo bis Fr Menüs € 12, Sa und So € 15, Frühstück. 🏊 Im Sommer gibt es einen Pool, dessen Benutzung im Preis inbegriffen ist. Billard, Mikrowelle, Klimaanlage, Heizung, 🖥 € 5, ☎ € 5, @. ☎ 927 451 150 oder 605 824 086, 🛏 ständig, € 20

🥾 **Traditionelle Wegführung:** Gehen Sie also geradeaus weiter durch das Tor und verlassen Sie nach 700 m den bisherigen Weg auf einen Pfad, der zunächst links und dann nach einem Tor wieder rechts entlang einer alten Steinmauer verläuft. Der Pfad wird gelegentlich zum Weg, welcher langsam bergab führt, und nach 2,5 km erblicken Sie rechter Hand nicht weit vom Weg den ⓘ römischen Stausee von Ríolobos (km 10,1).

Bald wandern Sie vorbei an der Staumauer des eben genannten Sees, die allerdings neueren Datums ist. Nach 1 km dürfen Sie unten angekommen einen größeren Bachlauf überqueren, der nicht selten Wasser führt. Nur 200 m weiter sind Sie kurz vor der Straße auf einer Asphaltpiste angekommen (km 11,3). ✋ Von links kommt die eben beschriebene Variante über Ríolobos. Lassen Sie sich nicht verwirren und gehen Sie nur 20 m nach links und dann nach rechts über einen Pfad steil bergauf zur Straße und dort nach rechts bergauf. (🚲 Radler machen einen weiten Bogen 250 m nach links über die besagte Piste zur Straße und folgen dann weiter dem normalen Fußpilgerweg über die Straße nach scharf rechts). Nach 800 m verlassen Sie die Straße bzw. den rechts davon verlaufenden Weg bzw. Pfad nach links. Den Steinquadern folgend geht es weiter über verschiedene Pisten und Feldwege bergauf und bergab durch die Weidelandschaft und bald können Sie linker Hand Galisteo erkennen. Nach 2,1 km wird ein Kanal überquert (km 14,2).

Gehen Sie nach dem Kanal auf den zweiten Weg, der nach rechts verläuft. Hier führt Sie die Vía in Folge eines Rechtsstreites zwischen zwei eigens errichteten, teils eingewachsenen Zäunen hindurch. Nach 2 km am Ende dieser Passage an einer Brücke über einen kleinen Fluss können Sie dort auf einer Tafel sehen, dass es sich um ein Projekt der Europäischen Union für immerhin € 107.185,20 handelt.

Blick auf Galisteo (dw)

Nur 500 m weiter über die Piste erreichen Sie eine Weggablung und gehen nach links und bei der nächsten Pistengabelung gleich wieder nach rechts. Einem Feldweg bergauf und bergab folgend treffen Sie nach 1,5 km am Ortsanfang von Galisteo auf die Landstraße. Über diese hinweg und immer geradeaus erreichen Sie nach 250 m die ⇦ ✕ Bar/Restaurante Los Emigrantes. Rechts neben dieser führt eine Gasse 30 m an ihr vorbei zur ⌂ öffentlichen Herberge (km 18,5).

Galisteo ⌂ ⇦ ✕ 🕮 🅐 🚐 ⇧ 304 m, 1.900 Ew.

ⓘ **Stadtmauer.** Galisteo ist vollständig von einer mittelalterlichen Stadtmauer umgeben, auf der man teilweise mit schöner Aussicht spazieren gehen kann. Einen Zugang finden Sie z. B. gleich hinter dem Stadttor, das Sie antreffen, wenn Sie dem Jakobsweg von der Bar/Restaurante Los Emigrantes 200 m bergauf folgen. Direkt rechts dahinter angrenzend an diese führt eine unscheinbare, schmale ausgetretene Treppe hinauf zu der dann gut begehbaren Stadtmauer.

⌂ **Öffentliche Herberge.** Einfach, mit 8 Plätzen in einem Raum, Mikrowelle, etwas Geschirr, Decken, Heizung, Klimaanlage, 🚿 @. ☏ 645 986 793 (Betreiber der Pilgerpension), 🛏 zu Redaktionsschluss wegen neuen Pächters noch unbekannt, ca. € 10

?⇦ **Bar/Restaurant Los Emigrantes.** Oberhalb des Lokals und in einem 50 m entfernt gelegenen Haus wurden den Pilgern schon seit Jahren einfache, günstige DZ und EZ und meist auch Speisen angeboten. Bei Redaktionsschluss war das nette, einfache Restaurant und ebenso die Fremdenzimmer nach jahrelanger Vernachlässigung geschlossen und der weitere Betrieb war ungewiss. 🕮 Gleich daneben findet sich ein kleiner Lebensmittelladen, @. ☏ 927 452 002 (Rathaus)

⇦ **Pilgerpension Parador.** Weg: 500 m dem gleich beschriebenen regulären Weg folgen. Die schöne, teils rustikale Pension bietet 5 Doppelzimmer für je € 38. In einem benachbarten Gebäude finden sich ein weiteres DZ für € 38 und ein EZ für € 20, Küche mit gratis Kaffee, nebenan befindet sich eine Bäckerei, 🍽 € 5, @. ☏ 645 986 793

Galisteo – Carcaboso 11,2 km

⇔ *Die folgenden rund 11 km bis nach Carcaboso verlaufen ohne Ausnahme über die Straße, was dies Etappe nicht gerade zu einem Highlight werden lässt. Allerdings ist diese auch wenig befahren und die Landschaft wirkt auch nicht zu monoton. Es finden sich auf dem Weg bis Santiago also sicher wesentlich schlimmere Strecken (☞ S. 148). Wenn Sie es aber auf der nächsten Etappe z. B. bis zu den Hostals an der N-630 schaffen wollen, um dann die Vía Verde (☞ S. 102) in einem Stück als Tagesetappe durchzulaufen, bietet es sich aber evtl. nun doch an, hier mal ausnahmsweise zu „mogeln" und das 🚖 Taxi von Galisteo (☏ 679 166 323) zu bemühen, das (je nach Körperumfang) 3 bis 4 Pilger für insgesamt ca. € 18 von Galisteo nach Carcaboso bringt.*

Weg über das Ortszentrum: Wenn Sie den Ort noch nicht gesehen haben, können Sie auch eine kaum gekennzeichnete, praktisch gleich lange Variante über dessen Zentrum wählen: Gehen Sie vom Jakobsweg kommend im Grunde weiter geradeaus linker Hand an der Bar/Restaurante Los Emigrantes vorbei und nach 300 m durch ein Stadttor. Danach pilgern Sie links an der ✝ Hauptkirche vorbei und geradeaus weiter 150 m zum Hauptplatz. An dessen Anfang wenden Sie sich nach rechts in die Calle Gabiel y Galán, gehen nach 50 m wieder durch ein Stadttor und weiter geradeaus (bzw. halb links) bergab über die breite Straße. Nach 300 m treffen Sie wieder auf den wie folgt beschriebenen regulären Weg (km 0,8).

Regulärer Weg. Bei der 🛏 Bar/Restaurante Los Emigrantes gehen Sie vom Weg kommend in die Straße, welche vor der Bar/Restaurante nach links bergauf 200 m zur beeindruckenden Stadtmauer führt. Nun folgen Sie derselben Straße wieder bergab und erreichen nach 300 m eine große Straßenkreuzung, hinter der sich die 🛏 Pension Parador befindet. An dieser vorbei erreichen Sie 300 m weiter geradeaus den Punkt, wo sich beide Varianten wieder treffen (km 0,8).

Gemeinsamer Weg: Der gesamte Weg bis Carcaboso ist etwas spärlich gekennzeichnet, es gibt aber nur wenige wirklich kritische Punkte. Weiter geradeaus wird die mittelalterliche Brücke überquert und dann gehen Sie auf einen Kreisverkehr zu, den Sie nach 700 m erreichen. Dieser wird umrundet und unter der Autobahn hindurch betreten Sie nach 250 m einen weiteren Kreisverkehr (km 1,8). Gehen Sie nun nach halb rechts in Richtung Carcaboso, also gleich vorbei an zwei Ziegelbauten. Immer der schmalen zweispurigen Landstraße folgend erreichen Sie nach 4,3 km das Ortszentrum von

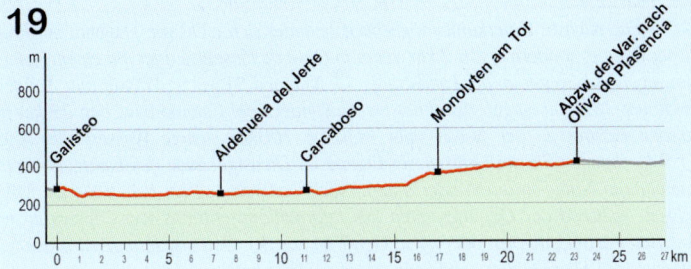

Aldehuela del Jerte 🏛 (km 6,1). Entlang der nun etwas breiteren, weiterhin wenig befahrenen, aber dennoch harten Landstraße wandern Sie weitere 4,7 km bis zum Ortsanfang von **Carcaboso** (km 10,8). (↳ Links geht es 200 m zu 🏠 Elenas Herberge und 300 m zum 🛏 Hotel Cuidad de Caparra.) Dem Jakobsweg folgend überqueren Sie, wie Sie auf dem Kartenausschnitt sehen können, eine breite Straße und vorbei an der ✝ Kirche, vor der einige römische Reste ausgestellt sind, geht es durch den Ort. Nach 400 m finden Sie nahe dem Ortszentrum die 🏠 Herberge Majalavara (km 11,2).

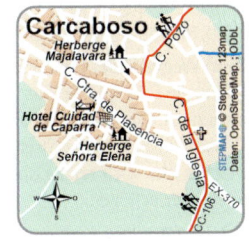

Carcaboso 🏠 🛏 ✕ 🏛 🚌 🚐 ⇧ 269 m, 1.300 Ew.

- 🏠✕ **Private Herberge Señora Elena.** Die Herberge ist nach einer der ersten und bekanntesten hier einst wirkenden Hospitaleras des Weges benannt. Sie befindet sich in einem umgebauten Wohnhaus und bietet 12 Betten in 5 unterschiedlichen, im Großen und Ganzen ordentlichen Zimmern mit Heizung, Klimaanlage sowie einfachen Decken. Küche, kleiner Balkon. In der einfachen Bar unterhalb der Herberge können Sie gegen Aufpreis frühstücken und bekommen auch Menüs für € 13 (Sa und So € 16). ✉ T @. ☎ 927 402 075 oder 659 774 580, 🕐 ständig, € 13

- 🏠 **Herberge Majalavara.** Die moderne, gepflegte öffentliche Herberge in privater Pacht wurde 2024 nach längerer Schließung und Umbau wiedereröffnet. Nun bietet sie 20 Plätze in 3 Zimmern und Kochgelegenheit. ☎ 613 806 647, 🕐 ganzjährig ca. 12:00 bis 24:00, Ü mit Frühstück zum Selbstherrichten € 18

- 🛏✕ **Hotel Cuidad de Caparra.** Das pilgerfreundliche, gepflegte Hotel bietet gute, moderne Zimmer mit eigenem Bad, Heizung und Klimaanlage. Zur Hauptsaison ist eine Reservierung ratsam. EZ € 30, DZ € 50. ✕ Die Menüs kosten € 12,50. In der Bar gibt es gegen Aufpreis Frühstück, @. ☎ 927 402 444 (kaum zu erreichen)

Carcaboso – Abzweig Oliva de Plasencia 11,9 km

⇔ Die nächste Unterkunftsmöglichkeit befindet sich nicht wie gewohnt am Ende dieser Etappe, sondern erst 6,7 km weiter in *Oliva de Plasencia* oder mit einem kleinen Umweg 17 km weiter an der Landstraße. ✋ Nehmen Sie genug Wasser mit. Auf dem gesamten 38,2 km langen Abschnitt bis Aldeanueva del Camino bzw. den 29 km bis zu den Hostals an der N-630 gibt es keine 100%ig sichere Wasserstelle. Nach 11,9 km können Sie am Ende dieser Etappe im Dienstgebäude des Landguts Venta-quemada in Notfällen um Wasser bitten. Nach weiteren 6,1 km haben Sie die Möglichkeit, während der Öffnungszeiten des Informationszentrums von Cáparra in den Toiletten Wasser zu holen oder kühle Getränke aus den Getränkeautomaten zu kaufen. Vergewissern Sie sich aber unbedingt, ob es geöffnet hat!

🚶🚶 Gleich beim Ortsausgang wird die Straße geradeaus auf eine Schotterpiste verlassen und ein Bach über eine Brücke überquert. Nach 700 m führt der Weg so leicht bergauf entlang eines Bewässerungskanals und nur 400 m weiter bei einem einzelnen Haus sollten Sie wieder etwas aufpassen (km 1,1).

Zwei Wegverläufe. Da die Etappe für viele Pilger recht lang ist, wählt die Mehrzahl der Pilger die folgende Abkürzung **19**, die übrigens auch bei schlechtem Wetter vorzuziehen ist. Sie wird deshalb auch als Standardabkürzung bezeichnet und bei den Gesamtkilometern der Strecke berechnet. Der Originalverlauf der Vía de la Plata **19a**, welcher hier nach rechts über den Kanal verläuft, ist 1,1 km länger, etwas beschwerlicher, aber schöner.

🚶🚶 **19a Der authentische Wegverlauf der Vía de la Plata** führt also hier nach rechts über den Kanal. Nach 1,4 km kommen Sie zu einer Fabrikruine, wo Sie links abbiegen. Nun gehen Sie im Prinzip immer geradeaus, bis Sie nach 2,7 km auf die Straße treffen (km 5,2).

🚶🚶 **19 Standardabkürzung:** Sie folgen 3 km erst bergauf und dann bald relativ eben dem Verlauf des Kanals und erreichen wieder die Straße (km 4,1).

Gemeinsamer Weg: Die Straße wird sofort wieder nach rechts auf einen einfachen Feldweg verlassen. Er führt stetig und zum Schluss nur noch leicht bergauf. Nach 1,6 km wird er bei einer Schautafel aus Stein nach rechts verlassen (km 5,7).

Auf einem sehr netten (und nach Regen hoffentlich nicht stellenweise überfluteten) Pilgerpfädchen geht es 1,5 km immer leicht bergauf, bis ein Tor durchquert wird. ⓘ Schauen Sie mal! Links neben dem Weg liegt ein alter römischer Meilenstein im Gras und 20 m weiter liegen noch drei weitere. Die Feldmauer, an der Sie der Weg nun vorbeiführt, ist leicht erhöht auf – und vermutlich auch aus – den Resten der Vía de la Plata erbaut. Unser Pilgerpfädchen schlängelt sich weiter bergauf durch die Eichenbäume, wobei nur selten Pfeile zu sehen sind. Dann mündet es nach 1,7 km in einen einfachen Feldweg, dem Sie relativ eben folgen (km 9,6).

Friedliche Stiere an einem Novembermorgen (rj)

Nach 700 m verlassen Sie diesen wieder geradeaus auf einen Pfad. Gehen Sie der Mauer folgend weiter geradeaus und nach 800 m wird ein Pferdegatter nach rechts durchquert. Dahinter wenden Sie sich nach (halb) links in Richtung eines Schuppens, also links an demselben vorbei wieder auf einen Pfad. Im Prinzip immer weiter der Feldmauer über Pilgerpfade folgend erreichen Sie nach weiteren 1,5 km eine Landstraße. Gegenüber steht das Diensthaus des Landgutes Ventaquemada, wo Sie in Notfällen um Wasser bitten können. Hier öffnet sich die Aussicht auf die umliegenden Berge (km 11,9).

20a Weg über Oliva de Plasencia   13,9 km, (7,5 km Umweg)

Machen Sie sich nur dann auf den (Um-)Weg nach Oliva de Plasencia, wenn es Ihnen gelungen ist, vorab verbindlich zu reservieren.

Taxitransfer zur abgelegenen Herberge. Leider gibt es hier keinen kostenlosen oder zumindest einigermaßen gut organisierten günstigen Taxitransfer mehr, welche müder Pilger von diesem Punkt über das lange Landstraßenstück zu der doch sehr abgelegenen Herberge in Oliva de Plasencia bringt. Wer ein reguläres Taxi aus dem 13 km entfernten Plasencia bekommen kann (☏ 608 003 980) zahlt für 3 bis 4 Personen je nach Wochentag € 25 bis 30. Evtl. kann Sie aber auch ein Nachbar der Hospitalera günstiger abholen, was aber bisher wohl nicht immer zuverlässig funktionierte.

Rechts gehen Sie auf der wenig befahrenen Landstraße 6,4 km bis zum Ortsanfang von Oliva de Plasencia und folgen der Straße 200 m in einigen Kurven bis zum Anfang des Hauptplatzes. Sie überqueren diesen aber nicht, sondern gehen 20 m nach links und dann in die zweite Straße nach links an einem verziegelten Haus vorbei. Nach 30 m erreichen Sie die Plaza de España und gehen nach rechts, wo Sie nach nur 20 m rechter Hand die Herberge von **Oliva de Plasencia** ✕ 🍽 🍺 ≋ erreichen (6,7 km ab dem Landgut Ventaquemada/18,6 km ab Carcaboso).

> 🏠 **Touristische Herberge.** Die Herberge San Blas mit 2 bis 3 Schlafräume zu je 4 bis 6 Einzelbetten mit eigenem Bad hat fast schon den Charakter einer angenehm schlichten, rustikalen Pension ... aber ob Sie das Preis-Leistungs-Verhältnis besonders in Anbetracht des doch recht weiten Umweges dorthin und der in einigen Kilometern folgenden Angebote wirklich für Sie lohnt, müssen Sie selbst entscheiden. Leider gibt es vor Ort eben wenig Alternativen ... Küche. ≋ Das Freibad für € 2, das ca. 600 m von der Herberge entfernt nahe der Hauptstraße Richtung Plasencia liegt, wird gelobt. 🚿 📺 T @. ☏ 647 563 450, 🕙 ganzjährig 12:00 bis 23;00, Ü mit Frühstück zum Selbstherrichten (was bisher aber leider nicht immer klappte) € 23

🚶🚶 **20a Weg zurück zur Vía de la Plata:** Um zurück zum Weg zu kommen, gehen Sie auf dem Weg, auf dem Sie gekommen sind, 200 m zurück bis zum Ortsrand von Oliva de Plasencia und dann nach weiteren 100 m nach rechts in die erste Teerstraße, wo ein Wegweiser „Caparra Cuidad Romana" anzeigt. Sie folgen der Straße nur 100 m und gehen dann nach links auf eine Piste, die 5,9 km auf einem schönen Weg unter Eichen hindurch verläuft, unter denen gut eingezäunt friedliebende Stiere grasen. Dann treffen Sie auf eine Pistenkreuzung, an der zwei Wege nach Caparra ausgeschildert sind. Ich empfehle Ihnen den regulären Weg, der geradeaus 300 m auf eine Häusergruppe zu verläuft, hinter der die Piste eine Linkskurve beschreibt. Hier verlassen Sie diese nach rechts auf einen einfachen Weg und befinden sich wieder auf der Vía de la Plata. Nach 500 m durchqueren Sie ein Tor, und der Weg führt zwischen römischen Ruinen hindurch 100 m zum beeindruckenden römischen Bogen von Cáparra (7,2 km von der Herberge in Oliva).

☺ Streckenberechnung: Sie steigen nun bei km 5,8 der folgend beschriebenen Strecke **20** ein und laufen auf dieser je nach Route noch 19,9 bis 20,5 km bis Aldeanueva del Camino, das Sie nach insgesamt 27,1 bzw. 27,7 km erreichen.

20 Abzweig Oliva de Plasencia – Abzweig zur Vía Verde und den Hostals an der N-630   14,9 km

🚶🚶 Auf der Vía de la Plata geht es dort, wo der Umweg nach Oliva de Plasencia nach rechts führt, in Richtung des Dienstgebäudes des Gutes weiter. Nahe dem Haus erreichen Sie eine Pistengabelung und nehmen den einfachen Feldweg, der nach halb rechts zwischen zwei 50 bis 75 m voneinander entfernten Feldmauern schnurstracks geradeaus führt.

ⓘ **Cañadas Reales.** Dieser Weg ist zweifellos als Sehenswürdigkeit zu bezeichnen. Sie befinden sich hier auf einer Cañada – dieses Wort haben Sie auf der Vía de la Plata schon oft gehört oder gelesen. Ein Großteil der Vía de la Plata diente früher und dient teilweise auch heute noch als Cañada. Cañadas sind Viehtriften, d. h. die Wege, die die Schafherden benutzten, um die sogenannte Transhumanz, den Weidewechsel zwischen den Sommerweiden des Nordens und den Winterweiden des Südens, zu vollziehen. Die Schafzucht war im Spätmittelalter der entscheidende Wirtschaftsfaktor Kastiliens. Gegen Ende des Mittelalters gab es etwa 2 Mio. Schafe und dank seiner Wollausfuhren wurde Kastilien zu einem der reichsten Länder Europas. Das Funktionieren des Weidewechsels war darum von vitaler Bedeutung und im 14. Jh. wurden die wichtigsten Wege der Transhumanz – die Cañadas – gesetzlich geschützt. Die bedeutendsten Cañadas erhielten den Titel „königlich": Cañadas Reales.

Im Laufe der Jahrhunderte verloren die Cañadas an Bedeutung, aber noch heute wird in Spanien der Weidewechsel auf große Distanzen praktiziert und seit einigen Jahrzehnten bemüht man sich, einige Cañadas zu reaktivieren.

Im Mittelalter war die Breite der Cañadas gesetzlich vorgeschrieben: 90 kastilische Ellen = ca. 75 m, aber im Zuge des Verfalls der Cañadas wurden sie von den anliegenden Landgütern immer mehr beschnitten, bis heutzutage meist nur noch eine breite Piste übrig geblieben ist. Eine Ausnahme bildet diese prächtige breite Cañada zwischen Ventaquemada und Cáparra.

🚶‍♂️ Zunächst führt Sie der Weg noch über einige Wasserläufe hinweg, die Sie bei Regen über große Steinquader überqueren können. Dann geht es wieder leicht bergauf und nach 5 km endet die Mauerbegrenzung der Cañada nahe der Finca Monte Moheda. Über eine Schotterpiste verläuft der Weg weiter geradeaus und leicht bergab, bis dieser nach 800 m bei einer Häusergruppe eine Rechtskurve beschreibt.

Hier trifft der Umweg über Oliva de Plasencia **20a** wieder auf die Vía de la Plata (km 5,8). Letztere führt geradeaus als breiter, von üppiger Vegetation umgebener Weg weitere 600 m zum beeindruckenden römischen Bogen von Cáparra (km 6,4).

ⓘ **Cáparra.** Im Jahr 74 n. Chr. erhielt Cáparra die Stadtrechte. Cáparra wurde zwar keine bedeutende Stadt, aber immerhin ein wichtiger Etappenort an der Römerstraße, denn es war die einzige Stadt zwischen Tajo und dem Kastilischem Scheidegebirge.

⌘ **Ausgrabungen und Informationszentrum.** Wenn Sie direkt im Bogen nach rechts gehen und dem Fußweg 300 m folgen, erreichen Sie vorbei an den umfangreichen Ausgrabungen neben einem Parkplatz ein Informationszentrum zu der Geschichte und den Ausgrabungen des Ortes. Blind vor lauter Nostalgie sind hier bisher aber genau die übersehen worden, welche die Vía de la Plata heute wieder mit neuem Leben erfüllen, nämlich die Jakobuspilger, und so wurde bis heute hier noch keinerlei Rastplatz oder (Not-)Unterkunft für Sie geschaffen. Sie werde es kaum glauben, aber dennoch haben hier schon einige hart gesottene Pilger übernachtet – und zwar auf einer mitgebrachten Isomatte unter dem Bogen von Cáparra. Zweifelsohne ist so eine Übernachtung für manchen ein außergewöhnliches und unvergessliches Erlebnis. Sollten Sie dies aber selbst in Erwägung ziehen, so bedenken Sie bitte, dass es in der Extremadura des Nachts gelegentlich auch sehr kalt werden kann und Sie evtl. auch mit den hier ortsansässigen Kriechtieren nächtliche Bekanntschaft machen werden. Was Ihnen aber zugutekommt, ist, dass es im nahe gelegenen Informationszentrum einen Getränkeautomaten (2024 defekt) und ein WC mit fließend Wasser gibt. 🖐 Achtung! Beides ist nur während der Öffnungszeiten zugänglich.

- ♦ 300 m rechts des Weges, ☏ 927 199 485, 🕘 Juni bis Sep Di bis Sa 10:00 bis 14:00 und 17:00 bis 20:00, So 10:00 bis 14:00, Okt bis Mai Di bis Sa 10:00 bis 14:00 und 16:00 bis 19:00, So 10:00 bis 14:00. 🖐 Mo ist also immer geschlossen und wenn Sie hier wirklich sichergehen wollen, dann rufen Sie vorher an.

🥾 Gleich nachdem Sie die Anlagen verlassen haben, queren Sie (evtl. vorbei an einem zu Redaktionsschluss noch im Aufbau befindlichen Rastplatz mit WC und ❓💧 Wasserstelle oder Getränkeautomat) eine kleine Straße. Danach wandern Sie wieder schnurstracks geradeaus über einen einfachen Feldweg, der nun direkt zwischen den Feldmauern hindurch verläuft.

Hinter Cáparra (ss)

ⓘ Auch hier pilgern Sie auf einer etwas erhöhten Trasse, was wieder darauf hinweist, dass Sie sich direkt auf der Vía del Plata bewegen. Es bietet sich wieder eine schöne Aussicht auf die Berge. Nach 2,1 km führt Sie der Weg durch ein Tor und 500 m weiter überqueren Sie einen Wasserlauf bzw. Bach. Meist wandern Sie über einfachen Feldweg, bis Sie nach 1,7 km vor einem Zauntor wieder einen größeren Bach (über einige Steinquader hinweg) überqueren, 🚲 was für Radpilger im Frühjahr und dann, wenn es viel geregnet hat, zur Abwechslung durchaus eine kleine Herausforderung darstellen kann (km 10,7).

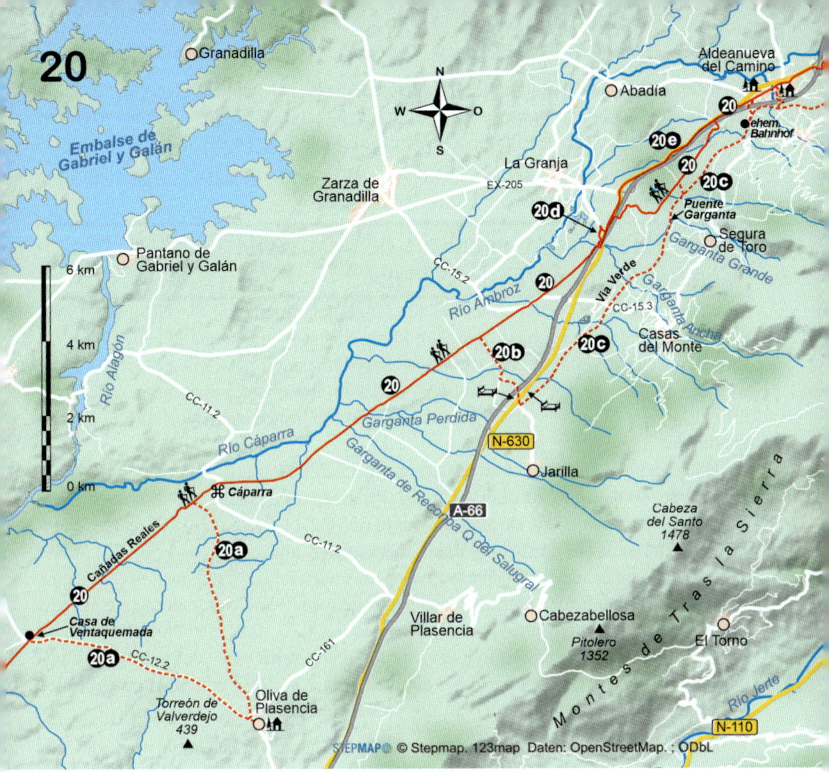

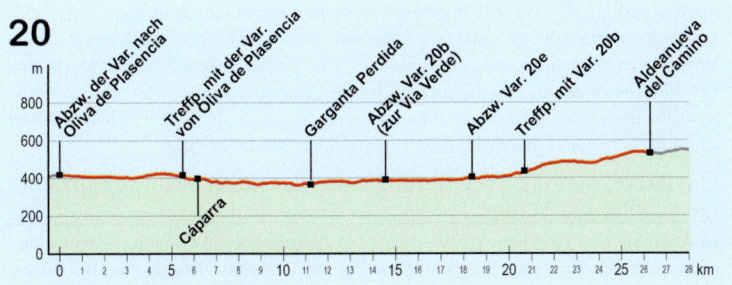

Über einen weiteren, etwas harmloseren Wasserlauf erreichen Sie nach 1,3 km eine schmale, wenig befahrene Straße. Geradeaus entlang dieser wandern Sie die nächsten 2,9 km auf Wegen und Trampelpfaden, die gelegentlich etwas versteckt im Abstand von 10 bis 30 m rechts der Straße oft schattig verlaufen, ✋ dann erreichen Sie einen gleich näher beschriebenen wichtigen Punkt (km 14,9).

☞ Die Beschreibung der Fortsetzung des älteren Weges finden Sie ab Seite 127.

Die Tradition und Gegenwart der Vía Verde „Camino Natural Vía de la Plata"

Bereits im Jahr 1870 wurde eine 347 km lange Bahntrasse von Plasencia über Salamanca und weiter bis nach Astorga vom König Spaniens in Planung gegeben, die entsprechend ihrem Verlauf entlang der Vía de la Plata auch nach eben dieser benannt wurde. Erst nach einer langen Planungs- und sehr aufwendigen Bauphase, welche die Errichtung von 6 Tunneln und 8 Viadukten umfasste, wurde die Linie 1896 in Betrieb genommen.

Da in Spanien mit den Jahren das Fernbusnetz an Bedeutung gewann und bis heute eine starke Konkurrenz zu dem Netz der Personenzüge darstellt, büßte auch diese Zugstrecke an Rentabilität ein und so wurde der Personenverkehr 1985 aufgegeben. 1996 folgte auch die Einstellung des Güterverkehrs und damit das Ende der Trasse als Teil des Schienennetzes Spaniens. In den folgenden Jahren baute man bereits einige Teile der Trasse zu Feld- und regionalen Fußwegen um. 2021 wurde der letzte Teil des wie folgt beschriebenen Abschnittes im Rahmen des Projektes „Camino Natural Vía de la Plata" als Fuß- & Radweg freigegeben und bildet somit eine sehr gute neue Option für die Pilger der Vía de la Plata, die gleichzeitig in der Tradition eines Projektes steht, das sich schon immer auch an der Geschichte der Vía de la Plata orientiert.

Der Camino Natural Vía de la Plata, wie Sie ihn heute erleben können, windet sich in einer sanften Steigung geradeaus oder in weiten Kurven über eine leicht oder deutlich erhöhte Trasse und gelegentlich auch durch Hohlwege oder kleine Schluchten meist schattig über sehr gut begehbare Schotterwege durch die schöne Naturlandschaft. Sie erleben auf den hier beschriebenen knapp 30 km aber auch einen 300 m langen beleuchteten ehemaligen Zugtunnel, eine beeindruckende tiefe Schlucht und ein stattliches Viadukt. Abgesehen von den Wochenenden und den Strecken in direkter Nähe der Ortschaften ist der Weg nur wenig begangen und bietet sicher eines der landschaftlichen und geschichtlichen Highlights der Vía de la Plata.

Die ältere, kürzere Wegführung oder der neuere Umweg über die schöne Vía Verde?

Nehmen Sie den Weg über die Vía Verde **bis Aldeanueva del Camino**, so bietet dies nicht nur den Vorteil, dass Sie dann schon 2,2 km nach dem Abzweig zwei bezahlbare Unterkünfte und Restaurants mit Speisen und Getränken vorfinden, Sie sparen sich auch je nach Route 2 bis 3 km Asphalt und erleben ein m. E. insgesamt landschaftlich wesentlich schöneres Stück. Zwar verläuft der ältere Weg im mittleren Bereich auch

Auf den ersten Kilometern der schönen Vía Verde (rj)

recht reizvoll, ist aber sonst doch recht von der Nähe zur Landstraße geprägt. Der größte Nachteil der Vía Verde ist, dass die Strecke bis Aldeanueva del Camino einen Umweg von 1,8 km bedeutet und wenn Sie den Abzweig ins Ortszentrum nehmen, sogar insgesamt 2,7 km. Da Sie aber auf der Vía Verde dank der sanften Steigungen und der optimalen Wegbeschaffenheit vermutlich wesentlich schneller vorankommen werden, fällt diese Differenz wohl praktisch kaum ins Gewicht.

Wer **nach Hervás** pilgern möchte, für den stellt die Vía Verde heute wohl die einzig vernünftige Option dar, da Sie bis dorthin ansonsten praktisch durchgehend mit der Landstraße Bekanntschaft machen würden.

Aber auch der weitere Weg **vorbei an Baños de Montemayor nach Puerto de Béjar** bietet über die Variante der Vía Verde einige bedeutende Vorteile: Der Weg von Aldeanueva del Camino über Hervas bis an den oberen Ortsrand von Baños de Montemayor ist zwar ganze 4,2 km länger (↳ hinab bis ins Zentrum kommen noch weitere 1,4 km dazu), dafür verlaufen aber auch diese 13,8 km wesentlich ebener, schattiger, angenehmer und landschaftlich bedeutend reizvoller als der herkömmliche Weg. Dieser ist nämlich durch die Nähe zur Straße geprägt und auf der Hälfte der 9,6 km langen Strecke gehen Sie sogar direkt über Asphalt. Die restliche Strecke von Baños de Montemayor bis Puerto de Béjar sind Sie weiter über die Vía Verde dann angenehm ebene 4,5 km unterwegs. Über den älteren Weg sind es dagegen 3,2 km, die aber wesentlich steiler und auch häufig über Asphalt verlaufen.

Resümee: Von dem Abzweig zur Vía Verde bis nach Puerto de Béjar wandern Sie also über die Vía Verde insgesamt 31,8 km und über den älteren Weg nur 24,2 km, was eine durchaus bemerkenswerte Differenz von 7,6 km ausmacht. Da Sie aber auf der Vía Verde wesentlich entspannter und zügiger unterwegs sein werden, sparen Sie vermutlich ca. eine Stunde Gehzeit und sind dann nicht bedeutend länger auf den Beinen als Ihre Pilgerfreunde auf dem älteren Weg. Wenngleich ich die neue Wegführung daher sehr empfehlen kann, führe ich aber vorerst auch weiter den älteren Weg als Standardweg, da vermutlich auch in Zukunft nur eine Minderheit der Pilger diesen Umweg wählen wird und die ältere Wegführung auch wohl eher dem – leider heute nur noch an wenigen Stellen sichtbaren – Verlauf der historischen Vía de la Plata folgt.

☺ Die 29,6 km von den bezahlbaren Hostals an der N-630 bis zur schönen Spendenherberge in Puerto de Béjar sind dank der angenehmen Wegführung m. E. nicht nur für Hardcorepilger in der Regel relativ stressfrei als Tagesetappe zu bewältigen. Sorgen Sie aber, wenn Sie sich für diese Option entscheiden, möglichst zeitig für **ausreichend Proviant und Wasser,** da die Vía Verde nur in Hervás direkt am Ort vorbei verläuft und Sie sich so einen größeren Umweg von den etwas abgelegenen ehemaligen Bahnhöfen hinab in die Orte sparen können.

20b Weg zur Vía Verde und zu den Hostals an der N-630
2,2 km

✋ Passen Sie gut auf, dass Sie den Abzweig nicht verpassen. Dieser ist praktisch nicht gekennzeichnet und kann so nur mit etwas Aufmerksamkeit gefunden werden.

🥾 Nachdem Sie den Pfaden entlang der Straße wie eben beschrieben 2,9 km gefolgt sind, erreichen Sie nach dem Überqueren verschiedener Schotterpisten und Wege sowie einer ersten Asphaltstraße 10 m nach einem links neben dem Pfad im Gras liegenden Steinquader die ZWEITE Asphaltstraße. Hier befindet sich hoffentlich auch ein Hinweis (2024 schon sehr verwaschen) auf das Hostal Asturias. ✋ Genau an dieser Stelle beginnt die hier beschriebene kurze Zwischenetappe (km 0). Sie verlassen den Pfad bzw. die Straße an genau der eben genannten Stelle nach rechts auf eben diese zweite Asphaltstraße. Nach 1 km beschreibt diese eine Rechtskurve über einen Bach. Nur 200 m nach dieser verlassen Sie die Asphaltstraße nach links auf einen Feldweg bzw. auf eine Piste (km 1,2). Vorbei an einem Kreisverkehr wird nach 600 m die Autobahn unterquert. Vorbei an einem weiteren Kreisverkehr erreichen Sie nach 250 m die N-630. (👣 Nach links verlassen Sie den direkten Weg hier 200 m zum 🛏 Hostal Jarilla.) Nur 100 m rechter Hand befindet sich dagegen das pilgerbekannte 🛏 Hostal Asturias, welches das Ende dieser kurzen Verbindungsetappe darstellt (km 2,2).

🛏🍴 **Hostal Asturias.** Der Wirt holt seine Kunden gerne in einer Sammelfahrt vom Torbogen von Cáparra ab, wenn Sie das rechtzeitig anmelden. Am nächsten Morgen wird er Sie aber nicht zurück zum Weg bringen, womit Sie ein schönes Stück des Weges verpasst haben.

Das seit Jahren pilgererprobte Hostal bietet einfache, aber gepflegte Zimmer mit Heizung. Pilger bekommen diese bei Direktbuchung zu Sonderpreisen (DZ € 40, EZ € 25). Es gibt hier belegte Brote und verschiedene Kleinigkeiten und ab 21:00 auch Menüs mit gegrilltem Fleisch für € 14. ☺ Auch gibt es hier original Sidra (Apfelwein) aus Asturien (sp: *sidra asturiana*) – die Flasche kostet € 4,70. Frühstück ab ca. € 3, @. ☏ 927 477 057

Hostal Jarilla. Etwas weniger auf die Pilger eingestellt und daher m. E. auch weniger empfehlenswert und beliebt. Auch hier kann man sich vom Torbogen von Cáparra abholen lassen – allerdings nur bis 12:30. Die guten DZ kosten stolze € 60 und die EZ € 35. Menü für € 13 ab frühestens 21:00 und Frühstück. ☏ 927 477 040

20c Vía Verde: Hostals an der N-630 – Abzweig nach Aldeanueva del Camino 11 km

Vom Hostal Jarilla kommend finden Sie gleich 50 m hinter dem Haus die Trasse der Vía Verde. Ansonsten überqueren Sie vorzugsweise bei dem Hostal Asturias die N-630 und gehen auf der gegenüberliegenden Seite immer geradeaus, bis Sie einen keinesfalls zu klein geratenen gelben Pfeil erkennen, der Sie nach 150 m nach links auf die Vía Verde führt (⇧ 405 m). ☺ Der Weg verläuft ab hier bis zu dessen Ende im Grunde idiotensicher immer geradeaus. Damit Sie aber eine Orientierung über die zurückgelegten Distanzen haben und wissen, was Sie landschaftlich erwartet, sind hier einige Anmerkungen zu dem Verlauf:

Die Vía Verde führt zunächst eben und dann langsam leicht ansteigend 3,6 km zu einer Siedlung und einigen Industriebauten (⇧ 438 m), welche zu dem östlich gelegenen Ort Casas del Monte gehören. Hier gehen Sie durch eine Unterführung unter einer Landstraße hindurch und finden

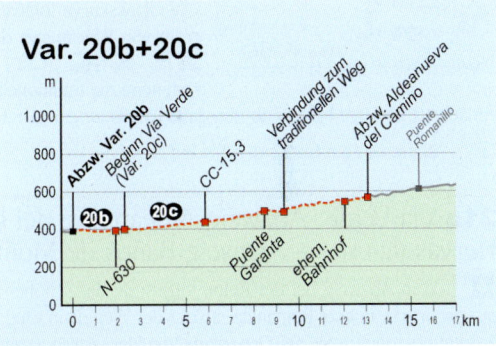

dahinter gleich einen Rastplatz. Noch 800 m weiter – der Weg verläuft nun etwas deutlicher, aber immer noch sehr angenehm moderat bergauf – überqueren Sie den Fluss Garganta Ancha (km 4,6).

Ein weiterer Fluss wird gestreift und nach 2 km der Wildbach Garganta Grande über die Puente Garganta überquert. Es bietet sich Ihnen bald eine schöne Aussicht von der Trasse aus auf die rechts liegenden Berge. Ein Bach wird überquert und nach 800 m kreuzen Sie eine Piste (↰ nach links besteht hier eine 350 m lange Verbindung zum älteren Weg, der aber im Regelfall kaum zu empfehlen ist). Noch 2,7 km weiter und Sie überqueren kurz nach dem alten Bahnhof von Aldeanueva del Camino eine Landstraße (km 10,1).

(↪ Nur wenn Sie auf direktem Weg zur kleinen 🏠 öffentlichen Spendenherberge wollen, so folgen Sie der Landstraße zunächst links entlang der alten Bahntrasse und dann weiter hinab zum Ortsanfang, wo nach 650 m der reguläre Weg die Straße bei dem im Text erwähnten historischen Übersichtskachelbild der Vía de la Plata kreuzt.) Im Regelfall empfehle ich Ihnen aber, ab dem Bahnhof der Vía Verde noch weitere 900 m zu folgen, bis Sie nahe einem Sendemast und einer Ruine eine schmale Asphaltpiste (⇧ 565 m) erreichen, wo der Abzweig nach Aldeanueva del Camino beginnt (km 11).

↪ **Abzweig nach Aldeanueva del Camino (850 m).** Folgen Sie hier ab der Ruine der Asphaltpiste bergab, wie im Kartenausschnitt rechts genauer dargestellt, vorbei an dem eben erwähnten Sendemast und unter der Autobahn hindurch. Nach 750 m im Ort angekommen, erreichen Sie bei der Hausnummer 5 einen kleinen Platz. Wenden Sie sich hier nach links in die Calle del Progreso und nach 50 m befindet sich rechter Hand die 🏠 private Herberge. Der Straße noch weitere 50 m in einer Linkskurve folgend betreten Sie den Hauptplatz von **Aldeanueva del Camino** 🏠 🛏 ✕ 🍽 ♨ ✚ ♒ 🚌 ⇧ 524 m, über welchen von links kommend die traditionelle Route der Vía de la Plata verläuft (0,85 km/11,9 km ab den den Hostals an der N-630).

☞ Näheres zum Ort finden Sie auf S. 128.

21a Vía Verde: Abzweig Aldeanueva del Camino – Hervás (6,4 km) – Abzweig Baños de Montemayor   13,8 km

🚶 Vom Abzweig bei der Ruine folgen Sie der schönen Vía Verde weitere 2,3 km bis zur Brücke Puente Romanillo, ab der der Weg dann wieder schattiger verläuft. Nach 3,5 km überqueren Sie am Ortsanfang von Hervás wieder einen Fluss. Nur 600 m weiter sehen Sie den alten Bahnhof von **Hervás** 🛏 ✕ 🍽 ♨ ✚ ♒ 🚌 (⇧ 685 m), wo sich wieder ein Rastplatz, links eine Bar mit einer (ehemaligen) Herberge, die aber nur Gruppen aufnimmt, und dahinter ein kleines Eisenbahnmuseum befinden (km 6,4).

ⓘ Hervás glänzt mit einem gut erhaltenen jüdischen Stadtviertel mit netten Bars und einigen sehenswerten Museen. Wer Zeit und Lust dazu hat, dem sei also ein kleiner Bummel empfohlen. Leider findet sich dort seit einigen Jahren keine günstige Pilgerunterkunft mehr und somit wird der schöne Ort hier nicht als Etappenende geführt.

Blick auf Hervás (rj)

🥾 Der Ort wird gleich wieder verlassen und nach 700 m das Viadukt Puente de hierro río Ambroz überquert. Von hier aus bietet sich eine schöne 📷 Aussicht zurück auf den Ort und den nahe gelegenen Stausee. Nach 1,5 km beginnt die Trasse eine weite Linkskurve und führt dann durch eine beeindruckende tiefe, lange Schlucht. Danach öffnet sich dann die Aussicht wieder nach links in die Weite und 2,6 km weiter beginnt eine lang gezogene Rechtskurve (km 11,2). Links tief unter Ihnen verläuft die Nationalstraße, an der sich Ihre Pilgerfreunde, welche nicht diesen Weg gewählt haben, jetzt entlang quälen. So erreichen Sie nach 2,5 km den alten Bahnhof von Baños de Montemayor (⇧ 814 m), wo sich heute ein größerer Rastplatz befindet. Nur 50 m weiter finden Sie rechter Hand neben einem Schaukasten eine 💧 Wasserstelle (km 13,8).

☺ Da es aber nicht mehr weit zur schönen Herberge von Puerto de Béjar ist, lohnt sich der steile Umweg über Baños de Montemayor im Regelfall wohl kaum. Für den Fall, dass Sie den Ort aber besichtigen, dort ein Thermalbad nehmen oder in einer der Unterkünfte übernachten wollen (☞ S. 130), beschreibe ich Ihnen hier ...

... ↪ **zwei mögliche Abzweige nach Baños de Montemayor.** Gleich nach dem alten Bahnhof können Sie hier links über die Straße immer bergab 1,4 km in den Ort und zu dessen touristischer Herberge gelangen (km 15,2). Wenn Sie die Straße weiter vermeiden, aber einen Umweg von 900 m in Kauf nehmen wollen, folgen Sie der Vía Verde noch weitere 1,3 km bis zu einer Ruine (km 15,3). Hier können Sie die Vía Verde nun nach links auf einen steinigen, ursprünglichen Weg verlassen und teilweise steil bergab 800 m nach Baños de Montemayor (⇧ 695 m) zur touristischen Herberge gehen (km 16,1).

21b Vía Verde: Abzweig Baños de Montemayor – Puerto de Béjar 4,5 km

Nach dem ehemaligen Bahnhof von Baños de Montemayor gehen Sie also weiter über die Vía Verde. Nach 1,8 km werfen Sie einen Blick zurück und es bietet sich Ihnen eine herrliche Aussicht über das Tal und den Stausee. Gleich danach wird die Ponte Río la Garganta über den gleichnamigen Wildbach mit Wasserfall überquert. Sofort folgt zu Ihrem Erstaunen ein 300 m langer ehemaliger Eisenbahntunnel, in dem bei Ihrem Betreten durch einen Bewegungsmelder automatisch das Licht angeht (km 2,1). Nur 800 m weiter zeigt eine Schautafel an, dass Sie nun die Extremadura verlassen und die Region Kastilien und León (☞ S. 131) betreten. Nun verläuft die Vía Verde zunächst schnurstracks geradeaus, beschreibt dann eine leichte Linkskurve und erreicht so nach 1,3 km den ehemaligen Bahnhof von **Puerto de Béjar** (⇧ 850 m) in dem sich heute eine Bar befindet, die allerdings normalerweise nur an den Wochenenden betrieben wird. Hier verlassen Sie nun die Vía Verde und gehen nach links bergab 300 m zur N-630, vor der sich die schöne Spendenherberge befindet, und treffen damit auch wieder auf die ältere Route der Vía de la Plata (km 4,5).

Schöne, gute Spendenherberge. Die sympathische, gepflegte, kleine, aber geräumige Herberge wurde auf Initiative eines selbst zur Genüge vom Pilgervirus infizierten Dorfpfarrers in einer Dorfschule eingerichtet. Sie ist teils rustikal gestaltet und verfügt neben 16 Plätzen in 2 Schlafsälen über eine Essküche, in der die hier engagierten freiwilligen Hospitaleros ein gemeinsames Abendessen und Frühstück anbieten. Ein Restaurant oder einen Laden gibt es hier nicht, aber in der Tankstelle, welche sich 400 m vor (südlich) der

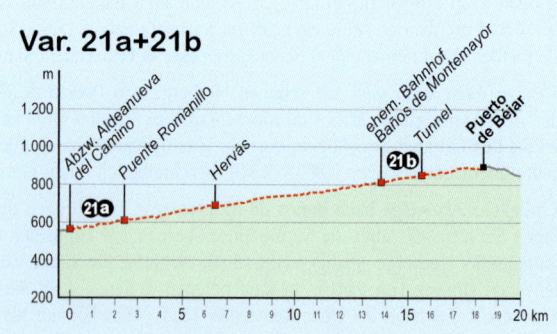

Herberge an der N-630 befindet, kann man einige Sachen einkaufen. Gitarre, kleine 👋, 🛏 für € 2, @. ☎ 652 506 189, 🍴 ca. März bis Nov 14:00 bis 22:00, € Spende

20 Älterer Weg: Abzweig zur Vía Verde und den Hostals an der N-630 – Aldeanueva del Camino 11,4 km

Älterer Weg ab dem Abzweig zu den Hostals: Nach weiteren 1,3 km über den Pfad entlang der Straße wird diese geradeaus bzw. nach halb rechts auf eine andere Straße verlassen, der Sie geradeaus folgen. Weiter geradeaus wird diese bald wiederum auf das Pflaster der alten Straße verlassen und nach 2,6 km die Autobahn unterquert (km 3,9).

✋ Hier wird die Wegführung etwas verwirrend: Gleich nach dem Unterqueren der Überführung zeigt ein Monolith an, dass Sie die Straße nach links über einen Bachlauf **20d** verlassen sollen. Dies ist aber nach Regen manchmal nicht möglich. Gehen Sie also noch 100 m weiter bis zu einer Lücke in den Büschen und dann nach links querfeldein hinauf zur N-630. Nach links folgen Sie dieser trockenen Fußes über die Brücke und weiter geradeaus durch die Unterführung, bis Sie nach 600 m eine Kreuzung erreichen, wo von

links wieder der offizielle Weg **20d** hinzukommt. Nach nur 200 m entlang der Straße stehen Sie erneut vor einer Entscheidung (km 4,8).

☺ **Nun gibt es zwei Möglichkeiten weiterzulaufen:** Nach rechts verläuft der reguläre Weg **20**, der wesentlich schöner, aber mit 6,6 km um 600 m länger und auch etwas bergig ist. Sollten Sie schon akut schlappmachen, so erreichen Sie über die kleine Abkürzung **20e**, die hier geradeaus verläuft und ausnahmslos fast eben über die Straße führt, bereits nach 6 km das Etappenende in Aldeanueva del Camino.

20e Abkürzung über die Straße: Sie gehen beim eben genannten Punkt im Prinzip weitere 700 m über die N-630, vorbei an einer ehemaligen Raststätte. Vor dieser laufen Sie nach halb links 200 m bis zum Kreisverkehr, den Sie zur gegenüberliegenden Seite umrunden und auf der N-630 in Richtung Aldeanueva del Camino verlassen. Auf der zum Glück wenig befahrenen Straße gehen Sie nun 3,2 km, bis von rechts durch eine Unterführung der reguläre Weg auf die Abkürzung stößt (km 8,9). Weiter geradeaus wieder dem regulären Weg über die Straße folgend erreichen Sie, wie später näher beschrieben, nach 1,9 km das Etappenende (km 10,8).

20 Der offizielle Weg: Nach der Kreuzung wechseln Sie am besten schon direkt auf die parallel verlaufende alte Piste rechts neben der N-630 und folgen dieser 250 m bis zu einer Unterführung. Unter der Autobahn hindurch und dann an dieser entlang führt der Weg nach 500 m endlich nach rechts von dieser weg. Nach 200 m führt Sie der Weg nach links und nach 750 m erreichen Sie die Cañada Vía de la Plata (☞ S. 116 unten) (km 6,5).

Nach halb links (bzw. geradeaus) geht es über einen einfachen Feldweg meist leicht bergauf durch die schöne Eichen- und Weidelandschaft, vorbei an zahlreichen Schaubildern. Nach 1 km haben Sie dort, wo ein anderer Feldweg kreuzt, die Möglichkeit, nach rechts 350 m zur Vía Verde zu gelangen. Später führt der Weg wieder 1,3 km bergab in ein kleines Tal mit Bach. Zu guter Letzt gehen Sie nochmals 400 m teils steil bergauf, dann vorbei an einem Bauernhof, hinter dem es nach links zur Autobahn geht, die Sie nach weiteren 300 m unterqueren (km 9,5).

20 Gemeinsamer Weg: Nach rechts (bzw. geradeaus) gehen Sie 800 m über die kaum befahrene Straße. Dann empfehle ich Ihnen, nahe dem Ortsanfang über einen Pfad oder über einen Weg vorbei an Ausgrabungen der Vía de la Plata nach recht zur bald parallel verlaufenden Ortsstraße zu wechseln, wo Sie bald linker Hand eine erste (hoffentlich funktionsfähige) ♦ Wasserstelle finden. Nach 400 m finden Sie an der ersten Kreuzung ein historisches Übersichtskachelbild der Vía de la Plata. Immer geradeaus finden Sie nach 400 m linker Hand die kleine 🏠 öffentliche Herberge. Weiter geradeaus und zuletzt über zwei Plätze und eine kleine Brücke hinweg erreichen Sie nach 300 m endlich den Rathausplatz, nahe dem sich auch die private Herberge befindet (km 11,4).

> **Verbindung zur Vía Verde/850 m.** Gehen Sie, wie auf dem Kartenausschnitt auf S. 124 genauer dargestellt, bei dem Rathausplatz nach halb rechts 50 m in Richtung der privaten Herberge, aber dann nicht nach links zu dieser, sondern weiter durch die Calle de Progreso 50 m bis zu einem kleinen Platz. Dort wenden Sie sich nach rechts. Immer weiter der gleichen Straße folgend erreichen Sie die Autobahn und unterqueren diese vorbei an einem Sendemast. Nach 750 m, nach einer Ruine, erreichen Sie so die ehemalige Bahntrasse, auf der es nun nach links über einen Schotterweg weiter auf der schönen Vía Verde (☞ S. 120) geht (km 0,85).

Aldeanueva del Camino   524 m, 1.000 Ew.

🏠 Kleine öffentliche Spendenherberge. Die einfache Herberge wurde nach Renovierung 2024 wiedereröffnet und bietet nun je ein Zimmer mit 8 und 2 Plätzen, Mikrowelle, 🚿, gratis 📶. ☏ 638 941 497, 📅 im Prinzip immer, Spende

🏠 Private Herberge. Am Rathausplatz halten Sie sich 50 m halb rechts. Die schöne, teilweise rustikale Herberge La Casa de Mi Abuela befindet sich in einem geräumigen, renovierten Haus. Sie bietet 18 Plätze in 2 Zimmern mit guten Bettdecken, Dreibettzimmer € 45, Vierbettzimmer € 60, Heizung, Klimaanlage, Kochgelegenheit, Kaffee- und Snackautomat, 📶 € 2,50 und **T** € 2,50. Das Frühstück für € 2,50 wird für den Morgen bereitgestellt und von den Pilgern hergerichtet, 🚿 @. ☏ 692 531 587, 📅 im Prinzip immer, € 14

🛏️🍴 **Hostal Montesol.** Das einfache Hotel befindet sich 800 m nach Anfang der folgenden Etappe direkt am regulären Jakobsweg. Die Pilger kommen dort p. P. für € 25 im EZ oder geteilten DZ unter. Das ganze DZ kostet € 40. Menüs für € 13 und Frühstück ab € 3. ☏ 927 484 335

🍴 Im Ort gibt es einige Bars, die auch Speisen anbieten. Menüs bekommen Sie abends im **Casa Sebas**. Weg: vom Rathausplatz auf dem Jakobsweg zurück über die kleine Brücke und nach 100 m nach rechts über den ersten Platz 100 m zur N-630, dort 50 m nach links, auf der rechten Seite. Die hier ab 20:00 für € 13 aufgetischten Menüs sind abwechslungsreich und reichlich.

21 Älterer Weg: Aldeanueva del Camino – Baños de Montemayor

9,6 km

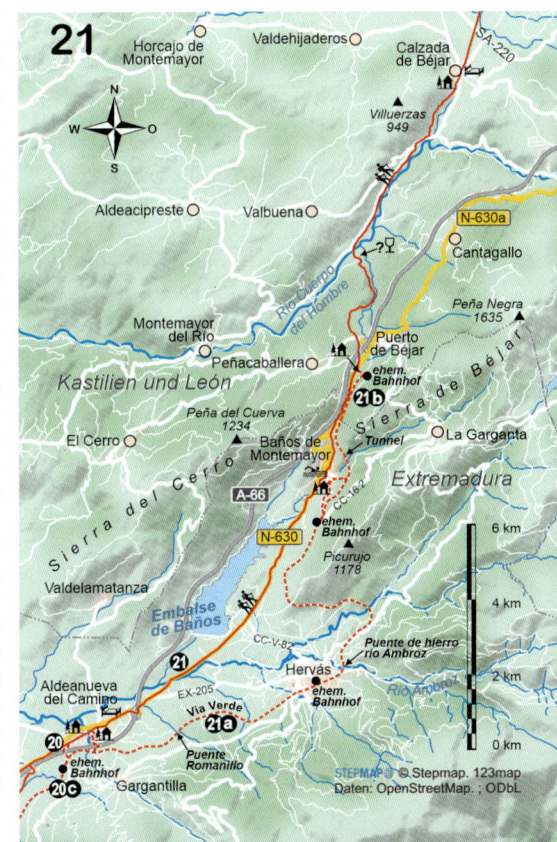

Von dem Rathausplatz nahe der privaten Herberge gehen Sie auf der Dorfstraße geradeaus weiter und am Ortsausgang halb rechts zur N-630, der Sie in gleicher Richtung folgen. Nach 800 m führt Sie der Weg am 🛏️ Hostal/Restaurant Montesol vorbei. Immer geradeaus, vorbei an zwei Kreisverkehren und über die Autobahn hinweg folgen Sie nach 700 m nun im Prinzip weiter der N-630. Nach 500 m zweigt von dieser nach halb rechts die Landstraße nach Hervás ab (km 2).

Sie wandern weiter auf der zum Glück heute nur noch wenig befahrenen N-630, bis nach 3,3 km von rechts die von Hervás kommende Straße wieder in die N-630 mündet (km 5,3). Die folgenden 1,7 km verlaufen weiter über die

Älterer Weg: Aldeanueva del Camino – Baños de Montemayor

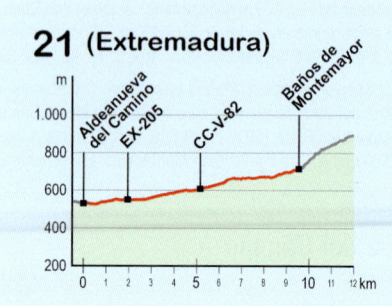

N-630. Dann kann die Straße endlich für einige längere Strecken nach rechts und links verlassen werden.

Nach 2,2 km sind Sie in Baños de Montemayor und gehen in die Straße, die nach halb rechts, links an der ✝ Kirche vorbei, führt. Nach 350 m befinden Sie sich so auf einem kleinen Platz. Noch 50 m weiter erreichen Sie den Platz vor dem Rathaus (9,6 km).

Baños de Montemayor ⛺ 🛏 ✕ 🍽 🍺 ♨ 🚌 ⇧ 695 m, 1.000 Ew.

ⓘ Der Ort ist übrigens, wie es der Name Baños (deutsch: Heilbad) schon vermuten lässt, einer der ältesten, bis in die Römerzeit zurückreichenden Kurorte Spaniens. Auch heute ist Baños de Montemayor besonders bei der älteren Generation sehr beliebt, weshalb sich hier neben einem Thermalbad eine große Zahl an gediegenen Hotels findet. ♨ Die günstigsten Planschbecken gibt es ab € 6 pro Stunde. Wer sich aber wirklich etwas im Thermalbereich suhlen möchte, ist mit € 20 bis 30 für 1,5 Stunden dabei oder „pilgert" etwa 2 Stunden lang für € 50 durch diverse wohltuende Anwendungen.

⛺ **Touristische Herberge.** Weg: siehe Kartenausschnitt oder der Wegmarkierung ab dem kleinen Platz nach dem Rathausplatz folgen. Schöne, gepflegte Herberge, die allerdings auch häufig mit Badegästen belegt ist. 12 Betten in drei Zimmern, Heizung, gemütlicher Aufenthaltsraum mit Kamin, Mikrowelle und Garten, Frühstück für € 3. 🛁, **T** € 2, @.
☎ 635 453 540 oder 655 620 515, 🛏 ständig, € 15

✕ **Informationszentrum über die Vía de la Plata.** (Lage: direkt neben der Herberge). Auf anschauliche Weise werden hier die Geschichte und die Bedeutung der Vía de la Plata erklärt. Für historisch Interessierte ist der Besuch also sehr zu empfehlen.
♦ ☎ 927 488 048, 🛏 Juni bis Sep Di bis Sa 10:00 bis 14:00 und 17:00 bis 20:00, sonst Di bis Sa 10:00 bis 14:00 und 16:00 bis 19:00, So ganzjährig 10:00 bis 14:00. Wer in der tou-

ristischen Herberge übernachtet, kann das Zentrum ohne zeitliche Einschränkung besuchen, Eintritt frei.

Kastilien und León

ⓘ Auf der kurzen Etappe zwischen Baños de Montemayor und Puerto de Béjar haben Sie eben auf halber Strecke die Grenze zwischen den Regionen Extremadura und Kastilien und León (Castilla y León) überquert. Puerto de Béjar ist der erste Ort in der spanischen Region Castilla y León, die neun Provinzen umfasst: Ávila, Burgos, León, Palencia, Salamanca, Segovia, Soria, Valladolid und Zamora. Es ist die größte aller spanischen Regionen und aufgrund ihrer historischen Bedeutung eigentlich der Inbegriff Spaniens, zumindest für die Spanier, während viele Ausländer glauben, dass Andalusien am typischsten spanisch sei.

Die Vía de la Plata durchzieht die Provinzen Salamanca, Zamora und León, die historisch eigentlich gar nicht zu Kastilien, sondern zum alten Königreich León gehörten. Darum hier ein Rückblick in die Geschichte: Nach der Invasion der Araber auf der Iberischen Halbinsel im Jahr 711 wurden die letzten christlichen Widerstandsnester in die nördlichen Bergregionen zurückgedrängt, wo die Christen unter ihrem Heerführer Pelayo nach der siegreichen Schlacht von Covadonga im Jahr 722 das Königreich Asturien gründeten. Damit wurde der spanische Mythos der Reconquista begründet, der Wiedereroberung der Iberischen Halbinsel durch die Christen.

Die Beziehung zur Heilsgeschichte, die dem jungen Königreich zusätzliche Legitimation im Kampf gegen die Mauren einbringen sollte, wurde Anfang des 9. Jh. durch die Entdeckung des Jakobusgrabes hergestellt, das damals im asturischen Einflussbereich lag. Das Königreich Asturien konsolidierte sich sehr schnell: Schon Ende des 8. Jh. konnte der Schutz der Berge aufgegeben werden und Oviedo wurde zur Hauptstadt.

Das Reich expandierte weiter nach Süden und bereits im Jahr 914 wurde die Hauptstadt nach León verlegt, von wo aus im 11. Jh. die Territorien der heutigen Provinzen Zamora und Salamanca erobert wurden. Bis Mitte des 11. Jh. war das Königreich León die führende Macht unter den christlichen Königreichen des Nordens, bis diese Vorherrschaft an das noch junge Königreich Kastilien überging. Beide Reiche vereinten sich im Jahr 1230 und setzten gemeinsam die Eroberung des Südens der Iberischen Halbinsel fort.

Die typische Landschaft der Region Castilla y León ist die Meseta, die Hochebene zwischen 600 und 900 m. Die Höhenlage hat zur Folge, dass es hier erheblich kühler ist als in den südlichen Regionen. Die Winter sind kalt und auch die Zwischenjahreszeiten sind nicht mehr so angenehm wie im Süden. Nachtfrost kann es von Oktober bis Mai geben, die Sommernächte sind kühl und nur im Hochsommer kann es tagsüber bullig heiß werden, was das folgende kastilische Stichwort begründet hat: „Nueve meses de invierno y tres meses de infierno" (neun Monate Winter und drei Monate Hölle). Oder auch dieses: „Hasta el cuarenta de mayo no te quites el sayo" (Zieh dir bis zum 40. Mai nicht den Mantel aus!).

21 Älterer Weg: Baños de Montemayor – Puerto de Béjar
3,2 km

Überprüfen Sie, ob Sie genug Geld dabeihaben. Von hier bis Salamanca finden Sie keinen Geldautomaten mehr. Auch gibt es in den folgenden Orten nur wenig Einkaufsmöglichkeiten.

Beim Rathausplatz führt Sie der Weg der Kennzeichnung entsprechend nach links bergauf und beim Ortsrand auf ein grobes Pflaster. Mit einem Blick zurück sehen Sie jetzt den Stausee, an dem Sie vor Baños de Montemayor im größeren Abstand vorbeigegangen sind. Weiter steil bergauf und dann langsam wieder ebener überqueren Sie nach 1,4 km die N-630 und betreten einen Pfad. ⓘ Dort, wo nach 200 m ein Steinquader rechts am Weg steht, können Sie durch die Bäume nach rechts ein Schild an der Straße erkennen, das die Grenze zur autonomen Republik Castilla y León kennzeichnet. Weiter leicht bergauf führt der Weg bald wieder an der Straße entlang und oben angekommen erreichen Sie nach 1,2 km eine Tankstelle mit kleinem Laden. Nur 300 m weiter können Sie die Straße dem offiziellen Wegverlauf folgend nach halb links auf einen schmalen Weg verlassen oder der Straße noch 100 m weiter zur schönen Spendenherberge von **Puerto de Béjar** (⇧ 850 m) 🏠 🛒 🚌 folgen (km 3,2).

Vor dem Rathaus in Baños de Montemayor (br)

Puerto de Béjar – Calzada de Béjar 9,1 km

☺ Die nähere Beschreibung der Herberge und Infrastruktur vor Ort finden Sie auf ☞ Seite 126.

Von der Herberge kommend überqueren Sie die N-630 nach halb rechts und befinden sich weiter geradeaus nach 100 m wieder auf der Vía de la Plata. Immer geradeaus durch eine Häusergruppe und unter der Autobahn hindurch überqueren Sie nach 600 m eine Landstraße, wo sich auch ein Rastplatz mit ♦ Wasserstelle befindet. ⓘ Anhand der zahlreichen Meilensteine am folgenden Weg bis Calzada de Béjar und auch darüber hinaus können Sie erkennen, dass es sich um einen gut erhaltenen authentischen Teil der Vía de la Plata handelt. Die Vegetation hat inzwischen deutlich gewechselt und der Weg führt jetzt durch eine Landschaft, wie Sie sie auch in Mitteleuropa antreffen. Über einen Feld- und dann Waldweg pilgern Sie bergab auf halber Höhe entlang eines Tales. Nach 2,8 km führt Sie der Weg an einer kleinen besonderen Herberge vorbei (km 3,5).

Bar/Albergue Puente de la Malena. Die idyllisch gelegene Bar mit kleiner Spendenherberge wurde von dem deutschen Pilgerfreund Wilfried liebevoll selbst zusammengebastelt und befindet sich im Innenhof eines ursprünglichen rustikalen Bauernhauses. In einem einfachen Raum (Scheune) finden sich einige einfache Schlafplätze. Sicher (bzw. zum Glück!) wird diese einfache Unterkunft nicht allen touristischen Ansprüchen gerecht, bietet dafür aber eine umso urigere, naturnahe Atmosphäre. Anfang 2024 verstarb Wilfried leider und ob bzw. wie es mit dem Projekt weitergeht, war bei Redaktionsschluss noch unsicher. Keines, unsicher, bisher alles Spende

Nur 300 m weiter sind Sie wieder im Talgrund und haben den Wald verlassen. Über eine ⓘ alte Brücke, die aus dem Jahr 1718 stammt, überqueren Sie den Fluss **Cuerpo del Hombre**. Ab hier verläuft der Weg über einen einfachen Feldweg parallel zu einer Asphaltpiste meist leicht bergauf entlang des schönen Tales. Nach 3,2 km wird kurz eine Land-

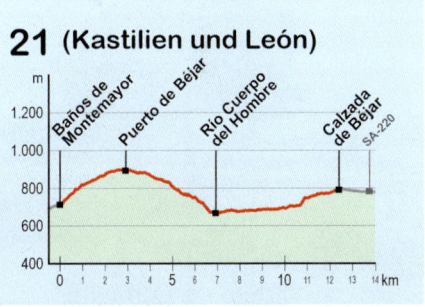

straße betreten und sofort wieder geradeaus auf einen einfachen Feldweg verlassen. Dieser verläuft besonders zu Anfang steil bergauf, wird dann aber gut begehbar und führt dabei nur noch leicht bergauf. Nach 2,1 km oben am Ortsanfang von **Calzada de Béjar** (⇧ 789 m, 84 Ew.) angekommen erreichen Sie gleich linker Hand die Herberge (km 9,1).

Einfache private Herberge Alba y Soraya. Die rustikale, geräumige Herberge wurde bereits 2004 in einem ehemaligen Kornspeicher eröffnet und ist somit eine der ältesten Privatherbergen am Weg. Sie verfügt über 24 Betten in 2 Schlafsälen mit einfacher, hoffentlich ausreichender Heizung und Decken. Große Terrasse mit einfacher Küche, Aufenthaltsraum mit Kaminfeuer. 2 Zimmer mit 3 Betten für € 15 pro Person. **T** @. 646 410 643, ständig, einfache Übernachtung € 12

Pensionen vor Ort. In diesem kleinen Ort finden Sie auch einige kleine bezahlbare Pensionen. Zwei davon, die den Besitzern der Herberge Alba y Soraya gehören, befinden sich im Ortszentrum nahe der Kirche und bieten gute EZ und DZ für € 30 pro Person und Küche (Anmeldung in der Herberge). Die Pension **Calzada Romana** liegt direkt am Jakobsweg im vorletzten rechten Haus des Ortes. Bei der schönen, rustikalen Pension ist ein Frühstück im Preis inbegriffen (EZ € 28, DZ € 48, Dreibettzimmer € 66 ☎ 696 112 340). Gleiches gilt für die **Casa Jorge**, die Sie erreichen, wenn Sie direkt nach der Herberge 50 m nach links und dann 70 m nach rechts gehen (ohne Hausnummer) (Preise einschließlich Frühstück: DZ € 46, EZ € 29, Dreibettzimmer € 60, ☎ 636 075 086).

Calzada de Béjar – Valverde de Valdelacasa 8,8 km

⇔ *Die meisten Pilger werden vermutlich gleich die 20,7 km nach Funterroble de Salvatierra laufen, weil die Etappe von Funterroble de Salvatierra bis zur darauffolgenden Unterkunft mit 31 km ohnehin recht lang ist.*

Zwischen Calzada de Béjar und Valverde de Valdelacasa (dw)

Immer geradeaus durchqueren Sie den kleinen Ort. Vorbei an einer Tränke führt der Weg weiter geradeaus über die Straße, die nach 500 m in einer Rechtskurve wiederum geradeaus verlassen wird. Nach 900 m über einen einfachen Pfad überqueren Sie die Landstraße und betreten eine Schotterpiste, die schnurgerade verläuft, wobei sich wieder eine weite Aussicht öffnet. Nach 2,5 km überqueren Sie kurz nach einem großen Meilenstein eine unauffällige Brücke über einen Bach (km 3,9). Weiter durch die schöne Weidelandschaft wird die Piste zu einem einfachen Feldweg und verläuft entlang eines breiten Baches, bis Sie nach 2,5 km in einem kühlen Hain den Río de Sangusín über eine kleine Fußgängerbrücke überqueren (km 6,4).

Nur 200 m weiter betreten Sie eine kleine Landstraße, die Sie schon nach 200 m wieder links auf einen Feldweg verlassen. Bergauf und bergab diesem folgend geht es

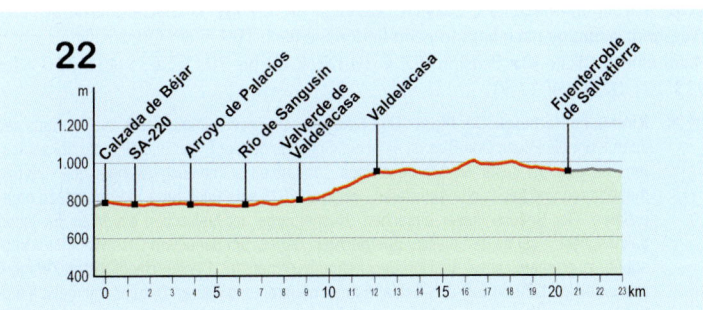

1,9 km bis ins Zentrum des Dorfes **Valverde de Valdelacasa** 🏠 ⚑ (⇧ 805 m) zur
✞ Santiagokirche an der Hauptstraße. Gehen Sie bei der Kirche jetzt am besten nach
links noch 100 m über die Straße, dann erreichen Sie die 🏠 öffentlichen Herberge,
die hier linker Hand am Anfang einer Rechtskurve liegt (km 8,8).

> 🏠 🛏 **Öffentliche Herberge.** Wenn Sie hier übernachten wollen, folgen Sie zunächst noch 100 m
> weiter der Straße bis zur rechts liegenden Bar, wo Sie sich anmelden. ✕ Hier gibt es ab
> 19:00 Menüs für € 12 und ab 7:30 auch Frühstück. Die kleine, gepflegte Herberge bietet
> einen Schlafsaal auf zwei Ebenen mit insgesamt 11 Einzelbetten, ein Zimmer mit Doppel-
> bett für je € 17. Im Erdgeschoss finden Sie einen Aufenthaltsraum. Mikrowelle, einfache
> Heizung und Decken, 🚿 ist im Preis inbegriffen, unter der Terrasse gibt es eine einfache
> Kochgelegenheit. ☎ 696 368 046, 📅 ständig, Ü im Schlafsaal € 12

Valverde de Valdelacasa – Fuenterroble de Salvatierra 11,9 km

🚶 Vorbei an der Bar wird der kleine Ort verlassen und die schmale, kaum befahrene Landstraße schlängelt sich stetig bergauf durch die hügelige Landschaft. Nach
3,1 km sind Sie am Ortsrand von **Valdelacasa** ⚑ 🚌, vor dem Sie auch einen Rastplatz mit 💧 Brunnen finden. Noch 300 m weiter erreichen Sie das Ortszentrum
(km 3,4). Nahe der 🚌 Bushaltestelle wird eine Hauptstraße überquert. (⚑ Die Bar
befindet sich rechter Hand 300 m abseits des Weges.) Danach geht es weiter über
eine Asphaltpiste. Nach 2 km verlassen Sie diese auf eine Schotterpiste. Der Weg führt
bald stetig bergauf und nach 2,4 km erreichen Sie vorerst oben angekommen
(⇧ 998 m) eine Pistenkreuzung und gehen weiter geradeaus. Leicht bergauf und wieder bergab treffen Sie nach 1,8 km auf eine Wegkreuzung (km 9,6). Sie gehen weiter
geradeaus und bald verläuft die Vía über Feldwege und Pfade entlang der Straße.
Wegweiser, die nach links zeigen, ignorieren Sie am besten und dann wird kurz vor
dem Ortseingang die Straße betreten. Nach 1,7 km haben Sie am Ortsanfang von
Fuenterroble de Salvatierra (⇧ 950 m) 🏠 🛏 ✕ 🛒 🍴 die Möglichkeit, sich gleich
im dritten Haus links für die später erwähnte 🛏 Pension anzumelden. Nach 200 m
können Sie den Weg 50 m nach links zum 🛒 Laden des Dorfes verlassen. Und 300 m
weiter vorbei an einigen ✕ Lokalen erreichen Sie die 🏠 kirchliche Herberge. Der
Wegkennzeichnung nach links folgend finden Sie nach 100 m am Ortsausgang rechter
Hand eine rustikale 🛏 Pension (EZ € 30 DZ € 60 bis 70, ☎ 635 438 750 oder
923 151 071) (km 11,9).

> 🏠 ✕ **Kirchliche Herberge.** Der Pfarrer Don Blas und sein Team kümmern sich im Pfarrhaus seit
> Jahren um die Pilger. Don Blas ist nicht nur Schutzengel der Pilger und eine der bekanntes-
> ten Personen der gesamten Vía de la Plata, sondern es ist ihm auch gelungen, sein Dorf zu
> mobilisieren und zahlreiche Aktivitäten, wie z. B. 2018 eine Pilgerreise in Franken, zu orga-
> nisieren. Der Besuch dieser einfachen „Kultherberge" ist fast schon ein Muss für jeden
> Jakobspilger – sei es, um hier zu übernachten, sei es, um bei einem Glas Wein die Atmo-
> sphäre zu erleben, sei es, um Don Blas kennenzulernen. In 11 unterschiedlichsten Zimmern
> (davon einige DZ und EZ) und Schlafräumen neueren und älteren Datums mit meist einfa-

cher Heizung können bis zu 85 Personen untergebracht werden. Um 19:00 wird oft eine kleine Andacht mit Pilgersegnung angeboten. Im rustikalen Aufenthaltsraum mit Kamin oder dem urigen Gemeindesaal gibt es um 20:00 Abendessen, an dem auch Pilger, die nicht hier übernachten, teilnehmen können, ▣. Es werden Helfer und Hospitaleros möglichst mit Spanischkenntnissen gesucht! ☏ 923 151 083 und 630 148 303, ständig, alles Spende

Fuenterroble de Salvatierra – San Pedro de Rozados (27,8 km) – Morille 31,3 km

⇔ *In der Regel ist der offizielle, hier genau beschriebene Weg vorbei an San Pedro de Rozados zu empfehlen. Die 31,3 km sind generell auch gut machbar, da die Strecke abgesehen von dem 2,8 km langen Aufstieg hinauf zu dem Pico de la Dueña gut auffindbar und bequem begehbar ist. Wenn Sie den Weg aber z. B. bei Regen 1,9 km abkürzen wollen, können Sie evtl. die hier nur stark zusammengefasst beschriebene Variante über Pedrosillo de los Aires nehmen, die bergauf und bergab meist über Landstraße verläuft, insgesamt aber nur wenig ebener als die reguläre Strecke ist. In Pedrosillo de los Aires befindet sich eine kleine, einfache Herberge. ⚲ Radfahrer sollten vorzugsweise diese Alternative wählen, die übrigens mit dem historischen Verlauf der Vía de la Plata wenig zu tun hat. Wer vorher schlappmacht oder zu vertrocknen droht oder erst am Ende der Etappe Kochzutaten und Proviant einkaufen möchte, der nimmt die 600 m Umweg über San Pedro de Rozados, das dann bereits nach 27,8 km erreicht wird.*

Holländischer Pilger hinter Fuenterroble de Salvatierra (cs)

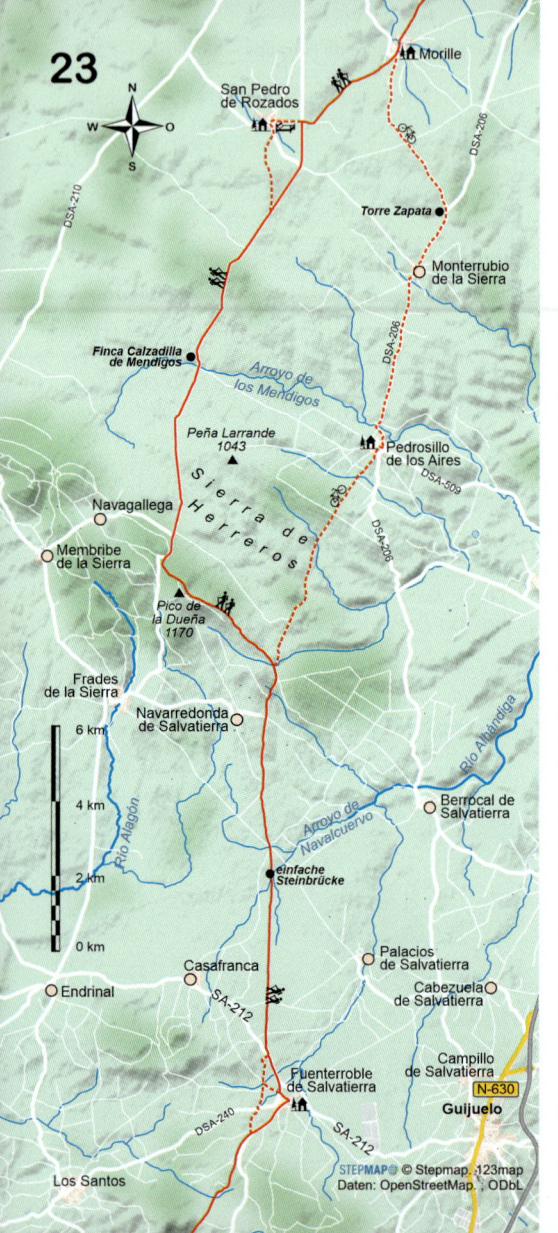

Nehmen Sie genug **Proviant und Trinkwasser** mit, denn bis San Pedro de Rozados finden Sie keine wirklich sichere Versorgungsmöglichkeit.

Gleich nachdem Sie den Ort hinter sich gelassen haben, finden sich, wie Sie auf der Karte sehen können, zwei kleine Varianten: Der Weg über die Feldwege ist knappe 300 m länger. Üblicher, weil einfacher und kürzer, ist der Weg weiter direkt über die Straße, die Sie nach 1,2 km nach rechts auf einen Feldweg verlassen. Dann führt Sie Ihr Weg endlich wieder in die weite Einsamkeit der Vía de la Plata. Nach 1,4 km über einen weiten Feldweg pilgern Sie an einem großen Wegkreuz vorbei, das Don Blas mit seiner Gemeinde hier aufgestellt hat. Die leicht erhöhte Trasse lässt ahnen, dass Sie nun wieder auf der authentischen Vía de la Plata wandern. Über einen einfachen Feldweg, der sich gelegentlich zu verlieren scheint, geht es leicht bergab zwischen zwei Zäunen hindurch an einer flachen Weidelandschaft mit vereinzeltem Baumbestand vorbei. Nach 3,3 km

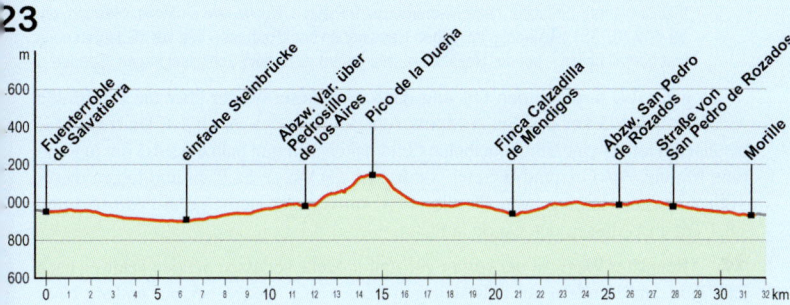

haben Sie die weite Ebene durchquert und finden gleich nach einem ⓘ gut sichtbaren freigelegten Teil der historischen Vía de la Plata einen Bach, der über eine einfache Steinbrücke überquert werden kann, aber nur selten Wasser führt (km 5,9).

Ab hier führt Sie der Weg wieder langsam bergauf und bald zu einem Steineichenwald, wo sich eine halbwegs schattige Sitzgelegenheit findet. Durch den Steineichenwald erreichen Sie nach 700 m am Ende des Waldes eine Stelle, wo Sie immer geradeaus zwei Pisten überqueren bzw. kurz betreten. Danach gehen Sie weiter geradeaus zwischen zwei Zäunen über einen Feldweg und im größeren Abstand an einem links liegenden Stall bzw. Bauernhof vorbei. Nach 2,1 km führt der Weg wieder bergab und gleich durch eine Senke. Erst deutlich bergauf und dann wieder ebener verläuft die Vía bald über einen nun besseren Feldweg und nach 1,2 km wird eine größere Pistenkreuzung mit Schautafel überquert (km 9,9).

Nach 500 m erreichen Sie eine Weggabelung und gehen nach halb rechts. Der Feldweg wird bald nach halb links auf einen wesentlich einfacheren Weg verlassen, der allmählich bergab in einen steinigen Weg mündet. Nach 900 m sind Sie in einer Senke bei einer Weggabelung angekommen, wo Sie sich entscheiden müssen (km 11,3).

↪ Abkürzung und Radroute über Pedrosillo de los Aires
18,1 km/1,9 km Abkürzung

☺ Wie vorher genauer beschrieben ist im Allgemeinen der reguläre Weg zu empfehlen. 🚲 Radpilger, die es vermeiden wollen, ein gutes Stück über die Anhöhe des Pico de la Dueña zu schieben, können die folgende Strecke wählen.

🚶 Wollen Sie den Weg nach **Pedrosillo de los Aires** 🏠 ⛲ 🏚 nehmen, gehen Sie weiter nach halb rechts auf den Feldweg und folgen diesem, bis Sie nach 6,2 km in Pedrosillo de los Aires auf eine Kreuzung stoßen.

> **🏠 Einfache Spendenherberge**. Lage: Im Zentrum links des Weges neben dem Rathaus (sp: *ayuntamiento*). Einfache, nette Herberge mit 9 Plätzen, Küche und einfacher Heizung, @. ☏ 609 107 381, 🛏 ständig, im gelben Haus neben dem Rathaus – wie vor 15 Jahren noch fast überall üblich – bei der Hospitalera (Margarita) nach dem Schlüssel fragen, Spende

Es geht 500 m durch den Ort und dann wird dieser wieder über die Landstraße verlassen. Nach 5 km sind Sie in Monterrubio de la Sierra. Nach 1,6 km treffen Sie bei einem Hof auf eine Straßengabelung und halten sich nun halb links 4,5 km in Richtung Morille. Am Ortsrand betreten Sie wieder die Vía de La Plata und folgen dieser 300 m bis zur Herberge von Morille (11,7 km von der Herberge in Pedrosillo und 18,1 km ab Verlassen der Vía de la Plata).

🚶🚶 Regulärer Weg: An der vorher genannten Stelle verlassen Sie den Feldweg nach halb links und wandern auf teils steinigen Pfaden und Wegen bergauf entlang eines Windparks. Nach 2,8 km sind Sie endliche wieder oben. (☹ Bei Hitze, wenn Ihnen schon jetzt das Wasser ausgeht, oder nach einem vorhergegangenen abendlichen Trinkgelage sind es bis zu gefühlte 5 km Aufstieg.) Oben angekommen bietet sich Ihnen eine schöne Aussicht (km 14,1). ⓘ Hier sind Sie mit (⇑ 1.143 m) am höchsten Punkt dieser Etappe. Die gleiche Höhe werde Sie erst wieder nach über 270 km vor dem Pass von Padornelo (☞ S. 189) erklimmen.

Der Weg führt nun etwas unterhalb des Bergkammes des **Pico de la Dueña** entlang langsam bergab. Nach 400 m sehen Sie linker Hand ein Jakobskreuz, das sich 80 m abseits des Weges, über einen Pfad erreichbar, zwischen zwei Windmühlen direkt am Bergkamm befindet. Von hier bietet sich eine schöne 📷 Aussicht auf beide Seiten des Berges. Durch einen bizarr mit Flechten bewachsenen, niedrigen Wald gehen Sie nun zunehmend steiler und 🖐 steiniger 1 km bergab zu einer einfachen Landstraße. Sie folgen nun im Prinzip dem Verlauf der kaum befahrenen Landstraße nach rechts, wobei Sie nach 1 km auf einen Weg bzw. Pfad ausweichen können, der im größeren und kleineren Abstand links von dieser verläuft. Nach 4,3 km wird in einer Senke über den Bach Arroyo de los Mendigos der Bauernhof des Landguts Calzadilla del Mendigos durchquert (km 20,8). Weiter über die Landstraße geht es tendenziell bergauf, bis Sie nach ca. 2 km wieder auf parallel zur Straße verlaufende Feldwege ausweichen können, und nach 2,6 km erreichen Sie einen Scheideweg (km 25,4).

↪ Umweg über San Pedro de Rozados
3,1 km/ 600 m Umweg

Nach links führt der Umweg über San Pedro de Rozados, wo Sie ebenfalls unterkommen und vor allem aber nahe der einfachen privaten Herbege einen ✕ Lebensmittelladen finden, in dem Sie Kochzutaten für den Abend und Proviant für die nächste Etappe einkaufen können. Gehen Sie dazu nach halb links entlang des Zaunes. Über

Feldwege und Pfade wandern Sie 1 km bergauf und 1 km bergab und erreichen so die Landstraße, der Sie nach links vorbei an einer ♦ Wasserstelle noch 300 m zum Ortsanfang von **San Pedro de Rozados** (⇧ 977 m) 🏠 ⇌ ✕ 🍺 🐴 ✚ folgen, wo Sie vor einer großen Lagerhalle der Kennzeichnung folgend 100 m zum ⇌ ✕ Hotel Rural VII Carreras gehen (km 2,3).

🏠 **Sehr einfache private Herberge.** Wenn Sie hier in der Herberge Mari Carmen übernachten wollen, können Sie entweder direkt dort hingehen und warten, bis jemand kommt, oder sich bereits in dem eben beschriebenen Hotel Rural VII Carreras, zu dem die Herberge gehört, anmelden. Direkter Weg: Bei der eben erwähnten großen Lagerhalle gehen Sie weitere 50 m geradeaus bis zur ersten Straße, die nach rechts führt, und folgen dieser 80 m. Diese private Herberge, die es kaum mit einer öffentlichen Herberge aufnehmen kann, bietet 12 Plätze in einem lieblosen, einfachen, teilweise provisorisch eingerichteten Raum, wenig Tageslicht, mangelhafte Standheizung und einige einfache Decken, Sanitäranlagen, Wasserkocher und sonst nichts. ☎ 923 344 075 oder 646 467 874, ❗ wegen mangelhafter Heizung nur zur warmen Jahreszeit ab 12:00, m. E. etwas hoch bemessene € 10

⇌✕ **Hotel Rural VII Carreras.** In der Regel gibt es hier nur selten EZ für dann € 38!. Die gepflegten DZ (ohne Frühstück) kosten € 48. Menüs montags bis freitags € 13 und an Wochenenden € 15, Frühstück gibt es nach Vorbestellung ab 7:30, 🖥 € 2, **T** € 2, @.
☎ 923 344 075 oder 646 467 874

Nach dem Hotel Rural VII Carreras treffen Sie gleich auf die Ortsstraße, folgen dieser nach rechts und überqueren nach 800 m eine Straße (km 3,1).

🚶 **Weiterer regulärer Weg.** Sie folgen dem Verlauf der Straße immer weiter, bis Sie nach 2,5 km vorbei an einer ersten große Straßen- bzw. Pistenkreuzung eine zweite größere Straßen- bzw. Pistenkreuzung erreichen und die Straße hier nach rechts verlassen. Über eine gut begehbare Schotterpiste meist eben oder leicht bergab sind Sie nach 2,6 km schon kurz vor Morille und verlassen die Schotterpiste auf einen einfachen Feldweg. Immer geradeaus wird **Morille** (⇧ 937 m) 🏠 ✕ betreten und nach 600 m erreichen Sie ↰ den Abzweig nach links zur ✕ Bar. An derselben Stelle geht es nach rechts über eine kleine Fußgängerbrücke aus Eisen zur 🏠 öffentlichen Herberge. Nur 150 m weiter geradeaus erreichen Sie dagegen über eine kleine Brücke das Rathaus und die 🏠 Winterherberge (km 31,3).

🏠 **Öffentliche Herberge.** Normalerweise werden die Pilger in der angenehm gestalteten Herberge untergebracht. Sie bietet 24 Betten mit guten Decken in 2 Zimmern unter dem Dach, im unteren Aufenthaltsraum gibt es eine Mikrowelle. Die Herberge soll 2024 an einigen Stellen renoviert werden. Frühstück für € 3, 🖥 @. Die **kleine Winterherberge** liegt gut versteckt in einem einfachen, aber gepflegten kleinen Nebengebäude des Rathauses mit 6 Betten,

Decken, Standheizungen und einem Badezimmer mit warmer Dusche. ☎ 626 460 272 oder 618 755 367, ständig, evtl. nach Anruf, € 10

☺ Hier gab es bisher ein **kleines Versorgungsproblem,** das sich aber noch 2024 hoffentlich endlich lösen wird. Wenn Sie hier übernachten wollen, sollten Sie also evtl., wenn Sie ganz sichergehen wollen, in San Pedro de Rozados einkaufen. ✗ Die Bar Marcos (☞ Kartenausschnitt) bietet ab 19:30 Speisen für € 8 bis 10, für € 4 kann man ein kleines Frühstückspaket für den nächsten Morgen kaufen und als Proviant richtet man auf Wunsch belegte Brötchen für € 4 her. Von Okt bis Juni ist die Bar allerdings immer Mi geschlossen. Ab Mitte 2024 ist die Eröffnung eines kleinen Ladens nahe des Rathauses geplant und evtl. auch die Eröffnung einer weiteren Bar.

Morille – Salamanca   19,8 km

Weiter geradeaus wird der Ort verlassen und dann wandern Sie gleich vorbei an einem Teich über eine gute Schotterpiste leicht bergauf, bergab durch die schöne Weidelandschaft. Nach 2,2 km führt Sie der Weg an einem kleinen See vorbei, dann gehen Sie über einen einfachen Feldweg stetig bergauf. Oben angekommen mündet dieser in einen zunächst steinigen Weg, der Sie geradeaus bergab durch die Eichen leitet, bis nach 2 km neben dem Bauernhof mit dem Namen Ariseos eine Schotterpiste überquert wird (km 4,2). Bald wieder unten führt der Weg über einen Bachlauf und dann wieder bergauf über einen teils steinigen Feldweg bzw. Pfad vorbei an ⓘ besonders imposanten, großen, alten Eichen, die hier wohl schon seit weit über 100 Jahren majestätisch in der Landschaft stehen. Nach 1,7 km erreichen Sie eine Anhöhe, von der Sie leicht rechts in der Ferne bereits Salamanca erkennen können. Der Eichenbewuchs endet und vor Ihnen liegen weite Felder. Der Weg führt nun über eine gute Schotterpiste direkt an dem Bauernhof Aldeanueva vorbei leicht bergab. Leichten Fußes geht es weiter 3,9 km zu einer Pistenkreuzung, wo die Piste dem Ort **Miranda de Azán** ⌂ ✗ 🍺 am nächsten kommt (km 9,8).

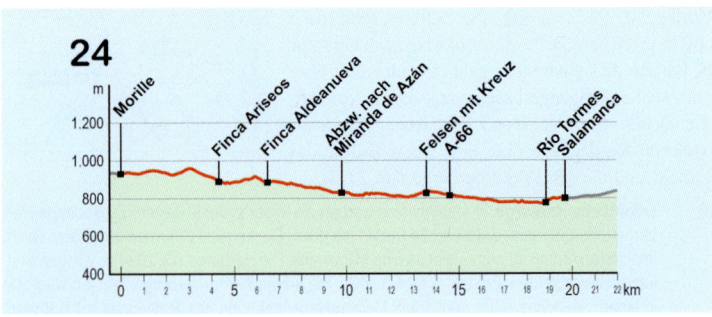

👉 **400 m Umweg über Miranda de Azán.** Gehen Sie hier 250 m nach rechts und auf der ersten Ortsstraße erreichen Sie ein 🛏 ✕ Hotel mit Restaurant, das allerdings meist erst abends öffnet. Gehen Sie 150 m nach links bis zum Ende der Straße, so erblicken Sie 20 m rechter Hand die 🍷 Bar des Dorfes (☎ 923 999 136, 🍴 täglich außer Di „immer spätestens ab 10:00"). Nahe der Bar findet sich auch ein kleiner 🛒 Laden (🍴 gelegentlich wechselnde Öffnungszeiten, täglich ca. 10:30-14:00). Den Weg zurück zur Vía können Sie 300 m abkürzen, wenn Sie am Ende der eben erwähnten Ortsstraße 400 m nach links gehen.

Die Vía führt geradeaus am Ort vorbei über die nun etwas einfachere Piste und nach 400 m über einen Bach hinweg, wo Sie einen schönen schattigen Rastplatz finden. Sie wandern leicht bergauf durch die einsamen Kornfelder und dann erreichen Sie nach 2,5 km eine Pistenkreuzung, ✋ wo irritierende Pfeile nach links weisen. Ignorieren Sie diese praktisch nie begangene Variante und gehen Sie geradeaus weiter 800 m über die einfache Schotterpiste hinauf bis zu den Felsen, bei denen ein Kreuz steht (km 13,5). Geradeaus ist nun unschwer Salamanca zu erkennen, in dessen Mitte am höchsten Punkt die Kathedrale thront. Meist auf einfachen Wegen geht es leicht bergab, die Autobahn wird unterquert und nach 1,8 km führt Sie der Weg an einem kleinen (ausgetrockneten) See vorbei. Unter einer breiten Straße hindurch erreichen Sie nach 1 km am Ortsrand von Salamanca einen Park (💧 100 m geradeaus und dann 50 m links finden Sie eine Wasserstelle) (km 16,3).

✋ Achten Sie jetzt gut auf die folgende Wegbeschreibung, denn der Weg ist ab hier teils umständlich, falsch oder lückenhaft gekennzeichnet: Die Vía führt Sie 300 m

Unterwegs nach Salamanca (ss)

geradeaus vorbei an einem Kreisverkehr hinab zu einem Hain und dann rechts an ihm entlang auf einen Schotterweg. Im Grunde geht es nun geradeaus vorbei und dann durch den Hain auf einen Fußweg, der unterhalb eines Hanges an einigen Straßenlaternen vorbei verläuft. Folgen Sie diesem, nachdem Sie den Hain 300 m durchquert haben, nach links, rechter Hand entlang eines Tales. Nach 500 m wird die Bahnlinie unterquert und halb links geht es weiter entlang des Tals immer demselben Fußweg nach, bis Sie nach 700 m bei einer Tankstelle eine Hauptstraße erreichen (km 18,1).

Sie folgen ihr nach rechts 300 m bis zum Fuß der ⓘ Römerbrücke über den Fluss **Tormes**. Hinter der Brücke gehen Sie, wie Sie auch im Stadtplan sehen können, halb rechts steil in die Altstadt hinauf. Verlassen Sie den Jakobsweg hier nach rechts, so gehen Sie gleich an einem kleinen ✠ Museum über den Spanischen Bürgerkrieg und der Casa Lis – einem Jugendstilmuseum – vorbei. Wenn Sie später etwas mehr Zeit haben, lohnt sich hier ein Besuch. 700 m nach dem Betreten der Römerbrücke erreichen Sie den Abzweig zum ⓘ **Garten Huerto de Calixto y Melibea**, wo sich einst ein berühmtes Liebesdrama ähnlich dem von Romeo und Julia abspielte. Die Eltern des berühmten verliebten Jünglings, der sich schließlich von der Mauer des schönen Gartens stürzte, lebten in dem Haus rechts des Gartens, in der sich heute die ⌂ öffentliche Herberge befindet (km 19,1). Da die Herberge vermutlich geschlossen ist, folgen Sie dem Weg noch 400 m vorbei am berühmten ⓘ Muschelhaus (Casa de las Conchas), einem Adelshaus aus dem 15. Jh., das seinen Namen von den etwa 400 Santiago-Muscheln hat, die seine Fassade bedecken. Gehen Sie, wie auf dem Stadtplan ersichtlich, praktisch immer geradeaus 300 m zu der schönen ⓘ Plaza Mayor – dem Herzen dieser Stadt, wo sich die Touristinfo (☏ 923 218 342) und auch viele Pensionen befinden (km 19,8).

Salamanca

800 m, 186.000 Ew.

ⓘ Salamanca hat so viele Sehenswürdigkeiten, dass es sich lohnt, hier einen halben Tag zu bleiben. Schon zur Römerzeit war das damalige Salmantica an der Vía de

Muschelhaus in Salamanca (rj)

la Plata von Bedeutung. Später war Salamanca islamisch, bis es im Jahr 1085 von den Christen zurückerobert wurde. Salamancas Weltruhm geht vor allem auf die Gründung der Universität im Jahr 1218 zurück. Im 16. Jh. erlebte die Universität ihre Blütezeit und verfügte über 70 Lehrstühle und hatte 12.000 Studenten. Damals festigte sie ihren Ruf als eine der ältesten und berühmtesten Lehrstätten der Welt. Noch heute ist Salamanca eine der bedeutendsten spanischen Universitätsstädte, besonders beliebt bei ausländischen Studenten, die hier Spanisch lernen wollen. Im Jahr 2002 war Salamanca Kulturhauptstadt Europas.

☺ **Spanisch lernen auf dem Jakobsweg.** Salamanca ist eine weltbekannte Adresse für Spanischsprachkurse. Sollten Sie genug Zeit haben und Ihren Aufenthalt auf der Vía de la Plata mit einem Sprachkurs bereichern wollen, so finden Sie hier eine Vielzahl von Schulen und Instituten.

Öffentliche Herberge. Die eigentlich gute und reizvoll gelegene Herberge, in der ich nebenbei bemerkt im Sommer 2004 drei Monate lang ehrenamtlich als Hospitalero tätig war, stellt wegen ihrer späten Öffnungszeiten wohl nicht für alle Pilger die passende Lösung dar. Die gepflegte Herberge bietet 18 Betten in 3 Zimmern mit guter Heizung und einen großen Aufenthaltsraum mit einfacher Kochgelegenheit. Auch können Sie hier gegen Spende einen Pilgerausweis bekommen. ☏ 652 921 185 (kaum erreichbar), 🕐 ca. 16:00 bis 22:00, meist kann man aber zwischen 12:00 und 13:00 bereits den Rucksack abgeben, Spende

?🏠 In Salamanca können Sie, wenn Sie z. B. nicht so lange warten wollen, bis die öffentliche Herberge öffnet, auch in der, wie im Stadtplan ersichtlich, etwas abgelegenen **Jugendherberge** übernachten. Das Bett ist hier für ca. € 15 zu haben und es gibt oft günstige Menüs und Frühstück ... Bei Redaktionsschluss war sie allerdings schon seit geraumer Zeit mit Flüchtlingen aus der Ukraine belegt. ☏ 923 269 141, 🕐 unsicher

✕ In Salamanca können Sie mit dem notwendigen Kleingeld an vielen schön gelegenen Orten bestens schlemmen. Für den kleinen Geldbeutel finden sich aber auch einige einfachere Lokale: Nur 50 m nördlich der Plaza Mayor erreichen Sie über die Calle Toro die Gasse Doctor Piñuela, wo Sie das recht schlichte **China-Restaurant Gran Mundo** finden. Hier wird mittags und auch abends nach dem Motto „all you can eat" für ca. € 9 der uneingeschränkte Zugriff auf das Buffet freigegeben. Wo es wie hier viele Studenten gibt, gibt es natürlich auch **Mensen** (sp: *comedor*). Bei den Studenten können Sie sich nähere Empfehlungen einholen und vielleicht nimmt man Sie zur Essenszeit gleich dorthin mit. Auch Tapas sind hier keine schlechte Lösung. Die Bar **Mandala** in der Calle de Serranos 9-11 nahe der Uni bietet diese kleinen Leckerbissen den ganzen Tag über an.

✞ Neue Kathedrale. Eine der letzten spanischen Kathedralen, deren Bau erst Anfang des 16. Jh. im spätgotischen Stil begonnen wurde. Allerdings zogen sich die Arbeiten an der Kathedrale bis ins 18. Jh. hin, was die Vielzahl der Stile erklärt – von der Gotik über die Renaissance zum Barock. Das Innere beeindruckt durch die großartige und elegante Anlage, am sehenswertesten sind aber außen die reich dekorierten Portale im sogenannten plateresken Stil.

♦ 🕐 Ca. Ostern bis 30. Sep Mo bis Sa 10:00 bis 20:00, sonst täglich ca. 10:00 bis 18:00, letzter Einlass 45 Min. vor Schließung, Di ist der Eintritt ab 18:00 kostenlos, sonst Eintritt für die beiden Kathedralen zusammen € 10, Rentner, Studenten und gelegentlich auch Pilger € 9.

✞ Alte Kathedrale (☞ 📷 S. 45). Glücklicherweise riss man die alte Kathedrale beim Bau der neuen nicht ab und wenn sie heute auch ein bisschen eingeengt ist, kann man doch die wichtigsten Kunstwerke dieser schönen romanischen Kirche aus dem 12. Jh. entsprechend würdigen. Da ist zuerst der grazile Vierungsturm Torre del Gallo zu nennen, den man gut von außen sehen kann. Im Innern ist besonders das Altarbild aus dem Jahr 1445 sehenswert, das von Nicolás Florentino stammen soll. 53 großartige farbige Tafeln schildern das Leben Christi und Mariä, darüber ein beeindruckendes Jüngstes Gericht. Allein dieses Altarbild rechtfertigt den Eintrittspreis.

♦ 🕐 siehe neue Kathedrale

⌘ Staatliche Universität. Der zauberhafte Platz Patio de las Escuelas befindet sich vor dem Haupteingang in das alte Universitätsgebäude. Besonders die überreich dekorierte Fassade ist sehenswert. Könige, Heilige, Päpste und mythologische Figuren tummeln sich in diesem fantastischen Relief, dessen berühmteste Figur jedoch ein Frosch ist, der auf einem Totenkopf sitzt. Suchen Sie ihn: Er befindet sich auf der rechten

① Neue Kathedrale
② Alte Kathedrale
③ Öffentliche Herberge
④ Kloster San Esteban
⑤ Jugendherberge
⑥ Universität und Platz Patio de Las Escuelas
⑦ "Muschelhaus" Casa de Las Conchas
⑧ Hauptplatz Plaza Mayor

Reliefsäule. In der alten Universität gibt es natürlich allerlei zu sehen, aber am schönsten zweifellos der sogenannte „Himmel von Salamanca" (Cielo de Salamanca), ein riesiges, den Tierkreis darstellendes Deckenfresko, Ende des 15. Jh. von Fernando Gallego geschaffen.

⌘ **Plaza Mayor.** Von 1729 bis 1755 wurde dieser Platz im barocken Stil errichtet und von vielen wird er als der schönste und harmonischste aller spanischen Hauptplätze bezeichnet. Tagsüber und auch abends spielt sich hier ein reges Leben ab. Versäumen Sie es nicht, hier in Ruhe einen Kaffee, einen Wein oder ein kühles Gläschen Bier zu schlürfen und die Atmosphäre zu inhalieren.

Heimreise ab Salamanca: Pilger, die den Weg hier vorerst unterbrechen oder beenden wollen und den Heimweg über Madrid oder Valladolid nehmen, finden im wie im Stadtplan eingezeichneten Busbahnhof gute Verbindungen dorthin. Die Busse nach Madrid verkehren mehrmals täglich und auch direkt zum Flughafen, die Fahrt dauert

Die Plaza Mayor bei Nacht (rj)

ca. 3 Std. und kostet je nach Busunternehmen und Route zwischen € 16 und 25. Ich würde Ihnen aber empfehlen zu erwägen auf dem Weg nach Madrid evtl. im sehenswerten Ort Avila Stopp zu machen. Wer den Zug bis nach Madrid nehmen möchte, findet weniger Verbindungen und zahlt etwa das Gleiche, ist aber ca. eine Stunde schneller da. Die Busse nach Valladolid, wo sich auch ein kleiner Flughafen befindet, brauchen ca. 1½ Std. und kosten ca. € 9 bis 15, fahren aber seltener.

☺ **Die nächsten Etappen „mogeln"?** Die ersten 5 km der nun folgenden Etappe führen fast ausschließlich durch die Shopping- und Industriegebiete in und um Salamanca und auch die dann folgenden knapp 11 km bis Calzada de Valdunciel verlaufen eher monoton und dabei praktisch schattenlos. Ebenso beginnen auch die ersten 5 km der darauffolgenden Etappe bis nach El Cubo de la Tierra del Vino, welche dann bis zu deren Ende 15 km lang nicht sehr viel mehr als einen monotonen, geraden Weg direkt neben der lauten Autobahn zu bieten hat.

Ab El Cubo de la Tierra del Vino ist der Weg dann zwar nicht besonders reizvoll, aber m. E. auch nicht so hässlich, dass er bewusst gemieden werden müsste. Allerdings stellt sich ab hier die Infrastruktur, was Herbergen und Verpflegung angeht, nicht so günstig dar. Die einzige Herberge in El Cubo de la Tierra del Vino überzeugt m. E. nicht ohne Grund längst nicht alle Gäste und die Infrastruktur in Villanueva de Campeán ist eher mau.

Letztlich ist es Ihre persönliche Entscheidung, der Ihre Auffassung von „richtigem Pilgern" zugrunde liegt, aber auch eine Frage der Zeit und des Geldes, die Sie für Ihre Pilgerreise einplanen wollen und können. Ein Großteil Ihrer Pilgerfreunde wird aber, wie die Erfahrung zeigt, wohl zumindest einen Teil der 67,5 km bis Zamora aus den oben genannten Gründen mit dem Bus abkürzen.

Der 🚌 Busbahnhof liegt, wie Sie im Stadtplan auf Seite 147 sehen können, leicht auffindbar nur ca. 1 km vom Jakobsweg entfernt. Von dort fahren die meisten Linienbusse, die fast stündlich Richtung Zamora verkehren, für ca. 3 bis 5 € nur 30 Minuten lang auch über El Cubo de la Tierra del Vino. Legen Sie, wenn Sie sich dafür entscheiden, „nur" diese Strecke abzukürzen, Ihren Bustransfer am Morgen oder Mittag am besten so, dass Sie dann von El Cubo de la Tierra del Vino noch am selben Tag 13,2 km bis Villanueva de Campeán oder 31,5 km nach Zamora laufen können. Hier werden Sie dann wohl auch Unterkünfte zu einem guten Preis-Leistungs-Verhältnis finden. Und wenn Ihnen die Herbergs- und Verpflegungssituation auch noch in den folgenden Orten nach El Cubo de la Tierra del Vino unbefriedigend erscheint oder Sie sich einfach keinen Stress machen wollen, dann können Sie, wie nicht wenige Pilger auch, gleich bis Zamora im Bus sitzen bleiben, sind dann insgesamt höchstens eine Stunde unterwegs und zahlen dafür ca. € 6 bis 8.

Salamanca – Calzada de Valdunciel 15,8 km

Nach der Plaza Mayor führt Sie der Weg durch die breite Einkaufsstraße vorbei an zahlreichen ⚲ Bars, von denen einige auch Frühstück anbieten. Auch im folgenden Teil finden Sie leider wenige Wegmarkierungen. Nach 500 m wandern Sie geradeaus an einem großen Kreisverkehr vorbei. (☺ Man beachte hier das lustige, gegen Ende der Grünphase eifrig rennende Männchen der Ampel!) Vorbei an einem weiteren Kreisverkehr erreichen Sie nach nochmals 700 m einen dritten Kreisverkehr, in dessen Mitte ein Stier steht, dahinter sehen Sie die Stierkampfarena. Hier gehen Sie leicht links entlang der N-630 Richtung Zamora. Nochmals leicht bergauf erreichen Sie nach 300 m einen Kreisverkehr, hinter dem sich rechter Hand eine ♦ Wasserstelle befindet. Sie bleiben ab hier zunächst auf der rechten Straßenseite. Bald führt der Weg wieder leicht bergab an weiteren Kreisverkehren vorbei. Gleich nach einem Fußballstadion unterqueren Sie schließlich nach 2,3 km die Autobahn (km 3,8).

Nach weiteren 1,2 km können Sie die Straße endlich nach links auf einen Feldweg verlassen. Geradeaus geht es nun auf den Ort **Aldeaseca de Armuña** ✕ 🏠 🚌 zu und immer weiter geradeaus haben Sie diesen nach 1,4 km fast durchquert und erreichen hinter einem Ballplatz eine Kreuzung mit Bushaltestelle (km 6,4).

Hier finden sich wieder **zwei Varianten**, von denen eigentlich nur eine zu empfehlen ist. Die neuere Variante, die ab hier evtl. lückenhaft gekennzeichnet ist, führt im größeren und kleineren Abstand zur Straße 4,7 km nach Castellanos de Villiquera (km 11,2). Sie ist 500 m kürzer und nicht hässlich. Ruhiger, einsamer und damit auch reizvoller ist aber wohl die nun folgende ältere Variante.

Empfehlenswerte ältere Variante: Bei der Kreuzung hinter dem Ballplatz gehen Sie nach links in die Calle Campillo und vorbei an der ✝ Kirche 200 m bis zum Ortsausgang. (↰ Hier scharf links 70 m zur ☤ Bar). Dem Jakobsweg folgend wenden Sie sich augegen nun nach halb rechts auf eine Asphaltpiste. Unter der Autobahn hindurch und weiter geradeaus auf einer Schotterpiste führt die Vía de la Plata nach 1,3 km bei einer Ansiedlung nach rechts. Weiter über einen breiten Feldweg pilgern Sie bergab in eine Senke und wieder bergauf. Nach 3,5 km erreichen Sie nach einem Fußballplatz den Ortsanfang von **Castellanos de Villiquera** ☤ 🍴 🚌, wo sich auch ein Rastplatz befindet (km 11,4).

Das Dorf wird geradeaus nahe dem linken Ortsrand durchquert und dann überqueren Sie gegen Ortsende eine Landstraße. Sie wandern immer geradeaus und praktisch eben wie gewohnt auf Feldwegen weiter, bis Sie nach 3,7 km vor **Calzada de Valdunciel** (⇧ 801 m) 🏨 🛏 ✗ 🛒 🍴 ✚ 🚌 eine Straße überqueren.

Geradeaus führt der Weg noch 500 m in den Ort und über die Dorfstraße zum Hauptplatz, an dessen Ende sich das Rathaus befindet (km 15,6). (↰ Hier findet sich eine ⬤ Wasserstelle und nach rechts geht es zum 🛒 Lebensmittelladen, 🛏 Hostal und ✗ Restaurant an der N-630.) Auf dem Jakobsweg gehen Sie weiter in derselben Richtung wie bisher durch die Calle Ruta de la Plata

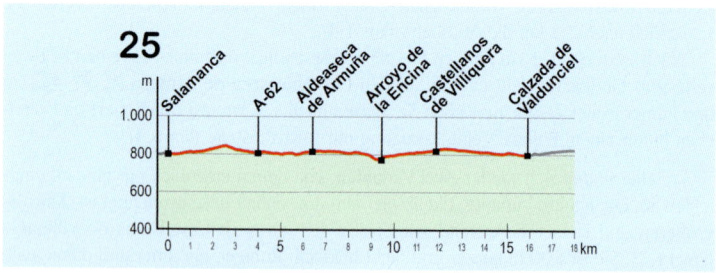

und erreichen nach 100 m die 🏠 Herberge Casa del Molinero und nochmals 100 m weiter den Ortsausgang, wo eine ganze Galerie von Resten römischer Meilensteine aufgebaut ist. Geradeaus führt die Vía de la Plata weiter – und zur kleinen öffentlichen 🏠 Herberge gehen Sie nun einfach 30 m um das letzte Haus herum (km 15,8).

🏠 **Casa del Molinero.** Die kleine, rustikale private Herberge bietet bisher 12 Plätze in 5 Zimmern mit je 2 bis 6 Einzelbetten, die zum Teil auch als DZ (€ 36) und EZ (€ 23) vergeben werden. Heizung, schöner Innenhof, Küche, Frühstück zum Selbstherrichten für € 3,50 @. **T** Die Wäsche kann man für € 3 p. P. waschen lassen. ☎ 689 008 562, ständig, € 15 p. P.

🏠 **Kleine öffentliche Herberge.** Die kleine, einfache, nette Herberge am Ortsausgang mit 8 Plätzen und Kochgelegenheit gehört zu einer der dienstältesten Herbergen des Weges, Decken, einfache Heizung, @. ☎ 717 706 637, eigentlich immer, € 7

Wenn Sie am Hauptplatz nach rechts vorbei an der Kirche gehen, erreichen Sie nach 300 m einen **Lebensmittelladen** und 100 m an diesem vorbei kurz vor der N-630 das Restaurant **El Pozo**. Die einfachen Zimmer (DZ € 50, EZ € 25), die über dem Restaurant angeboten werden, bieten an sich kein schlechtes Preis-Leistungs-Verhältnis. Gelegentlich bekommt man hier im Restaurant El Pozo auch abends was zu essen ... Wenn nicht, wird man evtl. in den Restaurants entlang der N-630 fündig, wo das Preisniveau aber in der Regel etwas höher liegt.

Calzada de Valdunciel – El Cubo de la Tierra del Vino 20,2 km

Geradeaus wird der Ort auf einen Feldweg verlassen und nach 1,1 km gehen Sie bei einer Pistengabelung nach halb rechts auf einen nun einfachen Feldweg. Nach 1,7 km erreichen Sie die N-630. Über einen Pfad bzw. parallel verlaufenden Feldweg gehen Sie im Prinzip immer geradeaus weiter deren Verlauf folgend, bis Sie nach 2,3 km die Unterführung der Autobahn erreichen (km 5,1).

In wohl seltenen Fällen können Sie hier nach längeren Trockenperioden wie gekennzeichnet 250 m weiter geradeaus entlang (unterhalb) der Autobahnüberführung gehen und so den Weg ca. 1 km abkürzen.

Ansonsten wird die Autobahnunterführung nach rechts durchquert und nach 300 m auf der N-630 angekommen gehen Sie links an dieser entlang. Ich würde Ihnen nun aber empfehlen, die N-630 nicht wie nach 700 m offiziell gekennzeichnet nach scharf links auf eine Piste zu verlassen, sondern ihr noch weitere 300 m bis zur nächsten Straßengabelung zu folgen, wo Sie nun nach links durch die Unterführung der Autobahn gehen. Dahinter wenden Sie sich gleich wieder nach rechts (km 6,4).

Nun geht es im Prinzip 11,6 km narrensicher immer weiter zwischen der rechts liegenden Autobahn und der links von Ihr verlaufenden Schotterpiste geradeaus über einen Pfad, bis Sie wieder auf die N-630 treffen. Damit Sie wissen, wie lange Sie diese Strecke noch „genießen" dürfen, folgen hier aber einige Streckenangaben zur Orientierung: 2 km geht es immer weiter geradeaus an der Autobahn vorbei bis zu einer

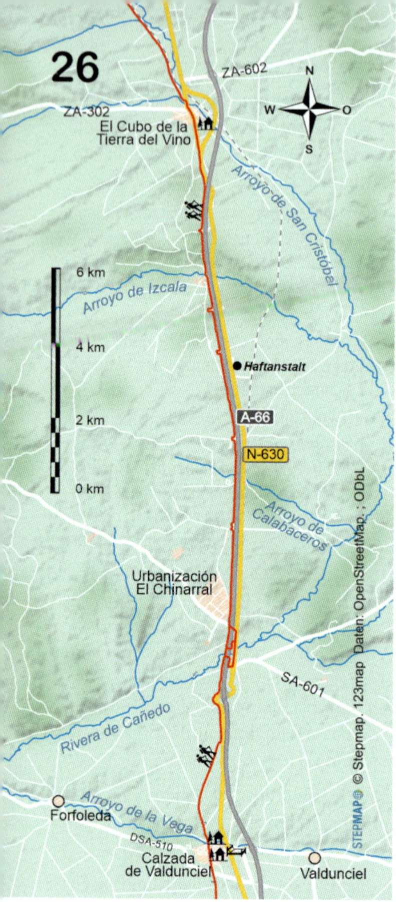

26

Überführung, die Sie rechts liegen lassen. Nach 2,3 km, die ganz leicht bergauf verlaufen, folgt eine weitere Überführung und Sie sind oben bei einem Sendemast angekommen und sehen rechts vor sich eine Haftanstalt.

Nach 2,4 km geht es erneut an einer Überführung vorbei (km 13,7). (↳ Nach rechts über diese hinweg geht es 900 m zur Haftanstalt, wo Sie sich theoretisch ☺ ebenso wie bereits einige sammelwütige Pilgerfreunde vor Ihnen als Andenken oder Beweis für ihr Martyrium dieser Strecke einen etwas skurrilen Stempel in Ihren Pilgerausweis holen können!) Weiter geradeaus folgen nach 1,2 km und 2,1 km zwei weitere Überführungen. Bald wird die Provinzgrenze zwischen Salamanca und Zamora überquert und nach 1 km altes Pflaster der N-630 betreten (km 18). Im Grunde geht es auch jetzt immer weiter geradeaus: Sie folgen also der alten N-630, die in die neue N-630 mündet. Nach 1 km wird sie bzw. der links oberhalb davon verlaufende Feldweg noch vor einer Kreuzung geradeaus verlassen. Nach 800 m immer weiter geradeaus über verschiedene Pfade, Pisten und die Straße erreichen Sie den Ortsanfang von **El Cubo de la Tierra del Vino** (oft auch nur El Cubo del Vino genannt) (⇧ 839 m) 🏠 🛏 🍴 🍺 🐴 🚌. Wollen Sie zur 🏠 Herberge Torre de Sabre, folgen

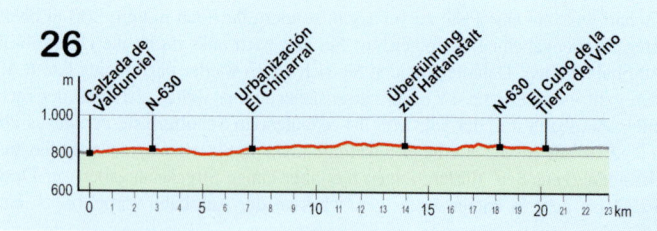

Sie ab hier der Wegmarkierung. Der Jakobsweg führt weitere 400 m geradeaus auf den Hauptplatz. Hier befindet sich auch die 🚌 Bushaltestelle, wo Ihre Pilgerfreunde, die von Salamanca bis hierher den Bus vorgezogen haben, aus dem Bus aussteigen (km 20,2).

🏠✕ **Private Herberge.** Gerne würde ich auf die Beschreibung der Herberge Torre de Sabre verzichten, da sie nicht den auf Seite 41 beschriebenen Auswahlkriterien entspricht und kritisch betrachtet m. E. auch kein angemessenes Preis-Leistungs-Verhältnis bietet. Da es sich aber um die einzige Unterkunft nach 20 km Strecke handelt, bleibt mir dies leider nicht erspart. Weg: siehe deutliche Ausschilderung ab dem Ortseingang. In dem eher gewöhnlichen Wohnhaus eines Bauernhofes und einem weiteren 100 m davon entfernt gelegenen umgebauten Haus finden sich einige gelegentlich etwas enge, einfache Zimmer mit 2 bis 5 Plätzen. Da der improvisierte Speisesaal oft zu klein ist, serviert man die einfachen Abendessen ohne Auswahl für ca. € 10 bis 12 gelegentlich in verschiedenen Schichten bis spät in die Nacht, Frühstück ca. € 4, 🖥 @. ☎ 697 759 418 oder 633 424 321, 🛏 immer, in der Regel werden die Pilger hier gedrängt, eine m. E. unter dem Strich überteuerte Halbpension zu bestellen – wer es schafft, sich dem zu entziehen, wird dann für die einfache Übernachtung mit ebenso reichlich bemessenen € 18 zur Kasse gebeten.

El Cubo de la Tierra del Vino – Villanueva de Campeán
13,2 km

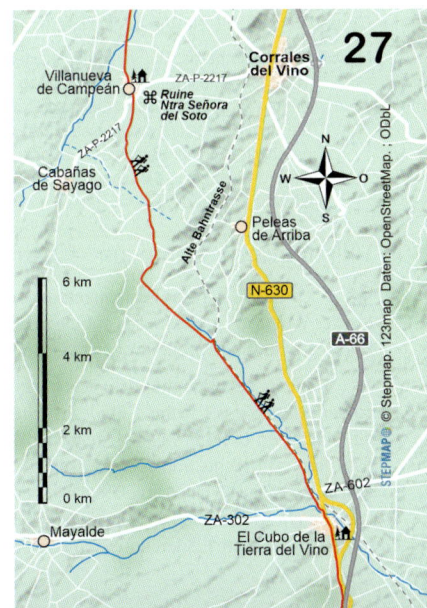

☺ Eventuell wollen Sie sich hier in El Cubo de la Tierra del Vino mit genügend Proviant ausstatten, denn bis Zamora ist die Versorgungssituation nicht ganz optimal.

🚶🚶 Über den Hauptplatz geradeaus hinweg wird gleich das Ortsende erreicht und sofort ein Fluss überquert, hinter dem Sie die Straße auf eine Schotterpiste verlassen. Die Piste folgt relativ eben dem Verlauf der alten Bahntrasse und wird dabei zum einfachen Feldweg. Nach 2,3 km wandern Sie wieder über eine gut begehbare Piste vorbei an Eichen und Feldern. Nach 3,1 km beschreibt der Weg dann eine Linkskurve und nur 50 m weiter halten Sie sich rechts (km 5,5).

Der Weg entfernt sich nun von den Gleisen und Sie gehen jetzt leicht bergauf durch die Felder und sind nach

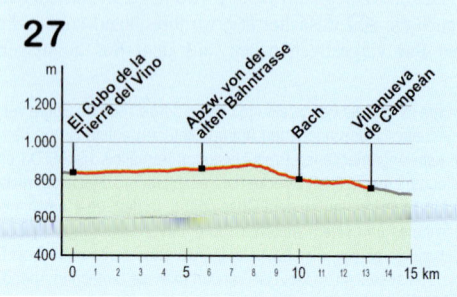

2,2 km oben angekommen. Nun führt Sie der Weg wieder bergab, vorbei an Büschen, Feldern und teilweise mehr als 100 Jahre alten Weinreben über eine Pistenkreuzung auf einen einfachen Feldweg. Nach nochmals 2,2 km finden Sie eine Baumreihe, bei der nach längerem Regen gelegentlich auch ein Bach verläuft (km 9,9).

Weiter vorbei an Feldern und alten Reben wird der Feldweg langsam zur besser begehbaren Schotterpiste. Nach 2,9 km überqueren Sie vor dem Ortsanfang eine Asphaltpiste. ⓘ Rechter Hand 400 m abseits des Weges sehen Sie die Ruine des franziskanischen Klosters Nuestra Señora del Soto, die aber kaum einen Abstecher wert ist. Weiter geradeaus betreten Sie **Villanueva de Campeán** (⇑ 766 m) 🏠 🛏. Nach 400 m kommen Sie vorbei an der rechter Hand liegenden 🏠 privaten Herberge zu einer Kreuzung mit der (ehemaligen) Bar Vía de la Plata. Rechts geht es zu der ❓🏠 öffentlichen Herberge, die leider wohl auch vorläufig weiter geschlossen bleibt. Geradeaus verläuft die Vía de la Plata (km 13,2).

🏠🛏 **Private Herberge.** Die Herberge befindet sich in einem netten, rustikalen Haus und bietet 12 Betten, Aufenthaltsraum und Heizung. Mikrowelle mit etwas Geschirr und schönes Esszimmer. Im selben Haus werden auch einfache DZ und EZ für € 15 pro Person angeboten. Die einfache Heizung soll (müsste) noch verbessert werden. Die Bar des Ortes wurde 2023 geschlossen, in der Herberge findet sich aber ein Automat mit einigen Snacks und der Hospitalero bietet belegte Brote an. 🍽 und ☎ zusammen € 4, @. ☏ 630 980 967, 🗓 ca. März bis Nov ab 12:00, € 12

Villanueva de Campeán – Zamora 18,3 km

🚶 Vorbei an der Bar geht es geradeaus 200 m bis zum Ortsende. Von dort führt Sie der Weg 3,8 km geradeaus auf die Schotterpiste, die streckenweise zum einfachen Feldweg wird, und vorbei an verschiedenen Pistenkreuzungen über die Felder (km 4).

✋ Wenn Sie nun weiter dem gekennzeichneten Weg folgen wollen, sollten Sie aufpassen, dass Sie vor lauter Geradeausgehen nicht den Abzweig übersehen: Kurz vor dem nächsten Ort San Marcial, zeigt die Kennzeichnung an einer Pistenkreuzung an, dass Sie nach rechts abbiegen müssen. (✋ Nach **San Marcial** 🍷 gehen Sie dagegen weiter geradeaus.) Dem regulären markierten Weg folgend wird ein Bach überquert und es geht wieder nach links auf einen Feldweg. Nahe einem moderneren Monolithen wechseln Sie nach 1,8 km auf einen noch einfacheren Feldweg, der vorbei am Monolithen bergauf verläuft. Nach 1 km sind Sie wieder oben und können in der Ferne schon die Stadt Zamora erkennen (km 6,8). Gleich erreichen Sie die von San Marcial kommende Landstraße und entlang dieser bzw. entlang des daneben verlaufenden Pfades geht es weiter, bis die Straße nach 1,4 km geradeaus auf einen einfachen Feldweg verlassen werden kann. Leicht bergab und dann allmählich eben führt der Weg nun immer geradeaus über Schotterpiste, Feldweg und unbefestigten Fahrweg und kreuzt dabei verschiedene Straßen und Pisten. Nach 2,4 km stoßen Sie dann auf eine Piste, wo der Weg nach links führt. Nach 400 m halten Sie sich halb rechts. Weitere 900 m über Schotterpiste erreichen Sie einen etwas merkwürdigen Ort: Hier steht auf einer gigantischen Tafel ein Pilgergedicht – ein Unterstand und/oder eine Wasserstelle hätten den Pilgern an dieser abgelegenen Stelle vermutlich größere Freude bereitet (km 11,9).

Nach 2 km überqueren Sie nahe einem Gewerbegebiet eine breite Landstraße und über wechselnde Pisten geht es zunächst fast eben, dann langsam ansteigend vorbei an den ersten vorgelagerten Häusern von Zamora. Nach 1,6 km öffnet sich der Blick und vor

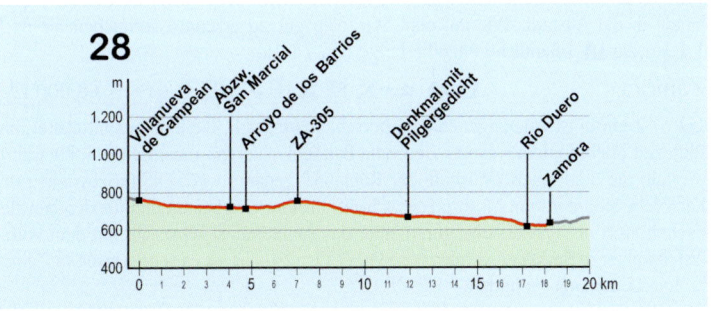

Unterwegs nach Zamora (rj)

sich sehen Sie die Kathedrale von Zamora liegen. Bald mündet der Weg in die erste befestigte Straße und immer geradeaus über einige Pisten- und Straßenkreuzungen hinweg wird der Ort bergab betreten und nach 1,7 km das Ufer des Flusses Duero erreicht (km 17,2). (↻ Zu Redaktionsschluss fand sich hier aufgrund von Bauarbeiten an der gleich folgenden mittelalterlichen Brücke eine weniger als 1 km lange Umleitung, die aber bis Anfang 2025 wieder aufgehoben werden soll.)

Regulärer Weg: Sie pilgern nun entlang des Flusses zur mittelalterlichen Brücke, dann über diese hinweg und ↻ wenn Sie nicht gleich direkt nach links zur ✝ Kathedrale oder Touristeninfo (☎ 980 533 694) wollen, weiter dem Jakobsweg folgend hinauf in die Altstadt. Wie auf dem Stadtplan gut zu erkennen, erreichen Sie nach 1,1 km die 🏠 öffentliche Pilgerherberge (km 18,3).

Zamora   ↑ 649 m, 68.000 Ew.

ⓘ Zamora ist eine angenehme, überschaubare Stadt, die im Hochmittelalter ihre Blütezeit erlebte und aus dieser Zeit viele Baudenkmäler im romanischen Stil bewahrt, weshalb die Stadt auch „Museum der Romanik" genannt wird. Die Prozessionen der Karwoche sind berühmt für ihre Feierlichkeit, für ihre Originalität und für den künstlerischen Wert der Prozessionsfiguren, aber das Ambiente ist keinesfalls mit dem Volksfestcharakter in Sevilla zu vergleichen. In der Osterwoche ist es sehr schwer, in Zamora eine Unterkunft zu finden.

Öffentliche Herberge. Die geschmackvoll gestaltete Herberge verfügt über 36 Betten in 6 Zimmern, Küche, Esszimmer und Heizung, aber keine Decken. Gelegentlich wird hier von freiwilligen Hospitaleros auch Frühstück angeboten. Sicher eine der besten öffentlichen Herbergen des Weges, Wäscheschleuder, @. ☏ 980 537 409 (kaum erreichbar), ständig ab ca. 15:00 bis 22:00, Spende

Kathedrale und Kathedralmuseum. Mitte des 12. Jh. im romanischen Stil erbaut, hat die Kathedrale bis heute kaum Veränderungen erfahren, mal abgesehen von der klassizistischen Nordfassade, die mit dem sie umgebenden Platz harmoniert. Besonders sehenswert ist der Vierungsturm, der wie der Turm der Alten Kathedrale von Salamanca eindeutig byzantinischen Einfluss aufweist.

- ♦ April bis Okt täglich 10:00 bis 14:00 und 17:00 bis 20:00, sonst täglich 10:00 bis 14:00 und 16:30 bis 19:00, montagnachmittags freier Eintritt, sonst für Pilger € 4

Blick auf Zamora (tn)

Zamora – Montamarta 19,3 km

Wenn Sie dem Jakobsweg wie gekennzeichnet und auch im Stadtplan sichtbar noch 150 m weiter folgen, erreichen Sie beim Parador-Hotel das Ende eines Parkes.

Der offizielle Weg, der im Stadtplan gestrichelt dargestellt ist, führt hier nach links. Damit Sie aber etwas mehr von dem schönen Stadtzentrum sehen, empfehle ich Ihnen, der Straße noch weiter 150 m geradeaus zur Plaza Mayor mit dem alten Rathaus zu folgen. Wie Sie weiter im Stadtplan sehen können, führt Sie der Weg nach links vorbei an der Kirche quer über die Plaza Mayor und somit rechts am neuen Rathaus vorbei. Immer geradeaus erreichen Sie nach 350 m die Straße Puebla de Sanabria. Es geht weiter geradeaus gleich über eine große Kreuzung hinweg und nach 350 m wenden Sie sich bei einer Straßengabelung halb links weiter bergauf in die Calle de la Hiniesta. Immer geradeaus erreichen Sie nach 1,4 km am Ortsausgang einen Kreisverkehr (km 2,4). Vorbei an diesem geht es weiter geradeaus entlang der Straße und über rechts davon verlaufende Pfade. Nach 1,1 km gehen Sie nach rechts auf eine breite, einfache Piste, die 1,4 km zur Autobahnüberführung führt. Diese wird überquert und danach führt der Weg 1,1 km in einem Zickzackkurs zu einem Kreisverkehr der N-630, der sich nahe dem zersiedelten Ortsanfang von **Roales del Pan** befindet (⇧ 698 m) ✕ ☕ ♨ ≈ 🚌 (km 6). Der kleine, aber lang gezogene Ort wird geradeaus auf der zunächst parallel zur N-630 verlaufenden Ortsstraße betreten und nach 500 m erreichen Sie einen Spielplatz mit ♦ Wasserstelle. ⓘ Auf der Hausmauer befindet sich eine gezeichnete Darstellung einer Variante des Weges über Portugal.

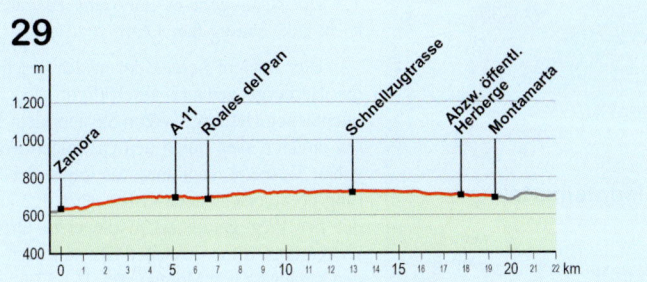

Nach weiteren 700 m finden Sie am Ortsausgang eine Altersresidenz mit gegenüberliegendem, dazugehörigem Freiluft-Ertüchtigungs-Park (☺ Benutzung auch für Pilger gratis!). Der guten Kennzeichnung folgend wandern Sie wieder über verschiedene Pisten und Feldwege weiter und gehen, nach 1,3 km oben angekommen, an einer weithin sichtbaren Baumreihe vorbei.

Immer leicht bergauf, bergab über Feldweg und Schotterpiste wandern Sie 4 km durch die weite Landschaft der Meseta, dann treffen Sie auf die Schnellzugtrasse (km 12,5).

Hochgeschwindigkeitstrasse. Hier treffen Sie zum ersten Mal auf die Schnellzugtrasse, die von Madrid über Zamora, Puebla de Sanabria, A Gudiña, Ourense und Santiago bis nach A Coruña führt. Ein nicht unumstrittenes spanisches Großbauprojekt. Auf eben dieser Strecke ereignete sich übrigens am 25. Juli 2013 das verhängnisvolle Zugunglück am Ortseingang von Santiago (☞ S. 238).

Die Trasse wird über eine Überführung überquert und es geht parallel zur N-630 geradeaus weiter. Nach 3,4 km verlassen Sie die Piste bei einigen Bäumen nach rechts und

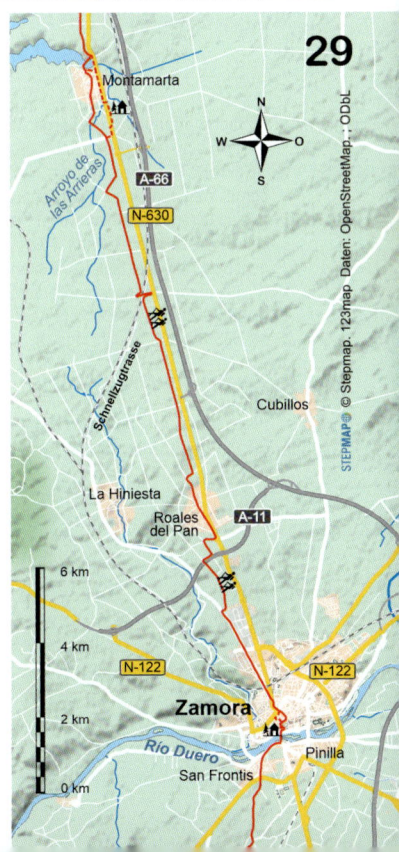

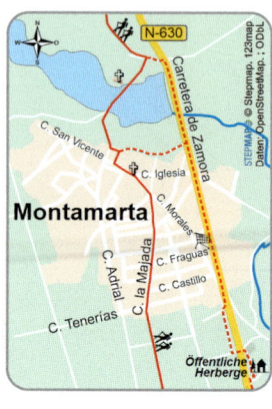

1,5 km weiter geht es über eine Pistenkreuzung leicht links hinweg (km 17,4).

✋ Hier beginnt bereits der in der Beschreibung der Herberge genauer geschilderte Weg zur 🏠 öffentlichen Herberge. Wenn Sie aber dem schöneren direkten Weg durch den Ort folgen wollen, so gehen Sie leicht nach links. Sie folgen der Markierung über verschiedene Pisten, nach 1,2 km mündet der Weg geradeaus in die erste Ortsstraße. Weiter über diese erreichen Sie nun nach 700 m den Kirchplatz von **Montamarta** (⇧ 687 m) 🏠 🛏 ✕ 🍺 🛒 🚌. Im Ort gibt es verschiedene kleinere pilgerbekannte Pensionen, von denen aber m. E. wohl keine mehr eindeutig (vorrangig) empfohlen werden kann (km 19,3).

🏠 **Einfache öffentliche Herberge**: Weg zur Herberge: Gehen Sie an der eben genannten Stelle 150 m nach rechts zur N-630. Folgen Sie dieser nach links 800 m bis vor eine Senke, wo eine Piste nach rechts führt. Hier befindet sich im ersten Haus neben der N-630 die Herberge. Weg zurück zur Vía (siehe dazu auch Kartenausschnitt): Folgen Sie der N-630 im Prinzip geradeaus weiter, wobei Sie auch auf Wege und Pisten rechts und dann links derselben ausweichen können. Nach 1 km erreichen Sie den Ortseingang ... Die einfache, gepflegte Herberge bietet 20 Betten in einem Schlafsaal, einen Aufenthaltsraum mit kleiner Küche, Kamin, Mikrowelle, 📶 gratis, eine Picknickstelle vor dem Haus. Keine oder sehr einfache Heizung, aber Decken. Abends kommt jemand, um zu stempeln und zu kassieren. ☎ 685 104 808, 🕐 ganztags ca. 1. März bis 15. Nov, ca. € 5 bis 7

Montamarta – Fontanillas de Castro 11,9 km

🚶 Nach der Ortskirche erreichen Sie gleich den Ortsausgang und können nun sehen, ob Sie den direkten Weg geradeaus rechts an der Friedhofskirche vorbei gehen

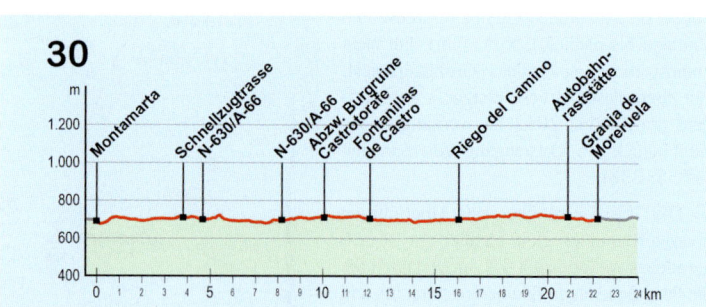

können oder bei Hochwasser ✋ den Umweg nach rechts über die Brücke der N-630 nehmen müssen (☞ siehe auch Kartenausschnitt). Nach 600 m bzw. 800 m treffen beide Variante bei einer Pistenkreuzung nach der Friedhofskirche wieder zusammen. Bergauf und bald wieder über die gewohnten Feldwege und Pisten erreichen Sie nach 2,8 km wieder die Schnellbahntrasse, die unterquert wird. ✋ Nach 300 m finden Sie evtl. verschiedene Wegvarianten vor. Am besten verlassen Sie den Weg hier nach rechts in Richtung der N-630 und der Autobahn. Noch bevor Sie nach weiteren 300 m die N-630 betreten, wenden Sie sich nach scharf links und gehen über die Überführung, welche 200 m über die N-630 und die Autobahn führt (km 4,2).

Sie pilgern nun nach links entlang der Autobahn und deren Zubringer bergauf und wieder bergab und haben nach 1,3 km das Autobahnkreuz hinter sich gelassen. Nun führt Sie der Weg über verschiedene Schotterpisten entlang der Autobahn, entfernt sich nach 1,4 km wieder für 1 km von ihr, um sie dann ein weiteres Mal zu überqueren. Bald entfernt sich die Vía de la Plata erneut von der Autobahn und Sie wandern endlich wieder über den alten Originalweg, bis nach 1,5 km links, 300 m abseits des Weges, eine Burgruine sichtbar ist (km 9,7).

⌘ **Burgruine Castrotorafe**. Dieses aus dem 12. Jh. stammende Wehrdorf war Sitz des Ordens der Jakobusritter. Machen Sie einen kleinen Abstecher und lassen Sie sich von der enormen Größe der Burg beeindrucken.

🚶 Nach der Burg führt der Weg zunächst über einfachen Feldweg bzw. unbefestigten Fahrweg. Der guten Markierung folgend kommen Sie dann wieder auf einer guten Schotterpiste an und erreichen nach 1,6 km kurz vor dem Dorf Fontanillas de Castro eine Pistenkreuzung. (✋ Wollen Sie den Weg um 350 m **am Ort vorbei abkürzen**, gehen Sie nun nach links.) Auf dem offiziellen längeren Weg geht es leicht links ins Dorf **Fontanillas de Castro** (⇧ 718 m) 🏠 ✕ 🍴 🚌 und 600 m zur Kirche im Ortszentrum (km 11,9).

🏠 ✕ **Schöne kleine Spendenherberge.** Weg: Gehen Sie an der Kirche vorbei und halten Sie sich rechts, bis Sie nach 100 m auf die N-630 stoßen, wo sich die Herberge gleich rechter Hand befindet. Die freundlich-helle Herberge bietet in einem Schlafsaal 12 müden Pilgern Platz, Innenhof, Heizung. Abends wird von den Hospitaleros Angela und Paco für die Pilger gegen Spende gekocht, @. ☎ 676 151 949, 🛏 ganzjährig 14:00 bis 22:00, Spende.

Fontanillas de Castro – Granja de Moreruela   10,3 km

Der Ort wird nach der Kirche bald wieder verlassen und Sie wandern weiter über einfache Schotterpiste, bis Sie nach 2,8 km kurz nach einer Senke eine Pistengabelung erreichen. Hier gehen Sie halb rechts in Richtung des Dorfes, halten sich immer rechts und treffen nach 900 m auf die N-630. Wie Sie hier auf dem Kartenausschnitt erkennen können, geht es geradeaus ins Dorf **Riego del Camino** (⇧ 730 m) 🍷 🚌. Die Vía de la Plata führt hier aber nach links an der N-630 entlang (km 3,7).

Nahe Granja de Moreruela (ss)

Vor dem Ort gehen Sie also nach links an der N-630 entlang und verlassen diese nach 300 m wieder nach links. Achten Sie gut auf die Ausschilderung! Der Weg führt über die üblichen Pisten und Feldwege, bis nach 2,5 km die Autobahn überquert wird. An dieser entlang sehen Sie nach 2 km linker Hand eine Tankstelle mit ☺ Raststätte, welche Sie durch ein doppeltes Tor hindurch erreichen können (km 8,5).

Sie entfernen sich wieder von der Autobahn und dann überqueren Sie nach 1,4 km eine kleine Landstraße. (↰ Hier geht es links auf direktem Weg über Straße 3 km zum berühmten Kloster von Moreruela.) Der Jakobsweg führt aber geradeaus über die Straße und nach 250 m erreichen Sie, wie Sie nun auf dem Kartenausschnitt sehen können, sofort nach dem Überqueren eines Baches den Punkt, wo Sie direkt nach rechts in Richtung der Bar Teleclub gehen können. Nochmals 150 m weiter endet die Piste am Ortsrand von **Granja de Moreruela** (↑ 730 m) 🛏 🚌 ✕ 🍴 🚏 🚌 auf einer anderen Piste. Hier finden sich auch Wegweiser, die auf die verschiedenen Wege hinweisen. Da die Markierung im Ort oft sehr verwirrend wirkt, gilt dieser Punkt als Ende der Etappe (km 10,3).

- 🛏 **Gute öffentliche Herberge.** Die Herberge liegt 250 m vom Weg entfernt an der N-630. Sie bietet 20 Plätze in 2 gepflegten Schlafsälen mit einfacher Standheizung und Decken. In der Bar Teleclub meldet man sich an. ✕ Hier bekommen die Pilger ab 20:00 Menüs für € 13 und je nach Jahreszeit ab 7:00 oder 8:00 auch Frühstück, 🚿. ☏ 980 587 183, 🗓 ständig, ca. € 6 bis 8

- ✝ **Kloster Moreruela**. Das älteste spanische Zisterzienserkloster von 1131. Die Ruine strahlt Adel und Größe aus und wurde 2007 in weiten Teilen renoviert.
- ♦ 4 km vom Ort und 1,3 km vom Weg entfernt über eine kleine Landstraße in westlicher Richtung, 🗓 unsicher, fragen Sie evtl. vorher in der Touristeninfo in Zamora (☏ 980 533 694), ca. Okt bis März Mi bis So 11:00 bis 17:00, April bis Sep Mi bis So 10:00 bis 14:00 und 16:00 bis 20:00, Eintritt gratis

Der Weg bis Astorga zum Camino Francés

Der 95 km lange Weg weiter entlang der historischen Vía de la Plata bis Astorga, das dann 267 km vor Santiago am Camino Francés liegt, wird seit der Ausgabe von 2023 nicht mehr direkt hier im Pilgerführer beschrieben. Er stellt zwar unleugbar einen wesentlichen Teil des historischen Wegverlaufes der Vía de la Plata dar, die übrigens nicht schon in Astorga endete, sondern erst an der Nordküste Spaniens in Gijón, wo heute der Jakobsweg Camino de la Costa bzw. Camino del Norte entlang verläuft. Die meisten Pilger nahmen schon seit Beginn der Pilgerreise aus dem südlichen Spanien die praktisch gleich lange Route über Ourense und erreichten so nach weiteren 368 km Santiago.

Was im Vergleich zu dem Weg über Astorga für den Weg über Ourense spricht, ist zum einen die in weiten Teilen schöne, abgelegene Naturlandschaft – vor allem aber der Umstand, dass es sich bei den verbleibenden 267 km, die Sie ab Astorga auf der „Pilgerautobahn" des Camino Francés bestreiten werden, um eine sich von der Vía de la Plata sehr unterschiedende, wesentlich touristischere Art der Pilgerkultur handelt, was bei vielen von der Vía de la Plata kommenden Pilgern dann zu einem regelrechten Kulturschock führt. Der Weg über Astorga verlor so bei den Liebhabern der Vía de la Plata nicht zu Unrecht nach und nach an Beliebtheit und kam in den letzten Jahren nahezu ganz zum Erliegen.

Aus Gründen der Übersichtlichkeit und des Gewichtes wird diese Strecke daher nicht mehr in diesem Buch veröffentlicht. Sollten Sie aber aus welchen Gründen auch immer doch diesen Weg wählen, so können Sie sich auf der Website des Verlags (🖥 www.conrad-stein-verlag.de → Vía de la Plata → Downloads) kostenlos ein PDF mit der Wegbeschreibung, Karten und Infos herunterladen.

Astorga-Gaudipalast in Astorga: heute eher ein Ziel für Pilger des Camino Francés (dw)

Der Mozarabische Jakobsweg

Pilgerfreund unterwegs nach Xuqueira de Ambía (ss)

☺ **Terminologie:** Um Kritik vorzubeugen, sei noch einmal wiederholt, was schon in der Einleitung (☞ S. 163) dargelegt wurde, nämlich, dass der Mozarabische Jakobsweg eigentlich von Granada über Córdoba nach Mérida führt, sich dort mit der Vía de la Plata verbindet, um sich später wieder von ihr zu trennen und nach Santiago de Compostela zu führen.

Hier wird dagegen nur der letzte Teil des Mozarabischen Jakobsweges ab Granja de Moreruela beschrieben, der auch als Camino Sanabrés bezeichnet wird.

Granja de Moreruela – Tábara (Ortseingang) 25 km

So mancher noch nicht ganz wache Pilger ist hier des Morgens den falschen Pfeilen gefolgt und fand sich dann später – wieder wirklich wach und genauso überrascht – auf der falschen Variante wieder.

Jungstörche in ihrem Nest (ss)

Die Etappe beginnt der Einfachheit halber dort, wo die vorhergegangene Etappe geendet hat – am Ortsrand von Granja de Moreruela (☞ siehe Kartenausschnitt auf S. 163). Sie gehen also dort, wo die Piste auf einer anderen endet, nach links auf die Schotterpiste, die entlang des (ausgetrockneten) Baches verläuft und die Autobahn unterquert. Nach insgesamt 1,2 km führt der Weg nach halb rechts.

↳ Geradeaus weiter verlassen Sie den Jakobsweg in Richtung des auf S. 163 beschriebenen ✚ Klosters Moreruela. Nach 450 m erreichen Sie die Straße und folgen ihr 850 m nach rechts.

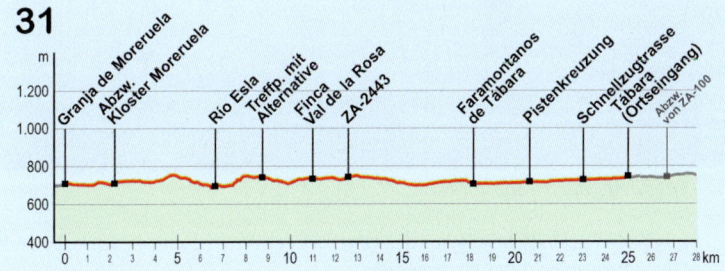

Wie gewohnt wandern Sie der guten Markierung folgend weiter über verschiedene Pisten bergauf und bergab an Feldern und Eichen vorbei. Nach 2,9 km geht es nach rechts und nach 1 km biegen Sie auf einen einfachen Feldweg ab, der nun zwischen Zistrosen hindurch in die Wildnis führt. Gleich nachdem er in einem letzten Stück steil bergab verlaufen ist, treffen Sie nach 700 m auf die Straße, der Sie nun weitere 700 m zur 200 m langen Brücke über den Fluss Esla folgen (km 6,7).

Verweilen Sie hier etwas und genießen Sie die Aussicht: Linker Hand erstreckt sich eine malerische Landschaft mit einer Schlucht am Talschluss und der alten, verfallenen Brücke Puente Quintos davor, über die einst die Pilger zogen. Trotz seiner geringen Größe ist dieses Tal ein Naturparadies und Sie können hier u. a. Reiher, Kormorane und schwarze Störche beobachten.

Zwei Alternativen: Der 600 m längere Schlecht-Wetter-Weg bzw. die Radpilgeralternative über die Anhöhe ist landschaftlich wohl nicht ganz so schön wie der Originalweg entlang des Flusses und lediglich bei schlechtem Wetter stellenweise besser zu passieren als der entlang des Flusses. Für Radpilger ist der Weg am Fluss hingegen unpassierbar. Beide Varianten sind zum Teil nicht optimal gekennzeichnet und damit

Unterwegs nach Tábara (ss)

Sie bei missverständlichen Stellen den Überblick behalten, beschreibe ich insbesondere den Originalweg daher etwas genauer.

🚲 **Schlecht-Wetter-Weg und Radpilgeralternative** (600 m Umweg). Nach der Brücke folgen Sie weiter der Straße. Schon 900 m hinter der Bücke finden sich ausgewaschene Pfeile, die nach links zeigen. ✋ Der Pfeil ist eventuell leicht zu übersehen und es gibt auch eine dritte Variante, die weiter geradeaus verläuft, m. E. aber nicht so schön ist. Biegen Sie also rechtzeitig nach links auf einen Weg ab. Sie erreichen nach 350 m einen allein stehenden Bauernhof, wo Sie nach links gehen. Immer dem gleichen Weg folgend wandern Sie noch weitere 500 m vorbei an Eichen und Zistrosensträuchern bergauf. Dann führt der Weg wieder bergab und immer dem Hauptweg folgend gehen Sie nach 300 m bei einer Weggabelung nach links. Nach weiteren 400 m kommt von halb links der Weg wieder hinzu, der entlang des Flusses verläuft, und Sie gehen weiter geradeaus (km 9,2).

🚶 **Originalweg entlang des Flusses**: Am Ende der Brücke gehen Sie links auf einen zunächst unwegsamen, aber ungefährlichen Pfad über Steine und Felsen hinweg und dann hinab zum Ufer des Flusses, das Sie nach 200 m erreichen. Hier finden Sie einen schmalen, aber bis auf wenige Stellen gut begehbaren Pfad vor, dem Sie entlang des Flusses folgen. Nach 400 m entfernt sich der Weg in Sichtweite einer Schlucht wieder vom Ufer und führt 500 m – insbesondere im letzten Teil – teils steil und steinig, aber stets gut begehbar bergauf.

Oben angekommen, wo sich eine schöne Aussicht bietet, gehen Sie gleich nach rechts über einen Pfad weiter vom Fluss weg. Nach 200 m führt Sie der Weg links an den letzten Resten einer Hausruine vorbei, hinter der dann wieder ein besser sichtbarer, einfacher Feld- bzw. Waldweg beginnt. Nach 600 m leicht bergab stößt dieser dann bei einem kleinen Bach auf einen einfachen Waldweg, auf dem Sie nun links gehen (km 8,6).

Gemeinsamer Weg: Ein einfacher Feld- bzw. Waldweg wird betreten, der teils steinig und zu manchen Zeiten morastig durch die Wildnis an Eichen und Zistrosen vorbei tendenziell bergab verläuft. Nach 1 km erreichen Sie bei einem kleinen Bach eine Wegkreuzung und gehen nach links. Der Waldweg führt bald wieder bergauf, der Wald lichtet sich allmählich und nach 1,6 km sind Sie dort, wo der Weg wieder eben verläuft, beim Tor des Landguts Finca Val de la Rosa angekommen. Hier wenden Sie sich nach rechts. Sie verlassen den Wald nun endgültig schnurstracks geradeaus 2,1 km einer Schotterpiste folgend, wandern später durch eine Senke und dann über eine Landstraße bis zur darauffolgenden Pistenkreuzung, wo es nun nach links geht (km 13,3).

Auf den folgenden 1,8 km führt der Jakobsweg über verschiedene Schotterpisten wieder leicht bergab, dann beschreibt er bei einem Häuschen eine letzte Wendung nach rechts und bringt Sie 2,6 km auf schnurgeradem Weg zum Ortsanfang von **Faramontanos de Tábara** ✗ 🍽. Vom Dorfeingang gehen Sie 350 m die Dorfstraße entlang, bis die Straße eine Rechtskurve beschreibt, in der sich linker Hand die ♀🍽 Bar Boya befindet, die auch über einen kleinen Lebensmittelladen verfügt, aber donnerstags leider geschlossen ist (km 18).

Der etwas kärglichen Kennzeichnung folgend gehen Sie auf der Straße im Prinzip nun immer geradeaus durch den Ort, bis Sie nach 400 m eine moderne Kapelle erreichen. Vor dieser wenden Sie sich nach halb rechts und nach 50 m gehen Sie weiter geradeaus bzw. nach halb links auf eine Piste, die linker Hand an einer Halle vorbeiführt. Immer geradeaus, links an einem Sportplatz vorbei, führt Sie der Weg am Ortsausgang wenige Meter über die Straße und dann wieder schnurstracks geradeaus über eine breite Schotterpiste hinweg ganze 2,5 km bis zu einer Kreuzung, bei der sich auch links und rechts zwei sehr kleine Häuschen mit Flachdach bzw. Container/Schuppen befinden. ✋ Hier gehen Sie nach links. Bei der nächsten Kreuzung wenden Sie sich wieder nach rechts und nach 2,1 km wird die Hochgeschwindigkeitsstrasse überquert. Zunächst geradeaus und dann in einigen Kurven gehen Sie immer weiter auf den Ort zu. Nach 1,8 km sind Sie auf einer Pistengabelung 100 m vor dem romanischen Kirchturm des einstigen Klosters San Salvador (11. Jh.) angekommen.

✋ Der offizielle Jakobsweg führt hier scharf rechts auf der Piste weiter. Dieser verläuft aber etwas umständlich, kreuzt mehrfach die Schnellzugtrasse und bedeutet

Tábara (ss)

einen Umweg. Deswegen empfehle ich Ihnen, hier erst einmal nach halb links 100 m zum Turm zu gehen (km 25).

Tábara 🏠 🛏 ✕ 🏪 🚴 🚌 ↑ 744 m, 1.000 Ew.

🛏🏠 **El Roble**. Weg: an der Plaza Mayor nicht durch die Allee, sondern nach halb rechts 50 m entlang des Platzes und noch einmal 50 m geradeaus in die Calle Prado, linker Hand (100 m vom Weg entfernt). Im seit Jahren pilgererprobten Hostal, in dem es auch ✕ Menüs für € 13 bis 14 gibt, finden sich gute, schlichte Zimmer mit eigenem Bad und Heizung (DZ € 56, EZ € 37). Daneben wurde ein einfacher Herbergsteil mit 14 Plätzen eröffnet. Einfacher, gepflegter, nicht übermäßig geräumiger Schlafsaal mit Trenngardinen und etwas wenig Tageslicht, Mikrowelle, 🍴, 🖥 € 5, @. ☎ 980 590 300 oder 650 629 969, 🗝 ganzjährig, spätestens 14:00 bis 24:00, € 12

Weg über die öffentliche Herberge (1 km Umweg). Sie überqueren die Landstraße und erreichen gleich die Plaza Mayor, welche Sie in gleicher Richtung durch die Allee queren. Weiter geradeaus bzw. leicht nach links gehen Sie in die sich anschließende Straße. Vorbei an der Bank Caja Rural finden Sie nun Holzschilder und gelbe Pfeile, die Ihnen den weiteren Weg weisen. Sie gehen also gleich nach der Bank nach rechts und immer geradeaus 450 m zu einem Platz mit einem alten Brunnen mit Viehtränke. Hier wenden Sie sich nach halb rechts und gehen noch weitere 350 m bis zur Herberge (800 m vom Weg entfernt).

⌂✕ Öffentliche Herberge. Der Schriftsteller und Journalist José Almeida ist seit 2014 als Hospitalero und engagierter Förderer des Pilgerweges aktiv. Die Herberge in ruhiger Lage am Ortsrand besteht aus einem kultigen, einfachen älteren Teil und einem guten neuen Anbau. Sie bietet 28 Plätze, meist in Einzelbetten in 4 Schlafsälen, Hof, Decken und Heizung. Am Abend wird ein gemeinsames Essen angeboten. Zum Andenken gibt er den Pilgern eine kleine Kalebasse oder auch eine selbst gemachte Pilgermuschel aus Leder mit. Frühstück. ☏ 637 926 068, ⌂ ganzjährig ab 13:00, alles Spende

Aus Richtung des Ortes kommend gehen Sie vor der Herberge nach rechts an der Betonmauer entlang und erreichen nach 80 m eine Landstraße, wo Sie sich nun 400 m nach rechts in Richtung einer Kreuzung wenden. (✋ Hier beginnen zwei schönere Varianten, die nun nach links führen. Da diese aber auch wesentlich länger und gelegentlich unwegsam sind, werden sie hier nicht näher beschrieben.) Dem kürzesten Weg folgend gehen Sie weiter geradeaus und erreichen nach 250 m bei einem 🛒 Supermarkt wieder den gleich beschriebenen direkten kürzeren Weg (km 1,5). Sie folgen der ZA-100 also weitere 1,2 km geradeaus, bis eine Piste die Straße kreuzt. Ab hier befinden Sie sich wieder auf einer Variante des regulären Jakobsweges und folgen der Schotterpiste nach links (km 2,7).

Tábara (Ortsanfang) – Villanueva de las Peras   13,3 km

Direkter kürzerer Weg: Der Einfachheit halber empfehle ich Ihnen, dort, wo Sie am Ortsanfang beim besagten Turm des einstigen Klosters San Salvador vom Weg kommend auf die N-631 getroffen sind, nach rechts (bzw. vom Ort kommend nach links) auf diese abzubiegen. Nach 500 m verlassen Sie die N-631 bei einem 🛒 Supermarkt wieder nach rechts auf die kaum befahrene ZA-100 und folgen ihr 1,2 km, bis eine Piste die Straße kreuzt. Ab hier befinden Sie sich wieder auf einer Variante des regulären Jakobsweges und folgen der Schotterpiste nach links (km 1,7).

Gemeinsamer Weg: Nur 400 m nachdem Sie die ZA-100 verlassen haben, biegen Sie in die erste Piste nach rechts ab. Immer derselben ebenen Schotterpiste folgend geht

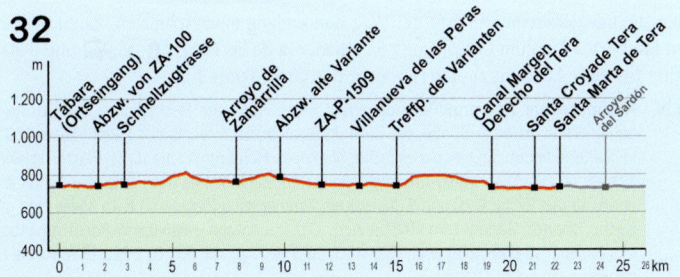

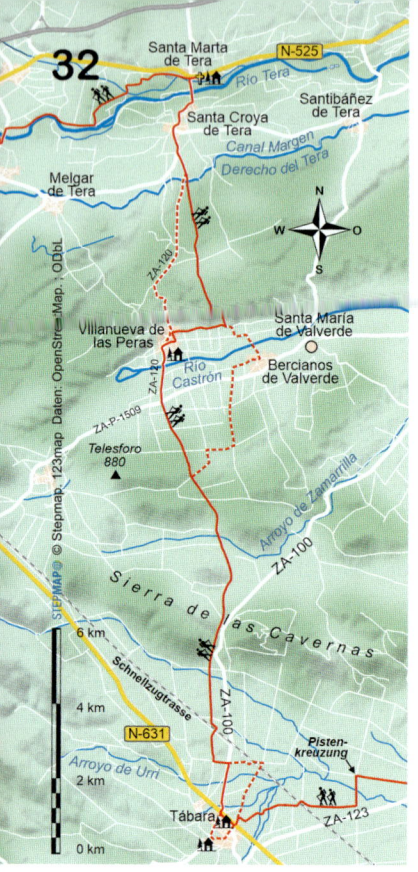

es über die Schnellzugtrasse und verschiedene Pistenkreuzungen hinweg. Dann steigt der Weg nach 2,4 km wieder an und führt durch eine Baum- und Buschlandschaft (km 4,5).

Nach 1,2 km senkt er sich wieder und gleich wird die breite Schotterpiste geradeaus auf eine schmalere verlassen, die bald unten angekommen zum Feldweg wird und dort durch und entlang einer Ebene verläuft. 2,3 km weiter haben Sie eine kleine unscheinbare Brücke überquert und die Ebene wird wieder bergauf in die bekannte Baum- und Buschlandschaft verlassen – der Feldweg wird wieder zur Schotterpiste.

Nach 1,7 km erreichen Sie eine Pistenkreuzung. (☞ Nach rechts führt eine 200 m längere ältere Variante, die hier aus Platzgründen nicht mehr näher beschrieben wird).

Weiter geradeaus betreten Sie hier die neuere und nun offizielle Variante über Villanueva de las Peras, welche insbesondere bei schlechtem Wetter zu empfehlen ist (km 9,7).

Regulärer Weg: Sie folgen also der besagten Piste ohne große Höhenunterschiede weiter. Dann wird eine Ebene betreten und der Blick öffnet sich. Nach 2 km erreichen Sie eine Straßenkreuzung mit Bushäuschen. Weiter geradeaus verläuft der Weg nun entlang einer schmalen, kaum befahrenen Straße 1,3 km zum Ortsanfang von **Villanueva de las Peras** 🏠 ⚑ 🚌 und 300 m weiter bis zum Abzweig zu der Herberge des Ortes (km 13,3).

- 🏠✕ **Kleine private Herberge/Pension**. Weg: 50 m nach der Rechtskurve der Ortsstraße gehen Sie in die erste Straße, die Calle de Escuela, nach rechts und folgen dieser 150 m. Im Parterre finden Sie hier die einfache, aber nette Herberge Alameda. 12 Plätzen in einem Schlafsaal mit etwas wenig Tageslicht. Im ersten Stock gibt es noch zwei ▢ DZ für € 30 und € 40 (als EZ für € 20 und € 30) und ein Zimmer mit 3 Plätzen für € 45 sowie eine gute Küche, kleiner Garten zum Entspannen. Die freundliche Hospitalera kocht am Abend Menüs für € 12 und bietet auch Frühstück an. ▢ 2, @. ☏ 696 321 223, ▢ März bis Okt ganztags, ab € 12

Villanueva de las Peras – Santa Marta de Tera 8,9 km

👥 Nach dem Abzweig zur Herberge geht es weiter geradeaus und nach 50 m erreichen Sie beim kleinen Hauptplatz des Dorfes eine Kreuzung mit 🍷 Bar.

↪ **Eine Variante** führt Sie ab hier geradeaus ohne Ausnahme **über die Straße**, bis Sie nach 7,3 km Santa Marta de Tera erreichen. Da diese Tortur im Regelfall bestenfalls Radfahrern zu empfehlen ist, verzichte ich auf eine nähere Beschreibung.

Empfohlener Weg: Verlassen Sie hier die Straße also besser nach rechts. Nach 200 m gehen Sie beim Ortsausgang nach links und verlassen das Dorf erst nach weiteren 250 m nach rechts auf eine Schotterpiste. Geradeaus entlang einer Ebene erreichen Sie nach 1,4 km die Stelle, wo die Variante über Bercianos de Valverde wieder auf unseren Weg trifft (km 1,9).

Die bisherige Piste wird nach links verlassen. Weiter über Schotterpiste wandern Sie vorbei an einigen Bodegas bergauf und nach 1,2 km erreichen Sie rechter Hand einen einfachen Unterstand. Der Weg verläuft immer geradeaus weiter leicht bergauf, dann eben und wieder bergab durch die Busch- und Baumlandschaft. Nach 2,9 km wird ein Kanal überquert und das fruchtbare Tal des Tera erreicht (km 6).

Gleich betreten Sie eine schmale Landstraße und nach 700 m überqueren Sie eine Straßenkreuzung. Bald folgt der Ortsanfang von **Santa Croya de Tera** (⇧ 726 m) 🚗 ✕ 🍴 🏨 🚐. Nach 1 km finden Sie rechter Hand den 🛒 Lebensmittelladen des Ortes (☺ ... in dem Sie evtl. Kochzutaten für den Abend und auch Proviant einkaufen sollten, da Sie die nächste Einkaufsmöglichkeit erst wieder in 12 km finden). Derselben Hauptstraße folgend überqueren Sie bald den Fluss Tera und dessen Seitenarme. Am Ufer gibt es einen Rastplatz und einen 🏖 Badestrand. Nach 1,2 km stehen Sie vor dem Hauptplatz von **Santa Marta de Tera** 🏨 ?✕ (?✕ in der Bar am Platz, wurden bisher abends auch Speisen angeboten; leider war diese bei Redaktionsschluss wegen eines Pächterwechsels geschlossen) (km 8,9).

✝ **Kirche Santa Marta**: Romanische Kirche aus dem frühen 13. Jh. mit Resten vom Vorgängerbau aus dem 10. Jh. Am interessantesten ist die älteste bekannte Darstellung eines pilgernden Jakobus (Santiago Peregrino), die aus dem 11. Jh. stammt und gut erhalten ist. Im Kircheninnern gibt es nur eine kleinere Kopie, das Original befindet sich außen am Portal des Südtors, das Sie erreichen, wenn Sie die Kirche links umrunden.

🏨 **Schöne öffentliche Herberge**: Weg: Am Hauptplatz gehen Sie geradeaus 50 m an der rechten Seite des Platzes entlang, vorbei an der Kirche. Danach noch weiter geradeaus bzw. halb rechts 50 m in die dahinterliegende Straße zur nun rechter Hand liegenden Herberge. Die geräumige, schlicht-rustikale Herberge, die sicher zu den schönsten öffentlichen Herbergen des Weges zählt, bietet 12 Betten in zwei Schlafräumen mit Heizung und Decken, Küche, 🖥 € 1. ☎ 626 752 622, 📅 März bis Nov, ganztags, € 5

Santiago an der Kirche Santa Marta (rj)

Santa Marta de Tera – Calzadilla de Tera (11 km) – Olleros de Tera 13 km

⇨ *Die einfache kleine Herberge, die Sie nach 11 km in Calzadilla de Tera erreichen, wird wohl auch wegen der kärglichen Infrastruktur dort nur wenig besucht. Die folgende Etappe endet deshalb erst 2 km weiter in Olleros de Tera, wobei hier die Herbergs- und Verpflegungssituation nicht immer optimal ist.*

🚶 Dort, wo Sie auf dem Hauptplatz von Santa Marta de Tera angekommen sind, wenden Sie sich scharf nach links in die Calle Río. Über Asphaltpiste, Schotterpiste und dann Feldweg wandern Sie nun vorbei an Auen, Feldern und Pappelwäldern durch die Ebene und nach 2 km führt Sie eine Brücke über einen Seitenarm des Flusses. Wie gewohnt geht es weiter durch die fruchtbare Ebene, bis der Weg auf den Hauptlauf des Flusses trifft und ein Stück weit entlang desselben verläuft. Nach 1,8 km führt Sie der Weg an einer kleinen Ruine vorbei. Immer im größeren und kleineren Abstand dem Fluss folgend verläuft der Weg über zunehmend bessere Pisten 2 km zu einem Rastplatz

(km 5,8) (⮕ 50 m linker Hand des Beginns der Brücke finden Sie hier eine ◉ Wasserstelle und nicht weit davon einen 🏊 Zugang zum Fluss). Die Landstraße wird 400 m weiter betreten und der Fluss hierbei überquert. Danach wandern Sie über einen gut begehbaren Feldweg, die Pappelmonokulturen nehmen langsam ein Ende und die Landschaft wird wieder ursprünglicher, bis Sie dann nach 3,1 km eine Landstraße überqueren. Wenig später wird diese dann betreten und nach 700 m verlassen Sie diese dann wieder nach rechts auf einen Feldweg, über den Sie nach 500 m einen Kanal erreichen.

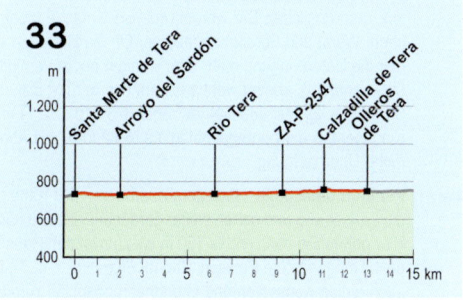

✋ Ab hier bis zum Etappenende war der Weg bisher an zahlreichen Stellen nach offenbar bewusst angebrachten Manipulationen verwirrend oder unzureichend gekennzeichnet. Ich empfehle Ihnen, hier geradeaus über den Kanal zu gehen. Nach 500 m erreichen Sie am Ortseingang von **Calzadilla de Tera** (⇧ 750 m) 🛏 🏠 🍴 🚌 eine Straße (km 11).

🏠 **Kleine, einfache öffentliche Herberge.** Weg: Gehen Sie links die erste Dorfstraße hinauf. Nach 120 m kommen Sie am 🛒 Laden des Dorfes vorbei und erreichen nach weiteren 30 m eine große Kreuzung, die einem Platz ähnelt. Sie gehen bei der besagten Kreuzung weiter geradeaus, überqueren einen Platz und stoßen nach 100 m auf ein kleines Haus mit einer weißen Doppeltür, dem Seniorentreff, über dem sich im 1. Stock die Herberge befindet. Sie bietet 6 Betten, 2 Badezimmer mit Duschen und einen kleinen Tisch mit Stühlen, keine Decken und keine Heizung. ☎ 980 645 845 (Rathaus), 🕐 ständig, Spende

Achten Sie weiter gut auf meine folgende Wegbeschreibung! Die Ortsstraße wird nach halb rechts überquert und die dahinterliegende Straße nach 20 m sofort wieder nach links in die Gasse Travesia de la Iglesia verlassen. Folgen Sie dieser immer weiter in einem Rechtsbogen durch den Ort, bis Sie nach 150 m den Kanal überqueren. Hier wenden Sie sich nach links und pilgern 1,6 km immer entlang des kühlen Kanals über einen Feldweg zum Ortsanfang von **Olleros de Tera**. (↷ Nach rechts führt eine Markierung zur Herberge. Der – hoffentlich auch weiterhin so gekennzeichnete – reguläre Weg ist aber auch dann kürzer, wenn Sie zu dieser wollen.) Gehen Sie also besser nach links über die Brücke und vorbei an einer ersten Gasse 100 m bis zur Hausnummer 20, wo Sie nach rechts in die erste breitere Dorfstraße gehen. Folgen Sie dieser nun noch 100 m bis zu einem kleinen, einfachen Platz, über den hinweg sich die Straße praktisch gabelt. ↷ Geradeaus geht zur ?🏠 Herberge und leicht nach links auf dem Jakobsweg weiter (km 13).

?🏠 Kleine, einfache private Herberge. Weg: Gehen Sie an dem eben genannten Platz 100 m geradeaus bzw. leicht rechts. Die kleine, einfache, improvisierte, an einigen Stellen renovierungsbedürftige Herberge La Trucha (deutsch: Forelle) bietet sechs Einzelbetten in einem sehr einfachen Raum an. Prähistorische Frostschutzheizung. ✕ In der sehr schlichten, ursprünglichen Bar werden ebenso einfache Menüs für ca. € 10 bis 12 (z. B. Hühnchen, Wurst und Forelle) angeboten. Ob die Herberge wirklich geöffnet ist und man Ihnen hier die Unterbringung mehr oder weniger nur in Verbindung mit dem Abendessen anbietet (bzw. andreht), kommt wohl auch auf den gerade diensthabenden Hospitalero an, auf den Sie treffen. @. ☎ 980 644 767 oder 673 910 592, ⌑ im Prinzip Mai bis Sep – aber erfahrungsgemäß eher unregelmäßig, ca. € 22 für Ü mit Abendessen oder ca. € 10 für die einfache Übernachtung

Pension Casa Julia. Nach dem Überqueren des Kanals immer geradeaus überqueren Sie die Landstraße und gehen weiter geradeaus, bis Sie nach 400 m einen Brunnen erreichen. Hier gehen Sie nach rechts 150 m bis zum letzten Haus linker Hand. Schöne, moderne, liebevoll eingerichtete Pension, Küche, Frühstück € 4. 🍽 Die Gäste des Hauses können hier auch einige Konserven und Grundnahrungsmittel zum Selbstkochen in der Küche kaufen. Gratis, einfacher Hof, EZ € 25, DZ für € 40. ☎ 660 088 620

Olleros de Tera – Ríonegro del Puente   15 km

Sie gehen, nachdem Sie sich für die folgenden zwei Etappen mit Proviant eingedeckt haben, leicht links über den Platz immer geradeaus 400 m zum Ortsrand. Dort wird eine Asphaltpiste betreten bzw. schräg überquert und so erreichen Sie nach 1,4 km über Beton- und Asphaltpiste eine große, weithin sichtbare Kirche. Danach führt Sie eine Schotterpiste leicht bergauf. Nach 900 m beschreibt sie eine Linkskurve (km 2,7).

↷ Nach halb rechts verlässt ein Pfad hier die Piste. Es handelt sich um die alte Wegführung, die heute aber weitgehend zugewachsen und deshalb nicht mehr zu empfehlen ist.

Sie folgen der Piste also besser weiter in die Linkskurve und über verschiedene Pisten bergauf erreichen Sie nach 2,1 km eine Straße – vor Ihnen liegt der Stausee. Sie gehen nun nach rechts 500 m bis zur Staumauer. Die immerhin 500 m lange Staumauer wird überquert und dann lustwandeln Sie über ein schmales Sträßchen, das sich unweit des Ufers durch die Zistrosen und Steineichen schlängelt.

≈≈ Im See kann man baden, ✋ aber man darf nicht näher als 200 m an die Staumauer kommen.

🥾 Nach 2,8 km mündet dieses Sträßchen vor dem Ortsanfang von **Villar de Farfón** 🏠 in eine andere Asphaltstraße. Der Markierung folgend haben Sie den Ort nach 600 m durchquert und finden im letzten Haus eine einfache Pilgerherberge (km 9,2).

🏠 **Sehr kleine, sympathische Herberge.** In einem Nebengebäude des abgelegenen Hauses finden sich 4 Betten in einem kleinen rustikalen Raum. Ein Waschbecken und eine sehr originelle Dusche. Schöner, offener Vorraum mit Kochgelegenheit, Kochgeschirr, Mikrowelle. Die Eigentümer, der evangelikale Bibellehrer Craig und seine Frau Dorothea, die auch etwas Deutsch spricht, haben die halbe Welt bereist. Den ein oder anderen mag evtl. irritieren, dass Craig dieses Projekt als Pilgermission betrachtet und öffentlich als Unterstützer von Donald Trump auftritt. ✕ Abends wird von ihnen für die Pilger gekocht und für den Morgen ein einfaches Frühstück bereitgestellt. ☎ 647 297 390, 📅 ständig, aber wegen fehlender Heizung im Winter nicht zu empfehlen, alles Spende

🥾 Der Weg verläuft allmählich ansteigend über einfachen Feldweg und Pfad weiter durch die wilde Naturlandschaft. Nach 2,8 km oben angekommen führt er zunächst wieder steinig bergab, dann wieder mehr oder weniger eben erreichen Sie nach 2 km eine Häusergruppe. Der nun

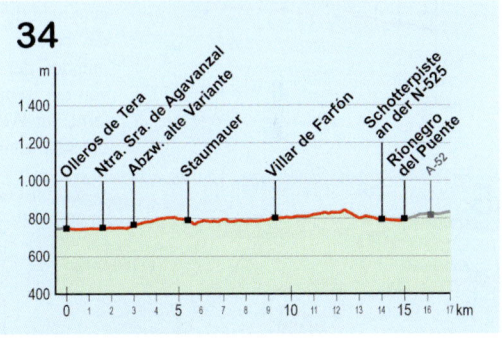

beginnenden Schotterpiste folgend wird der Fluss Río Negro überquert und wenn Sie nach 1 km nahe der Straße bei einem Pilgerdenkmal angekommen sind, finden Sie linker Hand die Pilgerherberge von **Ríonegro del Puente** (⇧ 800 m) 🏠 ✕ 🚌 (km 15).

🏠 **Schöne öffentliche Herberge.** Die Herberge befindet sich im renovierten Bau des historischen Pilgerhospitals. Sie bietet 32 Betten in 2 Schlafsälen, eine kleine ausgestattete

Küche, einen schönen Aufenthaltsraum, Terrasse, Decken und ausreichend Standheizungen, einen Automaten mit einigen Snacks, Speisen zum Aufwärmen in der Küche sowie Getränke, 🅿 € 2 und **T** ab € 1. 🕿 Keines, 🛏 ständig, €10

✕ **La Vereda**. Praktisch im gleichen Gebäude wie die Herberge – 40 m nach rechts in die Nebenstraße am Eingang der Herberge vorbei – findet sich die 2024 eröffnete, kleine, pilgerfreundliche Dorfbar, wo Sie Ihrem Hunger zu bezahlbaren Preisen mit großen belegten Broten und anderen einfachen Speisen zu Leibe rücken und ab 8:30 auch frühstücken können.

Ríonegro del Puente – Mombuey (9,5 km) – Asturianos   26,1 km

⇔ *Die nächste Herberge mit nennenswerter Kapazität finden Sie am Ende der Etappe in Asturianos. Wenn Sie früh ankommen, können Sie aber evtl. auch schon nach 9,5 km in Mombuey ein Bett in der kleinen Herberge erhaschen und wer es sich leisten kann etwas tiefer in die Tasche greifen, kommt bereits nach 8,2 km oder 23 km etwas gediegener unter.*

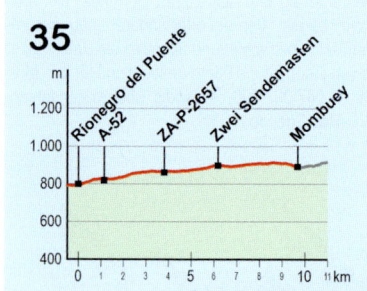

🥾 Der Ort wird gleich verlassen und einem einfachen Weg folgend überqueren Sie bald die Autobahn. Weiter geht es auf einer Piste an dieser entlang, bis sich der Weg nach 2 km von ihr entfernt. Sie wandern nun über eine Schotterpiste entlang der N-525, die bald in einen einfachen Feldweg mündet, der sich nun leicht ansteigend von der wenig befahrenen N-525 entfernt. Ihr Weg führt nun wieder durch die stille Landschaft.

Nach 1,6 km wird eine schmale Landstraße überquert. Nach rechts bietet sich hier oben eine schöne Aussicht auf die Bergkette. Sie wandern über einen unbefestigten Feldweg nahezu eben in eine baum- und strauchlose Ebene, die ein wenig an eine Almlandschaft erinnert. Diese geht dann

Ríonegro del Puente – Mombuey – Asturianos

in eine einer Heide ähnliche Landschaft über, wo der Weg dann wieder etwas ansteigt. Nach 2,4 km sind Sie oben bei zwei Sende- bzw. Funkmasten angekommen (km 6).

Ohne größere Höhenunterschiede geht es weiter durch die einsame Landschaft, dann nähert sich der Weg wieder langsam der Straße und mündet in eine Piste. Nach 2,2 km finden Sie vor dem Ortsanfang von **Mombuey** (⇧ 894 m) 🏠 ⇌ ✕ 🍴 ♨ ✚ 🚌 das Hotel la Ruta (⇌✕ betriebsames, eher wenig an Pilgern orientiertes Fernfahrerhotel, DZ € 36 bis 42, EZ € 25 bis 30, Restaurant mit Menüs für € 14, Sonntagsmenüs € 18, ☎ 980 642 730, ⬜ Sa gelegentlich geschlossen) (km 8,2).

Noch 1,2 km weiter sind Sie im Zentrum von Mombuey und gehen nach links 50 m in Richtung „Monumento Nacional", wo Sie rechter Hand die 🏠 öffentliche Herberge erreichen (km 9,5).

> 🏠 **Einfache, kleine öffentliche Herberge.** Ein Raum mit 8 Betten, Tisch, Stühle, Mikrowelle, einfache Standheizung und Sanitäranlagen. Den Schlüssel bekommen Sie, wenn geschlossen ist, evtl. im Haus mit der Nr. 4, schräg gegenüber der Herberge. 🖾 Spende. ☎ 980 642 711 (Rathaus), ⬜ ständig, Spende

✋ Verpassen Sie es nicht, in Mombuey evtl. Proviant einzukaufen. Auf den nächsten 16 km finden Sie abgesehen von Wasserstellen keine zuverlässige Versorgungsmöglichkeit.

🏃 Der Ort wird vorbei an der ⓘ

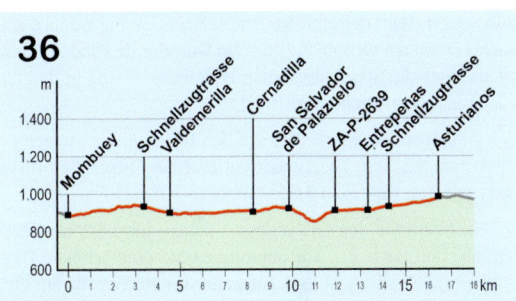

Kirche mit ihrem mächtigen und doch grazilen romanisch-gotischen Glockenturm aus dem 13. Jh. verlassen und verläuft dann über verschiedene Pisten zunächst im kleineren und größeren Abstand entlang der N-525 und über eine Kreuzung hinweg. Links und rechts des Weges säumen sich Kaninchenbaue und wenn die Population nicht wieder deutlich reduziert wurde, kreuzen ihre dann auffällig viele der dort wohnenden wilden Kaninchen den Weg des überraschten Pilgers. Nach 2,8 km entfernt sich die Schotterpiste von der N-525 und führt gleich über die Autobahn. Gleich danach halten Sie sich rechts. Nach 500 erreichen Sie eine Pistengabelung und 👋 gehen ungeachtet einiger irritierender Monolithen nach halb links über die Überführung der Schnellzugtrasse. Folgen Sie der gleichen Piste immer weiter leicht bergab über gut begehbare Schotterpiste und nach 1,3 km sind Sie in **Valdemerilla**, wo sich nahe der Kirche eine ♦ Wasserstelle befindet (km 14,1).

Der Ort wird durchquert und danach wandern Sie immer derselben Schotterpiste folgend meist geradeaus leicht bergauf, bergab. Die Landschaft ist dabei von niedrigen Büschen und Bäumen geprägt. Nach 2,2 km öffnet sich die Landschaft wieder und bietet eine weite Aussicht. Praktisch eben verläuft der Weg nun noch 1,2 km bis zum Ortsanfang von **Cernadilla** ♦. Der beschauliche Ort wird den wenigen Pfeilen folgend durchquert. Bald betreten Sie eine schmale, wenig befahrene Landstraße, über die Sie nach 1,7 km am Ortsanfang von **San Salvador de Palazuelo** eine kleine Kapelle ♦ erreichen. Über die Straßenkreuzung geradeaus hinweg in den Ort führt der Weg 300 m zur ✞ Santiago-Kirche (km 19,5).

☺ Von außen können Sie auf den Glockenturm steigen und haben einen schönen Blick zum Stausee. Die Landschaft und die Ortschaften wirken schon ab hier bereits sehr galicisch (☞ S. 191).

Nachdem Sie den Ort verlassen haben, führt Sie ein Waldweg bergab und wieder bergauf und nach 2,2 km überqueren Sie eine schmale Landstraße. Über Waldweg und Asphaltstraße geht es 1 km weiter bis zur Kapelle am Ortsanfang von **Entrepeñas** 🛏 (km 22,7).

ⓘ Linker Hand sehen Sie bei hohem Wasserstand von hier den Stausee. Weiter über die Asphaltpiste erreichen Sie nach 300 m die Hauptkirche, an der sich auch eine ♦ Wasserstelle befindet (km 23).

🛏 **Zwei kleine Pensionen.** Die einfache, gepflegte Pension liegt 20 m neben der Kirche in einem gepflegten, mit etwas Holz gestalteten Wohnhaus. 1 EZ für € 30, 2 DZ für € 45, Frühstück ab € 2,50. ✗ Die Gäste werden am Abend auf Wunsch kostenlos zu einem Restaurant nach Asturianos und wieder zurückgebracht, Küche. Das zweite sehr schöne, rustikale Landhaus befindet sich 200 m davon entfernt und bietet ein Dreibettzimmer (zwei Betten und eine Couch) für je nach Anzahl der Gäste € 40 bis 75 und Kochgelegenheit, ▭ € 2. ☏ 676 653 466

Am Ortsausgang verlassen Sie die Straße auf einen breiten Feldweg und unterqueren nach 900 m die Schnellbahntrasse. Demselben breiten Feld- und Waldweg in einer

In Asturianos (rj)

Linkskurve bergauf folgend überqueren Sie bald die Autobahn und betreten **Asturianos** (⇧ 965 m) 🛏 ✕ 🍴 🅰 🚌. Nach weiteren 2,1 km erreichen Sie im Zentrum des Ortes die N-525. (↪ Gleich schräg links gegenüber finden Sie die 🅰 Apotheke und den netten 🍴 Dorfladen mit Zierfischteich nebst schattiger Sitzgelegenheit. Nach rechts pilgern Sie dagegen zu den ✕ Bars und Restaurants.) Nur 200 m nach dem Überqueren der N-525 geht es nach rechts zur Pilgerherberge. Auf dem Jakobsweg geht es dort aber nach links weiter (km 26,1).

🛏 **Einfache öffentliche Herberge**: Weg: 200 m nach dem Überqueren der N-525 rechts halten und dann der Straße 350 m aus dem Ort folgen (km 17). Der Eingang zur Herberge befindet sich auf der Rückseite der Sporthalle hinter der dritten Tür. Die schlichte, einfache, aber gepflegte Herberge bietet 22 Plätze in 3 Schlafsälen, einfache Heizung. Die Bar nebenan öffnet, stempelt, kassiert und ✕ bietet einfache Speisen an, Frühstück gibt es nicht, @. ☎ 679 819 360, 🕐 ganzjährig 14:00 bis 22:30 (wer vor der regulären Öffnungszeit ankommt, kann anrufen), € 6

Asturianos – Puebla de Sanabria 14,3 km

🚶 Sie folgen der Markierung aus dem Dorf hinaus. Über verschiedene Haupt- und Nebenstraßen können Sie den Asphalt endlich auf einen breiten Waldweg verlassen. Dieser wird langsam schmaler und nach 1,6 km überqueren Sie unten angekommen ein

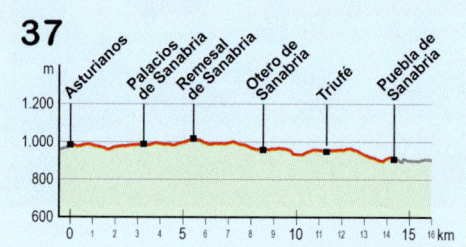

Feuchtgebiet bzw. ein Rinnsal (🚲 evtl. etwas schieben). Über einen Pfad bzw. unbefestigten Waldweg wandern Sie wieder meist leicht bergauf durch den Wald und nach 1,4 km erreichen Sie am Ortsrand von **Palacios de Sanabria** (⇧ 987 m) 🍴 🍽 🚌 eine Landstraße. (✋ Wollen Sie nun zu den 🍴 Bars, gehen Sie hier 200 m nach links.) Geradeaus geht es dagegen auf dem Jakobsweg weiter (km 3).

Vorbei an der Kirche wird der Ort verlassen und bald gehen Sie über Wege und Hohlwege leicht bergauf und bergab durch den Wald und dann über eine alte Steinbrücke hinweg. Nach einer letzten Steigung senkt sich der Weg dann wieder und Sie erreichen nach 2,5 km den Ortsanfang von **Remesal de Sanabria**, wo Sie sich am höchsten Punkt dieser Etappe (⇧ 1.012 m) befinden (km 5,5) (💧 50 m vor Ortsende, nahe der Hausnummer 3, etwas versteckt 10 m rechts oberhalb des Weges). Nach dem Verlassen des Ortes geht es über einen einfachen Weg wie gewohnt weiter durch den Wald, bis Sie nach 1,2 km die Autobahn erreichen. Folgen Sie ihr 400 m nach rechts und dann ✋ weiter geradeaus über einen kurzen Pfad zur Überführung der Autobahn. Über diese hinweg und bald wieder der guten Kennzeichnung folgend pilgern Sie über einfache Waldwege leicht bergab 800 m zum Ortsanfang von **Otero de Sanabria**. Der Weg führt auf der schmalen Ortsstraße nach 400 m an der ✟ Ortskirche vorbei (km 8,3).

☹ **Höllenrelief:** Über der links neben dem Hauptportal der Kirche von Otero de Sanabria befindlichen Tür ist ein interessantes Relief der Hölle oder – genauer gesagt – der dort angesiedelten Fachabteilung des Fegefeuers zu sehen. Auch mit Horrordarstellungen wie diesen wurden den Christen des Mittelalters „Beine gemacht", nach Santiago zu pilgern, wo sie die Absolution für ihre Sünden erbaten, um nach ihrem Ableben einem derart unerfreulichen Schicksal zu entgehen.

Vor Pueblo de Sanabria (dw)

🚶 Über dieselbe Ortsstraße verlassen Sie den Ort und betreten bald eine schmale, wenig befahrene Landstraße. Nun bietet sich Ihnen eine schöne Berg- und Heidelandschaft. Sie folgen der Landstraße bald bergab und unter der Autobahn hindurch und nach 1,7 km führt Sie eine Brücke über einen Bach. Danach geht es wieder bergauf zum Ortsanfang von **Triufé**, wo Sie eine einfache Asphaltpiste betreten, auf der Sie nach 1,1 km die kleine Kirche des Ortes erreichen (km 11,1). Bald verlassen Sie den teilweise verfallenen Ort und betreten eine Landstraße, die leicht bergauf und dann wieder bergab über die Autobahn hinweg nach 1,6 km auf die N-525 trifft. Vorbei an einem Hotel mit Restaurant geht es hinab zu einem Kreisverkehr, der nach links verlassen wird. Nach 1,2 km erreichen Sie am Ortsanfang von **Puebla de Sanabria** einen Kreisverkehr (↳ hier nach rechts in die breitere Straße, zunächst bergauf, 200 m zum 🛏 Hostal San Francisco). Noch 350 m weiter geradeaus in Richtung des Ortszentrums finden Sie linker Hand die 🏠 Pilgerherberge und gleich 50 m weiter rechter Hand einen kleinen 🛒 Lebensmittelladen und das 🛏 Hostal La Trucha (seit Pächterwechsel

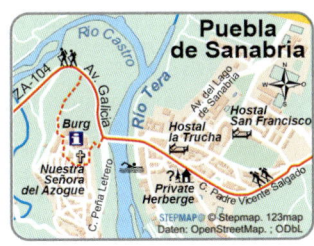

Puebla de Sanabria (rj)

m. E. eher nachrangig zu empfehlen, „Pilgerpreis" EZ € 40 bis 45, DZ € 55 bis 65, Kaffee gratis, ☏ 655 145 398) (km 14,3).

Puebla de Sanabria   ⇧ 899 m, 1.700 Ew.

Private Herberge. In der gepflegten Herberge Casa Luz finden Sie 32 Betten in 6 Schlafsälen, gute Küche, Terrasse und Garten mit Aussicht auf die Stadt. Sie verlassen die Herberge am anderen Morgen durch den Hinterausgang zum Garten, T @. ☏ 980 620 268 oder 619 751 762. Die Herberge war zu Redaktionsschluss wieder mal „wegen Personalmangels" geschlossen. Eigentlich möchte man ganztags von April bis Okt öffnen. Ca. € 13 bis 15

Der recht touristische Ort empfängt Sie mit gesalzenen Übernachtungspreisen. Für den Fall, dass die private Herberge geschlossen ist, kann aber das etwas abgelegene, seit Jahren pilgererprobte **Hostal San Francisco** bezahlbare Abhilfe schaffen. Von außen etwas schäbig, aber innen einfach, nett und gepflegt, in ruhiger Lage, EZ € 32, DZ € 50, Frühstück für € 3 bis 5, ☏ 980 620 907 oder 980 620 896

Meine Frage nach günstigen Restaurants wurde hier von leidgeprüften Ortsansässigen mit einem hemmungslosen Lachkrampf beantwortet ... Keine 200 m von der privaten Herberge entfernt finden Sie an der Uferstraße (☞ Ortskarte) die **Strandbar El chiringuito del río**, wo Sie von 20:00 bis 22:00 für ca. € 10 bis 13 z. B. mit Hamburgern und Pommes versorgt und je nach Hunger mehr oder weniger satt werden. Gleich nebenan liegt auch ein schöner grüner **Uferpark mit Blick auf die Burg**, wo Sie relaxen und absolut kostenlos ins kühle Wasser des Flusses steigen können.

⌘ Die **Burg,** in deren Rückseite sich auch die 🛈 Touristeninfo (☎ 980 620 734) befindet, stammt aus dem 15. Jh. und bietet ein Museum. Die Mauern können begangen werden und man kann bis auf den mächtigen Wehrturm hinaufsteigen. Der Zugang erfolgt durch die Touristeninformation.

✝ **Kirche Nuestra Señora del Azogue**: Schöne romanische Kirche aus dem 12. Jh. Besonders sehenswert ist das Hauptportal mit je zwei großen figürlichen Darstellungen zu beiden Seiten.

ⓘ **See Lago de Sanabria**: Sanabria ist in ganz Spanien berühmt für seinen Naturpark in mehr als 1.000 m Höhe, in dem sich der größte natürliche See der Iberischen Halbinsel befindet, der 3 km lang ist. Sollten Sie jedoch an süddeutsche Mittelgebirge oder gar alpine Landschaften gewöhnt sein, dann wird Sie Sanabria kaum beeindrucken. Der vor Ort reichlich beworbene Ausflug zum fast 20 km entfernten See ist also nicht unbedingt zu empfehlen.

Puebla de Sanabria – Requejo   11,8 km

🚴 Radfahrer stellen ihr Rad am besten ab und besuchen den oberen Teil des Ortes zu Fuß. Sollte das Wetter nicht feucht sein, so ist auch der gleich beschriebene „Übliche Weg" im ersten Teil für Radpilger machbar. Spätestens ab km 4,8 sollten Sie dann aber der Straßenvariante folgen.

↪ **Weg in bzw. über den sehenswerten oberen Ortsteil.** Weiter geradeaus an dem Hostal la Trucha vorbei überqueren Sie nach 250 m die Brücke. Am besten steigen Sie nun hinauf in das Ortszentrum und kehren dann nach Ihrem Besuch in umgekehrter Richtung wieder hierher zurück, denn die beiden anderen möglichen Varianten sind entweder verwirrend und/oder bedeuten keine nennenswerte Abkürzung. Auf Ihrem Weg vom Ende der Brücke in den oberen Ortsteil wählen Sie den Weg über die hier beginnende, 200 m lange Treppe, die nahe der ✝ Kirche endet, oder folgen der Straße wie nun beschrieben: Wenden Sie sich nach Überquerung des Flusses nach links. Nach 300 m befinden Sie sich im unteren Teil der Altstadt und pilgern scharf rechts 300 m hinauf in den Monumentalbereich. Für den Weg zurück ist Fußpilgern auf jeden Fall der kurze Weg über die Treppe zu empfehlen.

🚶 **Üblicher Weg:** Weiter geradeaus an dem Hostal la Trucha vorbei überqueren Sie nach 250 m die Brücke und gehen nach rechts. Gehen Sie weiter geradeaus über eine weitere Brücke und folgen Sie der Straße 1 km weit. Dann wird diese vor einem Stall nach scharf links abwärts auf einen Feldweg verlassen (km 1,9).

Sie wandern nun immer im größeren und kleineren Abstand entlang des Flusses meist über unbefestigte Wege und Pfade. Der Weg kann nach längeren Regenperioden stellenweise auch überflutet sein, was man aber gut umgehen kann. Nach 1,6 km entfernt sich der Weg bei einer Baumreihe nach rechts als einfacher Feldweg in Richtung einer Lichtung vom Fluss. Es geht weiter über Feldwege und Schotterpiste, bis Sie

nach 1,3 km nach einem Schotterweg die N-525 erreichen (km 4,8).

↳ In der Karte sehen Sie, dass Sie ab hier auch eine Variante weiter entlang des Baches nehmen können. Sie sparen sich hier zwar den größten Teil über den breiten Seitenstreifen und den Pfaden entlang der wenig befahrenen Straße, machen aber einen Umweg von 600 m.

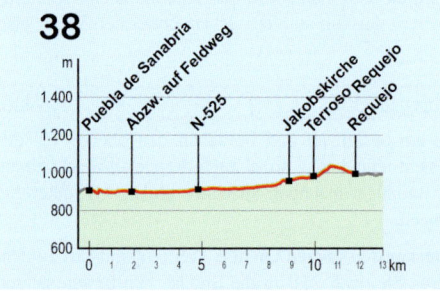

Sie folgen also ab hier wie wohl die meisten Pilger evtl. besser der wenig befahrenen Straße auf dem breiten Seitenstreifen oder den gelegentlich links daneben verlaufenden Pfaden 3,4 km, bis der Asphalt endlich zu Anfang eines Waldes nach rechts verlassen werden kann (km 8,2).

Über einfache Wald- und Feldwege erreichen Sie nach 800 m die ✝ Jakobskirche von **Terroso**, wo Sie auch einen Unterstand und eine ● Wasserstelle finden – ein schöner Platz für eine kleine Rast. Bald führt der Weg an einem Steinkreuz mit Jakobusstatue vorbei und dann wird der Ort über eine schmale Piste durchquert und nach 1 km die Autobahn überquert. Ein Waldweg führt bergauf und wird 400 m weiter nach halb links in einen Hohlweg verlassen. (↳ Geradeaus gelangen Sie zu den Wasserfällen im Naturpark Cascada de Aguas Cernidas, die jedoch über 5 km abseits des Weges liegen.) Nach nur 200 m endet der Hohlweg und es geht durch ein Zauntor geradeaus weiter und wieder bergab auf einen Pfad, der sich stellenweise zu verlieren scheint. Nach 300 m wird ein Rinnsal überquert und Sie gehen weiter geradeaus, bis Sie eine Schotterpiste erreichen und nach 300 m die Überführung über die Autobahn überqueren. Immer geradeaus treffen Sie nach 600 m auf die N-525. Hier befinden sich geradeaus auch die ✝ Kapelle von Guadelupe und der kleine Hauptplatz von **Requejo** (⇧ 1.006 m) 🏠 ⇌ ✕ 🍺 🐾. In der kleinen Bar an der Ecke finden Sie auch ein Regal mit Lebensmitteln zu etwas erhöhten Preisen (km 11,8).

Sehr einfache öffentliche Herberge. Im hinteren rechten Teil der selten geöffneten Apotheke finden Sie den Eingang zur Herberge mit 20 Betten in einem Schlafsaal, in dem Sie einfache Decken, Heizung und eine Sitzgelegenheit vorfinden. Sollte geschlossen sein, können Sie anrufen oder den Schlüssel bei Encarnita, die in der Calle de la Funte 14 wohnt, abholen. Sie erreichen die Straße, wenn Sie wie später beschrieben dem Jakobsweg folgen und 50 m nach der Bar nach halb links gehen. ☎ 647 948 186, ständig, um 17:00 wird kassiert und gestempelt, € 5

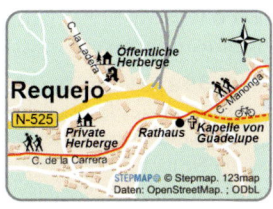

Einfache private Herberge. Die Herberge Casa Cerviño bietet 20 Plätze in einem Schlafsaal mit Decken und einfacher (wohl gelegentlich auch defekter) Heizung. Evtl. auf Nachfrage kleine Kochgelegenheit, das Preis-Leistungs-Verhältnis überzeugt hier nicht immer. 🔒 T, Handtücher, @. ☎ 686 024 213, ständig, evtl. an der Tür bei Nr. 1 klingeln, € 15

Tu Casa. Weg: Von der privaten Herberge der N-523 weiter ortsauswärts nach Westen folgen. Nach 700 etwas abseits rechterhand der Straße. Das nette ältere Ehepaar das früher auch ❓ 🛏 günstige Übernachtungen anbot, wollet ja eigentlich schon längst in Rente gehen bietet aber ab 19:30 immer noch lohnende Menüs für € 10 und ab 6:30 Frühstück für ca. € 3.50 an. Von dem Restaurant gehen Sie zur Straße überquere diese und pilgern weiter geradeaus 250 m bis zum Friedhof bei Kilometer 1,1 der folgenden Etappe.

Requejo – Lubián 18,1 km

⇔ *Die Wegführung war hier bisher etwas vertrackt. Zum einen wegen der Steigungen und des stellenweise schwierigen Untergrundes, zum anderen, weil diese immer wieder (durch teils unautorisierte Anwohner) geändert wurde. Es würde nicht verwundern, wenn sich auch in Zukunft die Wegführung im ersten Teil bis zum Pass ändert. Studieren Sie die folgende Beschreibung deshalb aufmerksam, um den für Sie richtigen Weg zu wählen und bei evtl. auftretenden Problemen den Überblick zu behalten.*

☺ **Abkürzung (z. B. bei Regen):** Die Strecke zwischen dem Friedhof 1,1 km nach Etappenbeginn bis zum Beginn der Variante **39b** nach 9,9 km ist recht schön, aber auch steinig und gelegentlich feucht. Nach ausgiebigem Regen, bei einbrechender Dunkelheit oder wenn Sie Fußprobleme haben, wählen Sie deshalb besser die Radroute **39a** und folgen der N-525 dann zumindest 4,8 km weit. Wenn Sie später den Weg nicht weiter durch den Straßentunnel abkürzen wollen, können Sie an dieser Stelle nach links auf den regulären Weg **39** wechseln. Ansonsten folgen Sie weiter der N-525 und sparen sich damit auch noch die letzten ca. 30 Höhenmeter Aufstieg.

Gemeinsamer Weg bis zum Friedhof: Vom Hauptplatz gehen Sie wie auch auf dem Kartenausschnitt ersichtlich weiter durch Requejo. Der kleine Ort wird vorbei an einer ● Wasserstelle bald verlassen und nach 1,1 km erreichen Sie beim Friedhof eine Pistenkreuzung, wo nun verschiedene Varianten beginnen (km 1,1).

39a Radroute: Der reguläre Weg wird bald unpassierbar für Radfahrer. Fahren Sie spätestens 1,1 km nach dem Ort am Friedhof nach rechts 200 m zur N-525. Folgen Sie dieser immer weiter bergauf und zuletzt über die Überführung und den Tunnel, bis Sie nach 7 km gleich nach dem Ausgang des Tunnels wieder den gekennzeichneten Jakobsweg erreichen (km 8,3).

Regulärer Weg 30. Nach dem Friedhof gehen Sie geradeaus weiter auf verschiedenen Wegen und nach 400 m wird eine kleine Brücke überquert. Ab hier fanden sich bisher regelmäßig irreführende Wegweiser, welche die Pilger nach rechts über die Straße zur Variante **39a** führen wollen. Dies hat aber vermutlich nichts damit zu tun, dass der zugegeben stellenweise unwegsame Weg entgegen meiner Darstellung nicht mehr begehbar ist, sondern damit, dass einige örtliche Landwirte und Anwohner dies aus persönlichen Gründen nicht gerne sehen. Achten Sie also auf die offizielle Kennzeichnung des Weges und gehen Sie im Prinzip immer weiter geradeaus entlang des Tales bald über einen Waldweg, der langsam steiniger wird. Nach 1,7 km sehen Sie dort, wo der Weg einige Meter bergauf führt, ⓘ linker Hand einen Wasserfall. Sie sind hier übrigens nur knapp 5 km Luftlinie von der portugiesischen Grenze entfernt.

Der Weg wird langsam zum steinigen Pfad und verläuft durch einige zeitweilig überschwemmte Bereiche, die man aber nach links und rechts über Pfade umgehen kann. Dann wird er endlich wieder besser begehbar und ebener, bis Sie nach 1,2 km (gefühlte 2,5 km) vor der Überführung der Schnellbahntrasse neben einer Brücke auf eine Asphaltpiste stoßen (km 4,4).(Hier beginnt der Abzweig zur später kurz erwähnte alte Variante **39b**.)

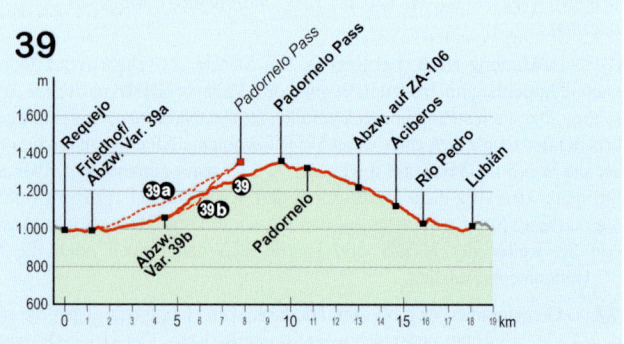

Auf dem zumindest bis Mai 2024 als regulärer Weg gekennzeichneten Weg folgen Sie der Asphaltpiste nun 1,1 km zunächst geradeaus und dann in Serpentinen bergauf zu einer Pistenkreuzung bei einigen Baracken (✍ wo Sie bei Bedarf auf die Variante **39a** wechseln können).

Ansonsten halten sich hier links und folgen der Piste immer weiter für 1,8 km. Dann gehen Sie auf den geschotterten Weg, der vorbei am Brückenpfeiler unter der ersten Brücke hindurch verläuft (km 7,3). Weiter über denselben Weg unterqueren Sie die zweite und dritte Brücke und der Weg mündet nun in einen etwas besseren Feldweg bzw. eine Piste. Sie folgen dieser über den Bergbach Río Requejo und dann nochmals unter der Autobahn hindurch.

Der Piste immer weiter bergauf in Serpentinen folgend (die man auch über einen Pfad abkürzen kann) haben Sie nach 2,2 km auf einer weiten Pistenkreuzung den ⇧ 1.360 m hohen Pass und damit die höchste Stelle des Weges erreicht. Halb links gehen Sie bergab, bald vorbei an einem Steinkreuz mit Sitzgelegenheit, und erreichen über eine Schotterpiste nach 400 m die N-525, wo wieder alle Varianten aufeinandertreffen (km 9,9).

Älterer beschwerlicher Weg (1,7 km Abkürzung) 39b: Bei diesem Weg handelt es sich um die alte Wegführung, die Anfang 2024 nur noch teilweise gekennzeichnet und auch in weiten Teilen eingewachsen und überflutet war, sodass diese – zumindest zu Redaktionsschluss – nicht mehr zu empfehlen war und deshalb auch nicht mehr näher beschrieben wird. Da sich aber in diesem Bereich bisher alle paar

Jahre die Kennzeichnung des Weges geändert hat, ist es durchaus möglich, dass dieser eigentlich schöne, ursprüngliche Weg in Zukunft wieder gangbar gemacht und gekennzeichnet wird. Der Weg verläuft auf dieser Variante bald wesentlich steiler und dabei oft durch Hohlwege und trifft nach lediglich 3,8 km (gefühlten 5,5 km) auf die N-525, wo sich alle Varianten wieder vereinigen (km 8,2).

Gemeinsamer Weg: Sie folgen der N-525 geradeaus über die Autobahn hinweg und können die Straße nun nach links über eine praktisch gleich lange Variante verlassen. Die meisten Pilger ziehen aber den Weg weiter über die N-525 vor, der sie nach 1 km direkt an der Bar des Dorfes **Padornelo** vorbeiführt (km 10,9). Das Dorf wird weiter über die Straße verlassen, nach 500 m kommen Sie an einer Tankstelle mit Hostal vorbei (km 11,4).

> **Autobahnraststätte mit Hostal.** Wer nach dem Überqueren des Passes erschöpft oder in ein Unwetter geraten ist, kann hier (km 12,4) in den Hotelzimmern dieser gepflegten typischen Autobahnraststätte unterkommen (DZ ab € 45, EZ € 35). ☎ 980 567 939

Padornelo (dw)

Radfahrer nehmen ab hier bis Lubián und dann auch weiter bis zur Grenze zu Galicien beim Pass von A Canda (☞ S. 194) den Weg über die Straße. Folgen Sie dazu zunächst der N-525 noch 1,5 km und biegen Sie dann dem offiziellen Weg folgend auf die ZA-106 ab, die Sie dann nicht mehr verlassen und über die Sie nach 8 km Lubián erreichen (km 19,2).

🥾 Nach weiteren 1,5 km biegen Sie rechts auf die Landstraße Richtung Lubián ab. Noch 700 m gehen Sie auf der Straße bergab, dann verlassen Sie diese scharf links auf einen Pfad und überqueren nach 400 m eine Schotterpiste und einen kleinen Kanal. Sie wandern nun über einen schönen Pfad bergab, der stellenweise überflutet, aber doch gut begehbar ist. Nach evtl. etwas mühsamen 400 m erreichen Sie das Dörfchen **Aciberos**. Das lang gezogene, mustergültig renovierte Örtchen, in dem sich auch ein schöner Rastplatz am Wasser (Kaskade) befindet, wird 400 m weit durchquert (man munkelt, ein Millionär aus Barcelona hat hier seinen Heimatort mehr als gebührend veredelt) (km 14,8). Danach führt Sie der Camino über einen gut begehbaren, größtenteils betonierten Waldweg stetig und zuletzt steil bergab. Nach 1 km unten angekommen, überqueren Sie den Bach Pedro. Über einen einfachen Waldweg geht es weiter steil bergauf und dann bald auf einer Schotterpiste unter der Überführung der modernen Schnellbahntrasse hindurch. Nur wenig Schritte weiter – welch Kontrast – durchqueren Sie dann nach 300 m den kleinen Tunnel, der unter der alten Bahnlinie verläuft. Über schöne Waldwege und Pfade pilgern Sie nun mehr oder weniger steil bergab und teilweise auch eben weiter. Linker Hand ist zeitweise das erfrischende Rauschen des Bergbaches Pedro zu vernehmen. Nach 1,5 km wird eine Brücke über einen anderen Bach überquert. Über einen geschotterten Waldweg geht es noch 500 m bergauf, vorbei an einigen Ruinen zum Ortsanfang von **Lubián** (↑ 1.024 m) 🏠 🛏 ✕ 🍽 ☕ ✚, wo sich gleich rechts im ersten bewohnbaren Haus die öffentliche Herberge befindet (km 18,1).

- 🏠 **Einfache öffentliche Herberge.** Schlafsaal mit 12 Liegen, großer Aufenthaltsraum mit Küche und weiteren 4 Plätzen, keine Decken, aber Standheizungen. Insgesamt gepflegte, an wenigen Stellen inzwischen renovierungsbedürftige Herberge. Kurz: einfach, aber o. k. (insbesondere für den bescheidenen Preis). Die Herberge ist normalerweise geöffnet und es kommt jemand vorbei, der stempelt und abkassiert, ansonsten anrufen. ☎ 980 624 003, 🗓 ständig, € 5

- 🛏✕ **Pension Casa Mariana.** Check-in in der Bar/Restaurante Estrella, wo es gute reichliche Menüs für € 12 und Frühstück gibt. In den 50 m umliegenden rustikalen, renovierten, traditionellen Häusern, die hier verwaltet werden und teils mit Küche ausgestattet sind, gibt es EZ ab € 32, DZ ab € 40 und ein Appartement für 4 Personen für € 80, 🛜 im Preis inbegriffen. **?🏠** Evtl. schon 2024 soll hier auch eine private Herberge mit ca. 15 Plätzen und Küche für ca. € 15 p. P. eröffnet werden. ☎ 609 551 877 oder 980 624 050

- ✕🍽☕ Im Dorf gibt es wie auch in der Wegbeschreibung der folgenden Etappe ersichtlich einen Lebensmittelladen, eine Apotheke und zwei Bars, wo es abends Menüs ab € 12 gibt. Den Weg dorthin finden Sie in der Wegbeschreibung der folgenden Etappe.

Galicien

ⓘ Galicien (mit c, um es nicht mit dem polnischen Galizien mit z zu verwechseln) im Nordwesten der Iberischen Halbinsel ist in vielerlei Hinsicht etwas Besonderes. Die Landschaft ist grün, da es oft regnet. Leider hat man vielerorts das ökologische Verbrechen begangen, viel mehr noch als in Asturien, massenhaft

Eukalyptusbäume anzubauen, was zwar gut riecht, sich aber nicht mit den einheimischen Pflanzen und Tieren verträgt.

Galicien ist sehr bergig, was eine rationale Nutzung des Bodens erschwert; dazu kam die traditionelle Erbteilung, sodass heute Minifundien und Streusiedlungen die Landschaft dominieren. Dies sind entscheidende Gründe für die Armut auf dem Lande.

In vorrömischer Zeit siedelten die Kelten in Galicien, worauf noch heute zahlreiche Traditionen zurückzuführen sind, wie der Dudelsack, der hier *gaita* heißt, oder der Hexenglauben. In Galicien wird jedoch keine keltische Sprache gesprochen, wie oft mals fälschlich behauptet wird. Galicisch ist eine romanische Sprache, die dem Portugiesischen näher steht als dem Spanischen (d. h. dem Kastilischen), wenn auch die Schreibweise eher letzterer Sprache ähnelt. Galicisch ist neben Spanisch offizielle Sprache der Region.

Galicien war nie ein eigenes Königreich, sondern es wurde immer von den Königen von León, Kastilien oder später Spanien beherrscht.

Die Region hat 2,7 Mio. Einwohner, ist so groß wie das deutsche Bundesland Brandenburg und besteht aus den vier Provinzen A Coruña, Lugo, Ourense und Pontevedra, aber die Hauptstadt der Region ist keine der vier Provinzhauptstädte, sondern das von der Bedeutung her überragende Santiago de Compostela.

Mit dem Rad durch Galicien: Sollten die Radfahrer bisher die Fußpilger wegen ihrer Strapazen bemitleidet haben, so kann sich dieses Mitleid in Galicien zeitweise in Neid verwandeln. Besonders wenn es geregnet hat, können die Strecken für Radpilger mühsam werden. Auch werden Sie oft steinige und steile Wege vorfinden. Aber keine Angst: Wenn Sie es bis hierhin geschafft haben, können Sie auch den Rest bewältigen. Allerdings werden Sie an einigen Tagen wohl nicht so schnell vorankommen wie bisher.

Lubián – A Gudiña 24,8 km

Abgesehen von den letzten 3,5 km handelt es sich um eine sehr schöne, abwechslungsreiche Strecke. Ausgenommen der 4 km ab dem Heiligtum La Tuiza bis zum Pass von A Canda, die es wirklich in sich haben, ist sie auch recht gut begehbar, sodass sie normalerweise in einem Tag zu bewältigen ist. Sollten Sie doch schon vorzeitig erschlaffen, finden Sie unterwegs zwei etwas abgelegene günstige Hotels. Bei sehr schlechtem Wetter oder Fußproblemen können Sie wie die Radpilger den bedeutend längeren Weg über die schmale Landstraße ZA-106 nehmen.

Radpilger bleiben weiter auf der ZA-106, bis Sie nach 9 km den Pass von A Canda erreichen und ab hier wieder weitgehend dem regulären Weg folgen können.

Von der öffentlichen Herberge am Ortsanfang gehen Sie weiter bergauf, bis der Weg nach 200 m wieder bergab verläuft. (Gehen Sie nach halb rechts bergauf über eine Betonpiste zur Straße und folgen Sie dieser, so erreichen Sie nach 400 m zwei Bars und nach weiteren 300 m am Ortsausgang die Apotheke.) Der Jakobsweg

führt aber nach unten und vorbei an der Kirche erreichen Sie nach 300 m den 🛒 Supermarkt. Danach wird das Dorf gleich bergab über eine Asphaltpiste verlassen, von der Sie nach 600 m in einer scharfen Linkskurve nach rechts auf eine schmalere Betonpiste wechseln. Weiter bergab überqueren Sie nach 900 m unten eine Brücke über den Fluss Río Tuela. Dahinter geht es wieder bergauf unter der Autobahnbrücke hindurch 400 m zum lokalen Heiligtum La Tuiza (km 2,4).

🥾 Wegen des teils schlechten Zustands des folgenden Weges hat sich der Wegverlauf ab hier bisher öfters geändert und weitere Änderungen erscheinen nicht unwahrscheinlich. Vor der Kirche wird der Weg nach links auf einen Pfad verlassen, der bald bergab und wieder bergauf verläuft. Er ist zeitweise großteils überflutet, kann aber über zahlreiche große Granitquader doch meist gut begangen werden. Dann wird nach 500 m eine kleine Brücke überquert und über einfache Pfade und Wege weiter bergauf folgt nach 400 m eine Weggabelung (km 3,3). Sie werfen einen flüchtigen Blick auf das Höhenprofil im Buch und betreten dann wild entschlossen den alten Weg, der unübersehbar bergauf in den Wald führt. Bald pilgern Sie über einen Pfad und später steil und steinig durch einen Hohlweg. Nach 900 m öffnet sich der Blick und rechts können Sie bereits den Pass erkennen, den Sie bald erklimmen werden. Der Weg führt zu Ihrer Überraschung ein Stück weit bergab zu einem Bach, der nach 300 m überquert wird. Nach diesem steigt der Weg langsam wieder an und bald überqueren Sie einen zweiten Bach. Danach folgt ein längeres ebeneres Stück, das bei Regen stellenweise auch

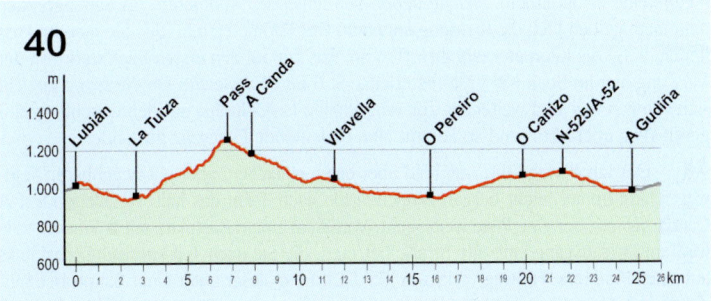

Auf dem Weg zum Pass von A Canda (tn)

überflutet, aber meist dennoch gut begehbar ist. Nach 1 km erreichen Sie bei einem Steinquader eine Wegkreuzung. Geradeaus weiter verläuft der Weg nun wieder steiler und gelegentlich steinig bergauf durch eine Heidelandschaft und dann wieder durch den Wald. Nach 1,1 km betreten Sie fast oben angekommen einen einfachen Waldweg, überqueren 200 m weiter eine kleine Straße und sind nun wirklich oben. Rechter Hand befindet sich die Landstraße auf dem ⇧ 1.260 m hohen Pass von A Canda an ⓘ der Grenze zwischen den Regionen Castilla y León und Galicia (km 6,8).

☺ **Wegmarkierungen und Kilometersteine:** Sie betreten hier die Provinz Ourense. Von den vielfältigen Wegmarkierungen, die Sie bereits auf der Vía de la Plata und dem Mozarabischen Jakobsweg kennengelernt haben, sind die der Provinz Ourense wohl am schönsten und originellsten: Es handelt sich um unregelmäßige, skulptierte Steinplatten, die alle unterschiedliche Motive haben und auf denen ein Pfeil die Richtung anzeigt. Ab hier finden Sie auch regelmäßig die in Galicien üblichen Kilometersteine (Monolithen), welche neben den fehlenden Kilometern bis Santiago auch mit einem gelben Pfeil die Richtung angeben. Der Kilometerstein, den Sie hier am Pass finden, zeigt die Kilometerzahl 246,035 an, was nur auf den ersten Blick stark von der Messung hier im Buch (☞ Kilometerleiste S. 6 bis 8) abweicht. Die Messung bezieht sich nämlich hier und weiter bis zur Wegscheide in A Gudiña auf den wesentlich längeren Weg über Verín und so kommt eine bedeutende Differenz zustande.

🚶 Der Jakobsweg führt nun bald über einen einfachen, aber gut begehbaren Feldweg. Dann immer leicht bergab erreichen Sie nach 1 km das halb verfallene Dorf **A Canda**, wo es über eine Piste weitergeht. Vorbei an einem Rastplatz mit 💧 Wasserstelle wird am Ortsausgang eine alte Straße betreten, die Sie nach 1,2 km nach scharf links auf einen Pfad bzw. Fußweg verlassen. Bald führt Sie dieser unter einer Bahntrasse hindurch und über einen Feldweg. Nach 1,4 km überqueren Sie einen Bachlauf, gehen

zunächst wieder bergauf und erreichen nach 1 km zuletzt über eine schmale Asphaltstraße das Zentrum von **Vilavella** ✕ 🍴 (♨ 30 m links des Weges, nahe der durch die Gasse sichtbaren Kirche, finden Sie die 🍷 Bar) (km 11,6).

Nach dem Verlassen des Ortes führt der Weg durch Hohlwege und Feldwege bergab und wieder bergauf und dann an einem lieblichen Tal entlang, wo nach 1,8 km ein Tor durchquert wird. Nun wandern Sie über einen Pfad entlang der schönen Auen und bald vorbei an einem weiteren Tor mit 💧 Wasserstelle und Sitzgelegenheit, die sehr zur Rast einlädt. Sie betreten einen leicht ansteigenden Feldweg und erreichen nach 1,5 km die vorgelagerte Friedhofskapelle von O Pereiro, wo Sie am Kircheneingang einen ebenfalls reizvollen überdachten Rastplatz mit 💧 Wasserstelle finden. Nach 200 m erreichen Sie die Landstraße (🚴 hier besser nach rechts zur N-525 und dieser bis kurz hinter O Cañizo folgen). Die Straße wird über- und das lang gezogene, teilweise zerfallene Straßendorf **O Pereiro** 🛏 dann

Die Kapelle vor O Pereiro lädt zur Rast ein (rj)

600 m durchquert (km 15,7) (💀 100 m vor Ortsende der Beschilderung 900 m zum 🛏 ✗ Restaurante Hotel Cazador folgen, ☎ 988 425 596, EZ ab € 22, DZ € 34).

Nun führt Sie der Weg zunächst über eine schmale Asphaltpiste – dann wird diese auf einen einfachen Weg verlassen, der nach 500 m über eine bizarre, fast schon prähistorische anmutende Steinbrücke in eine wilde, steinige Busch- und Heidelandschaft führt. Oft über steinige Wege und Pfade, meist mäßig bergauf, erreichen Sie nach 1,5 km in einem Wäldchen einen breiten Bach, der über eine einfache Steinbrücke überquert wird. Über den gewohnt einfachen Weg, nochmals über eine einfache Steinbrücke und dann über einen geschotterten Feldweg wandern Sie weiter bergauf durch die schöne, wilde Landschaft, wobei sich ein letzter Blick zurück auf den Pass von A Canda bietet. Nach 1 km erreichen Sie eine einfache Asphaltpiste. Gleich nach dem Überqueren der Gleise kann diese wieder verlassen werden. Bald führt Sie ein guter Feldweg erst eben weiter und nach dem Überqueren eines Flusses über eine einfache Brücke wieder leicht bergauf, bis er nach 1,5 km neben einer Ruine geradeaus auf einen schmaleren Feldweg verlassen wird (km 20,2).

Gleich betreten Sie **O Cañizo** ◆ und durchqueren das lang gezogene Straßendorf 1 km weit, um es dann über Feldwege zu verlassen. Nach 300 m überqueren Sie die N-525 und gleich danach die Autobahn, deren Verlauf Sie nun nach links über einen einfachen Feldweg bzw. Schotterpiste folgen. Nach 1,2 km sind Sie nahe einer Straßenüberführung angekommen und erblicken A Gudiña. Immer der gleichen Schotterpiste folgend führt Sie der Weg rechts an einer Solaranlage vorbei und dann weiter bergab über Beton- und Asphaltpiste erreichen Sie nach 700 m genau beim ✚ Gesundheitszentrum die N-525.

Auf deren Fußweg und zu dieser parallel verlaufenden kleineren Pisten folgen Sie dieser im Prinzip weiter bergab. Nach 800 m sind Sie am Ortseingang und nur 200 m weiter beteten Sie eine zentrale Straßenkreuzung. Hier verlassen Sie die N-525 nach halb rechts auf die parallel zu ihr verlaufende Dorfstraße.
Nach 350 m kommen Sie zu einem hübschen Platz mit kleinem 🏪 Laden und einer ✋ wichtigen Wegscheide. Hier stehen zwei Meilensteine, die anzeigen, dass die linke Wegalternative Richtung Verín und die rechte Richtung Laza führt. Ebenfalls links geht es hier auch zur öffentichen Herberge (km 24,8).

A Gudiña 🏠 🛏 ✗ 🏪 🎒 ✚ ≋ 🚌 ⇧ 979 m, 2.000 Ew.

🏠 **Öffentliche Herberge.** Weg: Bei dem Platz an der Wegscheide mit den eben genannten beiden Meilensteinen 50 m nach links zur Hauptstraße und dort gleich linker Hand. Die öffentliche Herberge in Trägerschaft der galicischen Landesregierung wurde in einem gelungen renovierten, geräumigen historischen Haus errichtet und bietet 46 Plätze. Gleich nebenan befindet sich erfreulicherweise das ≋ öffentliche Freibad. Die Küche ist wie fast überall in Galicien ohne Geschirr und in der Regel gibt es hier auch keine Decken. 🖥 **T** @. ☎ Keines, 🗝 ganzjährig 13:00 bis 22:00, € 10

✋ Achtung, wenn Sie am nächsten Morgen halb wach vor die Türe der öffentlichen Herberge treten und schlafwandlerisch den gelben Pfeilen folgen ... genau hier entlang verläuft die irreführende Kennzeichnung der gleich erwähnten Variante über Verín, der Sie aber wie die meisten wohl nicht folgen wollen.

A Gudiña – Campobecerros 20,7 km

☺ **Wegalternativen**: Traditionell gibt es ab A Gudiña zwei Wegalternativen. Eine über Laza und eine über Verín, von denen ich jedoch nur die erste beschreibe, denn die zweite ist nach Ansicht der meisten Insider weniger zu empfehlen, da sie etwas länger und die nördliche Variante über Laza schöner ist. Und da dieser Pilgerführer schon sehr umfangreich ausgefallen ist, wird hier deshalb auf eine nähere Beschreibung verzichtet.

🚲 Häufig wird Radfahrern nahegelegt, über Verín zu fahren, aber auch die Alternative über Laza ist für Radfahrer unproblematisch. Natürlich kann dieser Weg aber auch anstrengend und das Ausweichen auf die Straße stellenweise ratsam sein. Zumindest ist dieser Streckenabschnitt aber erheblich einfacher als andere Wege, die Sie bisher mit dem Rad zurückgelegt haben, dazu landschaftlich spektakulär und radfahrerisch oft ein wahrer Genuss.

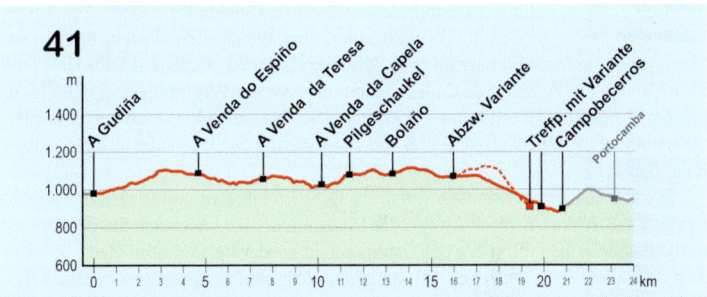

⇔ *Die folgenden zwei Etappen bis nach Laza gehören wegen ihrer herrlichen Aussicht sicher zu einem der schönsten Abschnitte des hier beschriebenen Weges und bei sonnigem Wetter sollten Sie, obwohl Sie nun in dem eigentlich wesentlich grüneren Galicien angekommen sind, hier noch genug Sonnencreme im Gepäck haben.*

🚶‍♂️🚶‍♀️ Bei dem Meilenstein, der anzeigt, dass die linke Wegalternative Richtung Verín und die rechte Richtung Laza führt, gehen Sie also **halb rechts,** verlassen das Dorf vorbei an einer 💧 Wasserstelle und nach 1 km mündet die Asphaltpiste in eine Landstraße. Sie verlassen diese aber gleich wieder auf einen geschotterten Feldweg, der Sie allmählich ansteigend durch eine Heidelandschaft und dann durch eine Nadelwaldaufforstung führt. Nach 1,8 km geht es dann oben angekommen (⇧ 1.102 m) wieder langsam bergab und es bietet sich eine schöne Aussicht über die baumlosen Höhenzüge. Nach 1 km erreichen Sie vor **A Venda do Espiño** wieder die Landstraße (km 3,8).

Das Dörfchen wird gleich durchquert und es geht weiter über den Schotterweg entlang der Straße, der nach 1 km in eine breite Schotterpiste mündet, welche nun bergab führt. (☞ Ab hier bis hinter Campobecerros finden sich zahlreiche Steinquader nahe dem Weg, die Sie aber nicht mit den Kilometersteinen des Jakobsweges verwechseln sollten). Nach 1,2 km treffen Sie auf eine betonierte Piste, der Sie kurz bergauf folgen. Die folgenden 1,1 km führen Sie über verschiedene Pisten, Straßen und Wege wieder tendenziell bergauf nach **A Venda da Teresa**. Noch 1,4 km weiter erblicken Sie den Ort **A Venda da Capela**. Dann führt Sie der Weg wieder bergab über die Landstraße und die Überführung der Bahnstrecke, bis Sie nach 1,2 km den Ortsanfang von A Venda da Capela erreichen. 💧 Am Haus mit der Nr. 1 befindet sich ein Wasserhahn (km 9,7).

Der der lang gezogene, halb verfallene Ort wird betreten und in dessen Mitte findet sich neben einer Bank eine weitere 💧 Wasserstelle. Kurz nachdem Sie den Ort wieder verlassen haben, führt Sie der Camino dann wieder bergauf über einen Schotterweg und so erreichen Sie nach 1,3 km einen recht bemerkenswerten Ort (km 11).

☺ **Unterstand mit Aussicht, massenhaft QR-Codes und kultige Pilgerschaukel.** Unter dem Unterstand, von dem man hier eine herrliche 📷 Aussicht auf die baumlosen Anhöhen des Faltengebirges hat, wurde genialerweise eine schlichte Kinderschaukel angebracht, die den (schlafenden) Spieltrieb des Pilgers weckt und Jung und Alt zu einer Runde Schaukeln einlädt. Abgesehen davon wollte man an diesem abgelegenen Ort wohl auch noch demonstrativ mit Modernität protzen und hat hier an einer Schautafel zahlreiche QR-Codes angebracht, von dem jeder auf eine eigene Seite führt (ein QR-Code auf einer Seite mit verschiedenen Links wäre praktischer und somit wirklich modern gewesen). Lassen Sie also Ihren digitalen Datenschnuller hier besser einfach stecken und genießen Sie stattdessen die einmalige Aussicht von der ebenso 100 % analogen, m. E. auch im allertiefsten Sinne pilgergemäßen Kinderschaukel!

🚶‍♂️🚶‍♀️ Bald führt Sie der Weg wieder über die schmale Straße und nach 1,7 km erreichen Sie das Dörfchen **A Venta do Bolaño** (auch: **Bolaño**) (km 12,7). Sie pilgern weiter

Zwischen A Gudiña und Campobecerros (dw)

2,9 km auf der schönen Höhenstraße bergauf und bergab, bis Sie unvermittelt an einer Wegscheide angekommen sind (km 15,6).

Ältere, höhere Variante: Evtl. sehen Sie hier noch einige ältere Wegweiser, welche nun nach halb links bergauf zeigen. Es handelt sich um eine Variante, welche den Weg zwar ca. 700 m abkürzt, zunächst aber gut 70 weitere Höhenmeter ansteigt und zum Ende hin dann recht steinig und steil bergab führt. Die neuere Variante verläuft dagegen recht angenehm leicht bergab über die kaum befahrene Straße und ist daher nicht ohne Grund in der Regel auch zu empfehlen.

Über den regulären Weg folgen Sie also weiter der Straße kontinuierlich bergab. Nach 4,1 km kommt von links die höhere Variante dazu und 700 m weiter befinden Sie sich am Ortsrand von **Campobecerros** ?🏠 🍴 🍷.

Nur 100 m nach der Kirche führt Sie der Weg an einer kaum erkennbaren, linker Hand gelegenen 🍷 Bar vorbei, die vor einem kleinen Durchgang/Tor liegt. Bald finden Sie den Abzweig zur ausgezeichneten neuen privaten Herberge oder erreichen steil hinauf nach ca. weiteren 200 m die Landstraßenkreuzung, wo alle Wege wieder zusammenführen (km 20,7).

?🏠 **Private Herberge**. Weg: Gleich nach der Bar gehen Sie 100 m der Ausschilderung folgend zum Ortsrand. Zurück zum Weg: 100 m bergauf bis zur eben genannten Landstraßenkreuzung. Bisher wurden hier 18 Plätze in einem schlichten, aber gepflegten Schlafsaal angeboten, Küche nebenan. Leider ging der bisherige Hospitalero in Rente und wann und zu welchen Konditionen die Herberge wiedereröffnet wird, war zu Redaktionsschluss unklar. ☎ 650 530 547, ständig, ca. € 12

Pension Casa Nuñez. Am Ende des Dorfes finden Sie die einfache, seit Jahren pilgerbekannte Pension mit Wirtschaft, wo auch Menüs für € 12 und Frühstück angeboten werden, EZ € 25, DZ € 35. ☎ 608 887 835

Taxi ... wenn alle Stricke reißen: Sollte die private Herberge weiter geschlossen und die Pension Casa Nuñez ausgebucht sein, so stehen Sie hier evtl. vor einem kleinen, aber lösbaren Problem. Wer eine gute Kondition hat, kann wie schon viele Pilger davor nach Laza durchlaufen, da die Strecke bei günstiger Witterung nicht zu anspruchsvoll ist und man gut vorankommt. Ansonsten bietet sich auch, wenn alles Stricke reißen, die Möglichkeit, für ein paar Kilometer ein Taxi zu bemühen. Das nächste Taxiunternehmen befindet sich leider erst in Laza und deshalb sind hier die Transportkosten auf dem ersten Teil der Etappe aufgrund des langen Anfahrtsweges nicht so günstig. Von Campobecerros bis zum Ende des nun folgenden Anstieges beim Cruz do Milladoro (km 3,9) werden Sie für ein Taxi, in das bis zu 4 Personen passen, (gemeinsam) ca. 22 € berappen. Nach Laza kostet es ca. € 30. Entscheiden Sie sich, erst nach 8,5 km wieder auf der Straße angekommen ab Eiras ein Taxi nach Laza zu bemühen, schlägt das für die Fahrgemeinschaft lediglich mit ca. € 9 zu Buche. ☎ 629 340 411

Campobecerros – Laza 14,5 km

Bei der Landstraßenkreuzung geht es links auf die Landstraße, aber nicht scharf links Richtung Verín, sondern halb links (bzw. von der Herberge kommend geradeaus) in Richtung Portocamba. Auf der schmalen Landstraße geht es 1,3 km bergauf und weitere 1,5 km bergab bis **Portocamba** ♦. Der lang gestreckte Ort wird durchquert und nach 1,1 km bergauf erreichen Sie das große Holzkreuz Cruz do Milladoro, das für die auf dem Jakobsweg verstorbenen Pilger aufgestellt wurde (km 3,9).

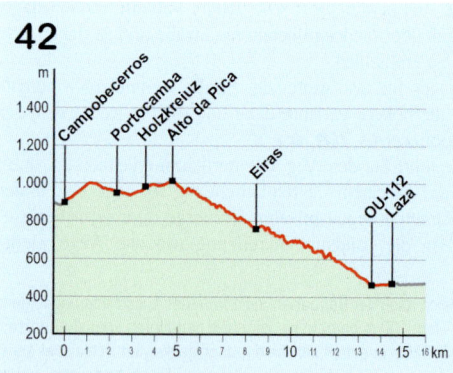

Hier verlassen Sie den Asphalt wieder auf eine Schotterpiste, die zunächst 800 m zunehmend ansteigt und dann immer bergab führt. Der Baumbewuchs wird immer üppiger und so laufen Sie nach ca. 2 km wieder durch einen geschlossenen Wald und finden sich weitere 1,6 km bergab am Ortseingang von **Eiras** wieder. Vorbei an einer ☺ kleinen, von Pilger-

freunden improvisiert eingerichtete Raststelle, wo sich Arm und Reich auf Spendenbasis stärken können, und einem schicken Landhaus mit Bar und Pension, in dem die Gäste mit dem entsprechenden Kleingeld unterkommen können (⇌ 🍷 Terra Alma, Ü mit Frühstück ab € 25 p. P. im 7-Bett-Zimmer, ☎ 659 128 097) erreichen Sie nach 200 m am Ortsrand einen schönen Rastplatz mit 💧 Wasserstelle und Getränkeautomaten (km 8,5).

Geradeaus geht es auf einer schmalen, wenig befahrenen Landstraße 4,6 km ständig bergab (wobei hier bisher nur wenige Pfeile den Weg wiesen). Unglaublich, in welcher Höhe Sie waren!

Am Ende der steilsten Gefällestrecke, fast unten im Tal angekommen, erreichen Sie bei einer Linkskurve ein Schaubild zu verschiedenen Varianten des Weges.

ⓘ **Reitervarianten**: Sie werden wie hier auch noch später auf Schautafeln und Wegweiser mit der Bezeichnung „Alternativa ecuestre" treffen. Es handelt sich um Varianten für berittene Pilger, die besonders unwegsames Gelände und größere Ortschaften

Kleine, von Pilgerfreunden improvisierte Raststelle in Eiras (dw)

meiden. Für Fußpilger sind diese in der Regel nicht interessant. 🚴 Für Radpilger könnten sie evtl. gelegentlich eine Alternative darstellen.

Ich empfehle Ihnen, nun dem in Stein gehauenen Pfeil auf einem (evtl. eingewachsenen) liegenden Wegweiser folgend die Straße nach rechts auf einen schmalen Schotterweg zu verlassen. Über Wald- und Feldwege sind Sie bald ganz unten angekommen und nach 500 m betreten Sie die Landstraße, der Sie noch 600 m folgen.

Am Ortsanfang biegen Sie bei einem kleinen Schilderwald halb rechts in eine schmale Dorfstraße ein und nach 300 m kommen Sie zu der zentralen Straßenkreuzung mit Kreisverkehr (km 14,5). Rechts liegt das Rathaus, in dem sich an der Ihnen abgewandten Seite das Büro des Zivilschutzes (Protección Civil) befindet, wo Sie den Schlüssel für die Herberge holen müssen. Zur Herberge geht es rechts vorbei am Kreisverkehr durch die halb rechte Straße, der Jakobsweg führt dagegen links vorbei am Kreisverkehr halb links weiter.

Laza
🏠 🛏 ✕ 🛒 🍴 ✚ 🚌 ⇧ 470 m, 2.300 Ew.

🏠 **Gute öffentliche Herberge.** Weg: ☞ Kartenausschnitt. 35 Liegen in 5 Zimmern, Küche mit etwas Geschirr, Aufenthaltsraum und Innenhof sowie Heizung. 🖐 Den Schlüssel müssen Sie sich beim Zivilschutz (Protección Civil) nahe dem Rathaus holen. Jeder Pilger bekommt einen eigenen Schlüssel und muss ihn am nächsten Morgen wieder in einen Briefkasten werfen. 🗄, **T** € 2, @. ☏ 988 422 112, 🛏 ständig, € 10

✕ An der Hauptstraße finden Sie die **Pilgerbar Descanso de Peregrino**, die abends Menüs für € 12 (Sa und So € 15) und ab 7:00 auch Frühstück anbietet.

Laza – Albergueria   11,9 km

🚶 Von der Herberge gehen Sie 350 m zurück zum Rathaus. Nachdem Sie 🖐 den Schlüssel bei der Protección Civil abgegeben haben, gehen Sie am Rathausplatz (hier Etappenbeginn) von der Herberge kommend rechts (vom Jakobsweg kommend halb links) in eine Straße, von der Sie nach 100 m kurz vor einem Platz rechts abbiegen. Der Jakobsweg führt zunächst 100 m bergauf bis zur ✕ Café-Bar Picota. Gehen Sie dann weiter geradeaus durch den Ort und Sie erreichen nach 700 m am Ortsausgang die Einmündung in die OU-113.

Sie folgen der meist nur mäßig befahrenen Straße 2,3 km, dann können Sie diese kurz vor dem Ort **Soutelo Verde** auf eine parallel verlaufende alte Piste verlassen. Nach 800 m haben Sie den Ort vorbei an einem 💧 Brunnen durchquert und betreten wieder die Landstraße, die aber gleich verlassen wird (km 4).

🚴 Bleiben Sie bis Albergueria besser auf der Straße.

Laza – Alberguería

🚶‍♂️ Über ruhige Schotter- und Feldwege gehen Sie 2,3 km, bis Sie nahe dem Ortseingang von **Tamicelas** einen 💧 Pilgerbrunnen erreichen (km 6,3). Der kleine Ort wird bergauf durchquert und dann pilgern Sie über verschiedene Waldwege zum Teil steil bergauf, bis Sie nach 1 km vor einem Wald bei einer Weggabelung angekommen sind. Es geht weiter geradeaus auf dem rechten der beiden zunächst parallel verlaufenden Wege. Dieser führt 700 m steil bergauf (🚴 Radfahrer schieben) durch eine schöne

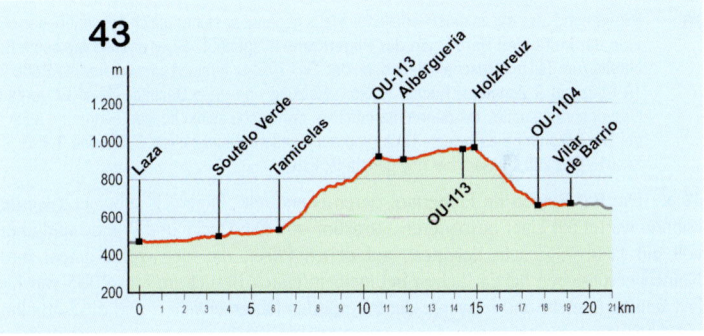

Heidelandschaft und beschreibt dann eine Links- und gleich wieder eine Rechtskurve. Auf den nächsten 1,4 km führt Sie der Weg meist durch eine breite Schneise im Wald tendenziell relativ leicht bergauf. Dann wird wieder der Wald betreten und der Weg führt auch wieder steiler bergauf, bis Sie nach 1,4 km unverhofft die OU-113 erreichen. Auf dieser gehen Sie dann noch 1 km eben oder leicht bergab zum Ortsrand nach **Albergueria** (û ca. 900 m), wo Sie gleich nach 100 m am Weg die Pilgerbar Rincón de Peregrino erreichen (km 11,9).

> Pilgerfreund Luis hat im einst verfallenen Haus gegenüber seiner gleich beschriebenen Bar **eine der kultigsten Herbergen der Pilgerszene** ausgebaut, die er ebenso wie seine Bar bereits zum Teil mit Muscheln behangen hat. Seit 2021 unterstützt ihn sein Freund Roberto. 18 Plätze in 3 Zimmern, Küche, Balkon, Heizung und viele Decken. Er verkauft Grundnahrungsmittel, mit denen man dann in der Küche selbst kochen kann, und auch in der Bar bekommt man belegte Brote und auch andere Kleinigkeiten. € 2 und **T** € 2.
> ☏ 616 846 298, März bis Nov ganztags, € 10

Die **Bar Rincón de Peregrino**, deren Name mit „Pilgereck" übersetzt werden könnte, wartet mit einer besonderen Attraktion auf: Die Decke und Wände sind übervoll mit Jakobsmuscheln dekoriert, auf denen Pilger, die hier vorbeikamen, ihren Namen geschrieben haben. Schon bei meinem ersten Besuch im Mai 2005 war hier fast kein Platz mehr und so wurde die Bar mit den Jahren erweitert und die Sammlung auf die später errichtete Herberge ausgeweitet.

Hospitalero Luis in der Kultherberge von Albergueria (rj)

Alberguería – Vilar de Barrio   7,3 km

🚶 Vorbei an einer ⓘ Gerichtssäule verlassen Sie nach 250 m den Ort und wandern auf einem schönen Wald- und Feldweg. Nach 1,3 km überqueren Sie in einer Wald- und Heidelandschaft eine Asphaltstraße. Über Feldwege geht es weiter leicht bergauf, bis Sie nach 1,4 km, kurz nachdem Sie die OU-113 (auch OU-110) überquert haben, ein Holzkreuz erreichen (km 3). Ab hier verläuft der Jakobsweg wieder vorwiegend über Wege bergab durch den Wald und entlang der OU-113.

Gleich nachdem Sie die Straße nach 1 km wieder verlassen haben, öffnet sich die 📷 Aussicht auf das vor Ihnen liegende Tal und nun geht es in Serpentinen teils steil bergab durch Wald und Heide. Nach 2,1 km unten angekommen betreten Sie eine kleine Landstraße. Meist über Asphalt geht es nun bergab und bergauf und nach 1,5 km verlassen Sie die Straße in Vilar de Barrio auf eine kleine Dorfstraße. Nach 700 m, zuletzt vorbei an einem Lebensmittelladen, erreichen Sie den Hauptplatz des Ortes (km 7,3).

Vilar de Barrio   🏠 ✕ 🛒 🎒 ✚ ⇧ 650 m, 2.600 Ew.

🏠 **Öffentliche Herberge.** An dem kleinen Kreisverkehr am Hauptplatz gehen Sie rechts 100 m zur Herberge, die sich auf der linken Straßenseite befindet. Gut, hell und gepflegt mit 24 Liegen in 2 Zimmern, Aufenthaltsraum und Küche ohne Geschirr, Heizung, aber vermutlich keine Decken, 🚿 T @. ☏ Keines, 🍴 täglich ab 13:00, € 10

Vilar de Barrio – Xunqueira de Ambía   14,2 km

🚶 Von der zentralen Straßenkreuzung bzw. dem kleinen Kreisverkehr gehen Sie vom Jakobsweg kommend nach links auf der Hauptstraße wieder ortsauswärts in die Av. de Sanfiz (San Fiz). Immer geradeaus führt der Weg Sie durch den Ort und vorbei an einer 💧 Wasserstelle haben Sie diesen nach 700 m verlassen. Über schmale, wenig befahrene Straßen erreichen Sie nach 800 m den Ortseingang von **Bóveda** ⚐. Nach 700 m gehen Sie rechts an einem Rastplatz mit 💧 Brunnen vorbei auf einer Dorfstraße durch den alten Ortsteil mit Häusern und Maisspeichern aus Granit (km 2,2).

ⓘ **Hórreos**: Die aus Granit erbauten Maisspeicher – Hórreos – sind das hervorstechendste Merkmal der volkstümlichen Architektur. Sie sind lang

Hórreo in Bóveda (rj)

gestreckt und durchbrochen, sodass die Maiskolben gut trocknen können. Waagerechte Steinplatten auf den Stützen verhindern, dass Mäuse hochklettern. Die kunstvollsten Hórreos stehen unter Denkmalschutz.

👥 ||||| Prinzip immer geradeaus und vorbei an einem weiteren 💧 Rastplatz erreichen Sie nach 700 m nach einer kurzen Steigung den Ortsanfang von **Vilar de Gomareite**, wo sich der Weg wieder senkt. Nach 400 m haben Sie den Ort immer bergab durchquert und betreten eine breitere Asphaltpiste. Sie folgen dieser 600 m bis zum Ortsrand von San Miguel und verlassen sie dann nach links auf eine breite Schotterpiste. Ab jetzt gehen Sie 3,6 km schnurstracks geradeaus über Schotterpiste und Feldweg. Dort, wo Sie schon glauben, dass die Piste bald endet und ein Anstieg des Weges in Sicht kommt, biegen Sie rechts auf eine andere Piste ab und gehen 800 m bis zum Ortsanfang von **Bobadela,** wo Sie auf eine andere Piste stoßen. Der Ort wird über verschiedene Straßen und Pisten immer bergauf durchquert und so erreichen Sie nach 300 m einen schönen Ortsplatz mit 💧 Brunnen, der zur ☺ Rast einlädt (km 8,6).

Bobadela wird gleich wieder verlassen und bald erreichen Sie einen schönen ursprünglichen Weg, der teilweise durch uralte Granitsteinmauern verläuft. Dann überqueren Sie nach 800 m eine Asphaltpiste und befinden sich gleich am Ortsanfang von **Padroso**. Nach 500 m haben Sie den Ort zuletzt vorbei an einer ◆ Wasserstelle durchquert und nun betreten Sie wieder einen durch Granitsteinmauern begrenzten ursprünglichen Weg und gehen weiter bergauf in eine schöne Heidelandschaft. Nach insgesamt 800 m erreichen Sie oben angekommen eine markante Felsengruppe. Noch 100 m geht es über einige Felsen hinweg steil bergab (🚲 schieben und tragen einige Meter), dann wird der Weg bald wieder zunehmend besser begehbar und führt bald wieder durch den Wald 500 m bis zum Ortsrand von **Cima de Vila** (km 11,3).

Sie streifen den Ort aber nur, gehen dann im Prinzip immer geradeaus auf demselben Pfad bzw. Weg über eine Piste und eine Straße und sind nach 1,4 km unten in **Quintela** ◆ angekommen. Sie folgen der Landstraße nur bis zum Ortsausgang und betreten dann eine Asphaltpiste, über die Sie nach 800 m den Abzweig zur 🏠 öffentlichen Herberge erreichen, die von hier keine 100 m entfernt ist (km 13,6). Auf dem direkten Weg wandern Sie immer geradeaus weiter, bis Sie nach 300 m auf eine Straße treffen, die in den Ort führt. Hier finden sich wieder einige Varianten. Die kürzeste und wohl auch praktischste führt Sie weiter auf derselben Straße nach 200 m ins schöne Zentrum zur malerischen Plaza de San Rosendo, wo Sie die Kirche und die gegenüberliegende 🛏 Pension Casa Tomás antreffen (km 14,2).

Xunqueira de Ambía   🏠 🛏 ✕ 🛒 🅰 ✚ 🏊 ⇧ 557 m, 2.300 Ew.

🏠   **Moderne öffentliche Herberge.** Sie finden hier 23 Plätzen in 3 Schlafsälen, Küche mit etwas Geschirr, Getränkeautomat, Heizung, 💻 und **T** in einem nahe gelegenen Waschsalon, @. ☏ 689 866 494, 🕐 ganzjährig 13:00 bis 22:00, € 10

🛏✕   **Casa Tómas.** Die angenehme, gepflegte, relaxte Pension befindet sich in einem modern renovierten alten Granitsteinhaus. Je ein Zimmer mit 2, 3 und 4 Einzelbetten, Aufenthaltsbereich mit Mikrowelle, schöner Hinterhof, die Übernachtung schlägt mit € 18 p. P. zu Buche, 💻 **T** @. In der Bar darunter gibt es auch abends Menüs für € 12 und Frühstück ab € 3. ☏ 637 580 772

✝   **Kirche:** Auf dem Hauptplatz erhebt sich die schöne Kirche des ehemaligen Klosters Santa María aus dem 12. Jh.

Xunqueira de Ambía – Ourense (Praza Maior)   21,8 km

⇨   *Der Weg bis zu den nächsten regulären Pilgerherbergen in Ourense ist recht zügig zu bewältigen, da er meist über kleine Asphaltstraßen und nach 3,1 km ab A Pousa knapp 19 km fast immer leicht bergab verläuft. Lediglich der Weg durch das Industriegebiet vor Reboredo und der letzte Kilometer durch Ourense fühlen sich evtl. etwas zäh an, was dann aber wohl eher am besonderen Ambiente dieses Abschnittes liegt.*

🥾   Sie verlassen den Ort bald wieder bergab vorbei am Gesundheitszentrum (Centro de Salud) und dem Freibad (🕐 Juli und Aug, ca. € 2,50) und erreichen nach 900 m unten wieder eine Brücke über den Fluss (↪ links befindet sich der schöne Flussstrand

– Playa Fluvial). Es geht wieder bergauf und bald erreichen Sie einen schönen Waldweg, der nach 600 m eine schmale Straße kreuzt. Eine Schotterpiste bzw. ein Feldweg führt Sie leicht bergauf, bis Sie nach weiteren 600 m wieder die Landstraße betreten. Vorbei an **Outorelo** erreichen Sie nach 1 km oben angekommen **A Pousa** ♀ 🍴 🚌 (km 3,1).

Nach 1,5 km führt Sie der Weg an **Salgueiros** 🚌 vorbei. Derselben Straße folgend geht es 1,1 km weiter bergab, bis diese dann bei **Gaspar** für 400 m auf einen Wald- und Feldweg verlassen werden kann. Vor **Veirada** erreichen Sie dann wieder die Landstraße. Folgen Sie dieser am besten immer weiter und nach 600 m über die Überführung der Bahnlinie und Sie befinden sich am Ortsanfang von **Castellada** (km 6,7).

Nach 1,5 km haben Sie **Ousende** durchquert und sind in **Penelas** ♀ 🍴 🚌. Nach nochmals 2,5 km betreten Sie gleich nach **Venda do Rio** den Ort **Pereiras** ♀ 🍴 🚌, wo sich gegen Ende des lang gezogenen Ortes linker Hand die Bar befindet (km 10,7).

Nach weiteren 1,3 km werden die Bahngleise unterquert. Vorbei an einer ♀ Bar und einem schattigen Rastplatz mit ♦ Wasserstelle treffen Sie nach nochmals 1,3 km in **A Castellana** ♀ 🍴 🚌 auf einen Kreisverkehr, hinter dem sich ein nicht gerade idyllisch gelegener ♦ Pilgerrastplatz mit Schautafel zum folgenden Jakobsweg befindet (km 13,3).

1,1 km weiter haben Sie das wenig malerische Industriegebiet ♀ fast durchquert und treffen auf eine Straße, der Sie nach links 400 m zum Kreisverkehr folgen. Sie verlassen sie bald wieder nach rechts und erreichen nach 600 m in **Reboredo** 🛏 ✕ 🍴 ♨ 🚌 die zentrale Kreuzung (km 16). Hier verlassen Sie die bisherige Straße geradeaus bergauf auf eine andere. Die Landschaft wird wieder etwas grüner und nach 700 m sind Sie wieder oben. Nun führt Sie der Weg endlich wieder bergab über eine wenig befahrene Nebenstraße entlang des Ortsrandes und bald bietet sich ein schöne Aussicht hinab nach Ourense. Weiter hinab über eine Schotterpiste erreichen Sie nach 900 m die OU-105 und erreichen gleich den Ortsanfang von Seixalbo. Die Straße wird bald wieder kurz verlassen und nach 400 m finden Sie evtl. wieder eine ältere Variante vor, die ich aber nicht empfehle.

Folgen Sie dem Weg weiter entlang der Straße, über die Sie nach 200 m die Unterführung der Bahnlinie durchqueren (⮕ gleich dahinter befindet sich 50 m rechts wie angeschrieben die ✝ Capela de Sta Águeda). Nach 150 m verlassen Sie die Hauptstraße wieder auf eine kleine Ortsstraße, die Sie 300 m in die malerische Altstadt von **Seixalbo** ♀ 🍴 ♨ 🚌 zum Hauptplatz Praza Maior führt – ein schöner ♦ Platz zum Rasten, bevor es nun durch die etwas stressige Stadt geht (km 18).

Durch die Rúa Maior und vorbei an der Kirche verlassen Sie den Ort bald auf eine schmale Asphaltpiste und erreichen nach insgesamt 400 m eine breite Pistenkreuzung. Sie gehen nach links und gleich an einer ⓘ historischen Wasserstelle vorbei. Bergab und immer geradeaus betreten Sie nach 900 m wieder die OU-105 🍴 🚌. Immer weiter geradeaus haben Sie vorbei an einem ersten kleinen Kreisverkehr nach 1,1 km einen weiteren großen Kreisverkehr erreicht. ⓘ Hier befinden Sie sich übrigens mit ca.

45
Cachaxuas
Canedo
46a
46
Cudeiro
Río Miño
Río Lonia
Cortiñas
Cebreiros
N
W
O
S
Ourense
OU-536
Cebolíño
Cachamuiña
O Piñeiro
Parada de Piñor
Río Loña
Esgos
Santa Mariña do Monte
OU-105
A Valenzá
OU-510
OU-537
OU-536
As Lamas
Piñeiral
Seixalbo
Capela de Sta Agueda
Os Pardieiros
A Medorra
A Vacariza
6 km
Barbadás
OU-105
San Cibrao das Viñas
OU-0514
OU-101
San Xes
Reboredo
Industrie-gebiet
Solbeira
4 km
A-52
A Ponte Noalla
Bentraces
Río Barbaña
OU-40
A Castellana
Figueiredo
Rioseco
OU-540
Rante
2 km
Pereiras
Venda do Río
Río Barbaña
Loiro de abaixo
OU-0102
Penelas
Currás
Schnellzugtrasse
Ousende
Veirada
Castellada
0 km
Gaspar
OU-0104
N-525
A-52
Taboadela
OU-0101
Areás
AG-31
Salgueiros
A Mezquita
OU-40
Folgoso
A Pousa
A Merca
Outorelo
Fondodevila
Monte Castrelo 654
Vilariño
OU-0102
CP-3
Xunqueira de Ambía
Outeiro de Orraca
Quintela
Urrós (Santa Baia)
OU-0111
Allariz
Río Arnoya
Poedo
© Stepmap. 123map Daten: OpenStreetMap.: ODbL
STEPMAP

45
m
800
600
400
200
0
Xunqueira de Ambía
A Pousa
Salgueiros
Veirada
Ousende
Penelas
Venda do Rio
Pereiras
A Castellana
Reboredo
Seixalbo
Ourense
Castellada
0 1 2 3 4 5 6 7 8 9 10 11 12 13 14 15 16 17 18 19 20 21 22 23 km

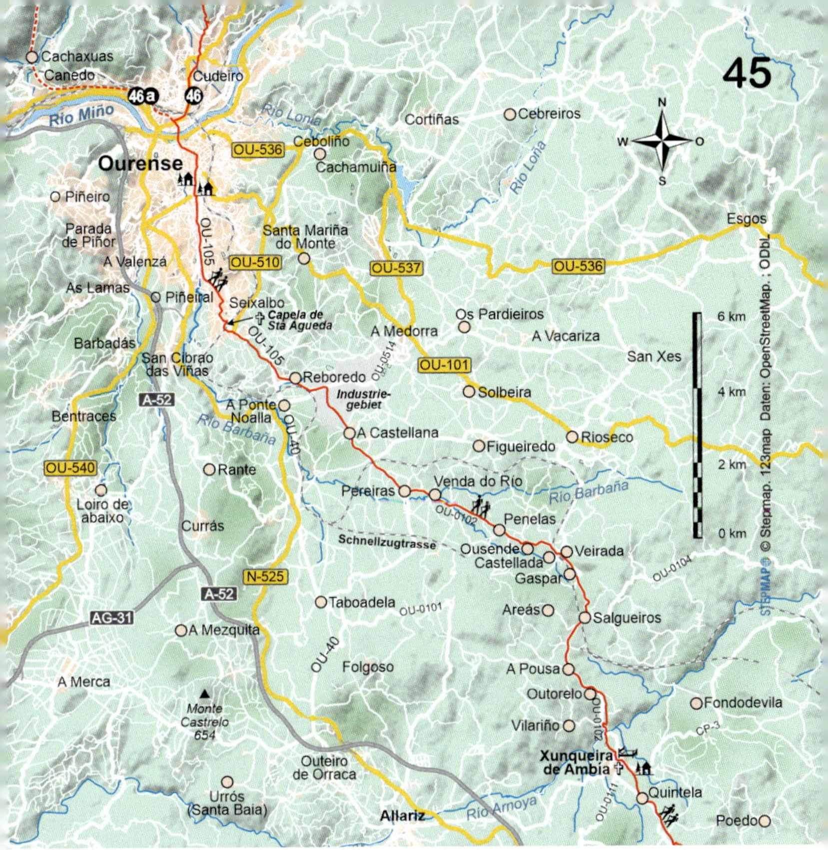

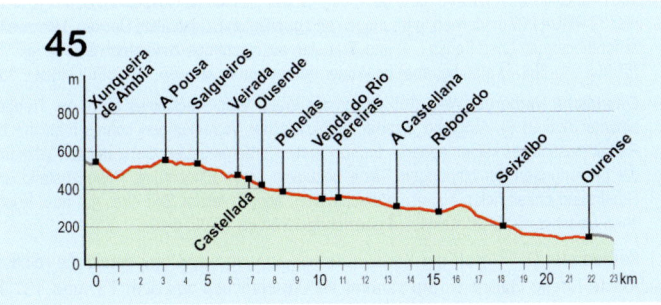

⇧ 125 m auf dem niedrigsten Punkt des Weges seit dem ersten Anstieg der Vía de la Plata hinter Guilena. Umrunden Sie den großen Kreisverkehr zur gegenüberliegenden Seite und folgen Sie der Avenida de Zamora nur 200 m bis zur kleinen Praza de Mariñamansa (km 20,6).

☺ **Weg ins Zentrum:** Hier zeigt die Muschel des Jakobsweges noch geradeaus. Ich empfehle Ihnen aber die ruhigere Route, die schon mein Vorgänger Michael Kasper beschrieb:

🚶🚶 An der Praza de Mariñamansa biegen Sie halb rechts in die Calle Bonhome ein, die in die Calle de Galicia übergeht, und nach 600 m erreichen Sie, wie Sie nun auf dem Stadtplan auf S. 2011 sehen können, einen Park (↳ rechts gehen Sie hier in Richtung der 🛏 Herberge Hostel Grelo). Geradeaus geht es dagegen auf der hier empfohlenen Route 100 m am Park entlang, an seinem Ende links und nach 50 m wieder rechts in die Rúa (Benito) Xerónimo Feijoo.

Von dort laufen Sie 350 m immer geradeaus bis zu einem kleinen Platz (↳ von dem Sie den Weg zur 🛏 öffentlichen Herberge und den ♓ Thermalquellen Las Burgas verlassen) und noch 100 m weiter geradeaus bis zur schönen Praza Maior (km 21,8). Dahinter sehen Sie schon die ✞ Kathedrale, die Sie über den Platz und dann rechts hoch durch die Calle Modesto Fernández erreichen, wo sich der offene Seiteneingang befindet.

Ourense   🏢 🛏 🛒 ✕ 🛒 🚗 ➕ ✓ 🚌 ⇧ 125 m, 110.000 Ew.

ⓘ Der Name der Stadt wird heute offiziell mit dem galicischen Ou geschrieben, während das spanische Orense nur mit O nicht mehr offiziell verwendet wird. Der Name ist auf die Goldfunde am Ufer des Flusses Miño zurückzuführen, von denen die römischen Geografen berichteten, und Ourense war damals bereits bekannt für seine Thermalquellen.

🛏 **Herberge Hostel Grelo.** Weg: an der auf dieser Seite oben erwähnten Stelle 150 m nach rechts zur nächsten Kreuzung (✕ hier Cafeteria Viviàn mit Mittagsmenüs für € 10) und dort 100 m nach links bis kurz vor eine 🚗 Apotheke. Der hilfsbereite Hospitalero Santiago bietet hier 32 Plätze in 3 modernen, geräumigen und gepflegten Schlafsälen, Decken, Mikrowelle, Aufenthaltsraum ohne Fenster, 🖥 und **T** kosten auf Nachfrage zusammen € 5, 🚿 @.
📞 988 614 564, 🕐 ständig, aber im Winter besser vorher anrufen, Ü mit Frühstück € 16

🛏 **Öffentliche Herberge.** Weg: 100 m vor der Praza Maior nach links 50 m die Treppen hinunter (km 21,9). Aufgrund bizarrer bürokratischer Verrenkungen konnte man mir bis Redaktionsschluss keinen näheren Einblick in die Herberge geben. Sie bietet 40 Plätze und die Bewertungen der bisherigen Gäste bezüglich deren Einrichtung, Pflegezustand und Gastfreundlichkeit fielen bisher unterschiedlich, aber in letzter Zeit eher gut aus. Küche ohne Geschirr. 🚿 **T**. 🖥 Keines, 🕐 ganzjährig 13:00 bis 22:00, € 10

✞ **Kathedrale:** Es ist nach der Kathedrale von Santiago de Compostela die reichste und schönste Kirche Galiciens. Sie stammt im Wesentlichen aus dem 12. und 13. Jh. Am sehenswertesten ist das Hauptportal, das sich in einer Vorhalle befindet, die Sie nur

erreichen können, indem Sie durch das Kircheninnere gehen. Es heißt Portal des Paradieses (Pórtico del Paraíso) und wurde im 13. Jh. mit herrlichen polychromen Figuren in Anlehnung an den Pórtico de la Gloria in Santiago geschaffen. Absolut sehenswert!

♦ 🕒 oft wechselnd und gelegentlich unterbrochen von Messen, Frühling bis Herbst ca. 10:00 bis 19:30, Winter ca. 10:00 bis 17:00 (☏ 608 505531 oder 988 366 064), Eintritt: Pilger € 5, sonst € 7

Kathedrale in Ourense (tn)

✠ ♨ **Thermalquellen Las Burgas:** Kurz bevor Sie beim Betreten des Stadtzentrums zur Praza Maior kommen, sollten Sie den vorher erwähnten Abstecher zu den 65 °C warmen Thermalquellen machen. Gehen Sie dazu einfach geradeaus an der öffentlichen Herberge vorbei 50 m durch die enge Gasse. Zu Redaktionsschluss 2024 waren die Renovierungsarbeiten fast beendet und eine Neueröffnung stand bevor.

✠ **Römerbrücke:** Prächtige Brücke, die im 13. Jh. wieder erbaut wurde. Obwohl Sie sie beim Verlassen der Stadt überqueren werden, sei sie hier schon hervorgehoben, denn der Grund für die Rekonstruktion waren die Scharen der Jakobuspilger, denen mit der Brücke das Übersetzen über den Miño erleichtert wurde.

Ourense – Cea 22,5 km

⇔ *Es gibt zwei bzw. drei Wegalternativen, die alle ihr Vor- und Nachteile haben. Sie haben nun die Qual der Wahl.*

46a Der **westliche Weg** über Liñares und Mandrás ist **21,3 km** lang und führt anfangs 2 km entlang der Nationalstraße durch ein Industriegebiet. Nachdem Sie dieses endlich hinter sich gebracht haben, folgt ein sehr steiler, 2 km langer Aufstieg über eine schmale Asphaltstraße. Kurz: Masochisten und Bußpilger kommen auf den ersten 8,2 km in vielerlei Hinsicht voll auf ihre Kosten. Der letzte Teil bis Cea verläuft dann aber meist über sehr schöne einsame Wege und Pfade durch die Wälder und ist, wenn es nicht vorher länger geregnet hat, ein echter Naturgenuss. Auch kommt man hier an der kleinen Pilgerbar Rincón Telaraña vorbei.

46 Der **östliche Weg** über Tamallancos zählt **22,5 km** und bietet einen schöneren und nicht ganz so steilen ersten Teil. Der zweite Teil verläuft dann öfter über Straßen und Asphaltpisten und kreuzt gelegentlich die Nationalstraße. Er ist nach neueren Wegänderungen keinesfalls hässlich, kann aber im letzten Teil, was den landschaftlichen Reiz angeht, sicher nicht mit dem letzten Teil des westlichen Weges konkurrieren. Weil diese Route erfahrungsgemäß häufiger gewählt wird, wird sie, was die Kilometerzählung angeht, als Standardstrecke berechnet.

46 - b - a Die **beliebte Ost-West-Kombination** ist **23,3 km** lang, vereint dabei aber die landschaftlichen und kulturellen Höhepunkte der beiden vorher genannten Varianten. Neben den zusätzlichen 0,8 bzw. 2 km hat sie den Nachteil, dass das Zwischenstück Sie 2,5 km über mäßig befahrene Landstraße führt. Allerdings vermeiden Sie durch diese Variante auch die mehr oder weniger unangenehmen Straßenstücke der beiden zuerst genannten Alternativen.

☺ Ich persönlich empfehle Ihnen, mit der östlichen Variante zu beginnen und dann nach 7,4 km beim Abzweig zur schöneren westlichen Route spontan zu entscheiden, ob Sie sich noch die Zeit für den kleinen Umweg von 800 m nehmen wollen.

🚴 Radfahrern empfehle ich ebenfalls die eben genannte Alternative, da diese die 2,5 km des Verbindungsstückes sehr schnell bewältigen können.

🚶 An der Praza Maior biegen Sie auf der unteren Seite gegenüber dem Rathaus in die Rúa Lamas Carbajal ein. Von hier geht es wie im Stadtplan auf S. 211 ersichtlich 600 m immer weiter geradeaus vorbei an der 🛈 Touristeninfo (☎ 988 366 064) und dann nach links in die Rúa (Calle) Concejo und nach 500 m vorbei an einem Kreisverkehr über die 350 m lange Römerbrücke. Nach weiteren 200 m sollten Sie gut aufpassen, denn hier erreichen Sie eine große Ampelkreuzung und stehen am Scheideweg (km 1,7).

Zwei Wegalternativen: Zuerst wird der westliche Weg beschrieben, im Anschluss daran der östliche und dabei auch die Verbindung zwischen beiden Wegen.

Westlicher Weg: Von der besagten Kreuzung gehen Sie weiter geradeaus in die Calle de las Caladas und nach 200 m am 🚆 Zugbahnhof (RENFE) und 🚌 Busbahnhof von Ourense vorbei, immer weiter derselben Straße folgend, bis sie nach insgesamt

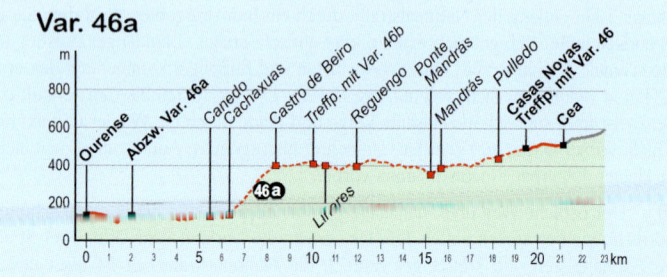

700 m eine Linkskurve beschreibt. Sie gehen aber weiter geradeaus entlang der Gleise und an einer ◆ Wasserstelle vorbei. Nach 400 m mündet der Weg in die N-120, der Sie 2 km durch ein eher ernüchterndes Gewerbe- und Wohngebiet folgen. Dann erreichen Sie den Ortsanfang von **Canedo** ✕ 🍽 🚌, wo die N-120 eine leichte Linkskurve beschreibt (km 5). Nun gehen Sie geradeaus weiter in den Ort und 🖐 geben gut acht, dass Sie den richtigen Ausgang erwischen, denn hier gab es bisher verschiedene irritierende Pfeile. Nach 700 m beschreibt die Straße am Ortsausgang eine Rechtskurve. Hier gehen Sie geradeaus bergab in Richtung Beiro. Nach 500 m wird am Ortsrand von Cachaxuas die Eisenbahnlinie unterquert. Vorbei an einer ◆ Wasserstelle, deren Angebot Sie besser nutzen sollten, geht es 2 km weit gnadenlos 275 Höhenmeter sehr steil bergauf über die schmale Asphaltpiste, auf der sich die wenigen vorbeifahrenden Anwohner gelegentlich sogar 🚗 mitfühlend (tramperfreundlich) verhalten (🚴 Radfahrer schieben). Oben in **Castro de Beiro** ✕ angekommen erreichen Sie gleich eine ◆ Wasserstelle und nur 100 m weiter das Restaurant Outorelo (🍴 täglich außer montags ab 12:00) (km 8,3).

Nach dem Lokal wird der Ort bald verlassen und dann gehen Sie auf einer Schotterstraße nur noch leicht ansteigend durch eine Wald- und Buschlandschaft, bis die Schotterstraße nach 1,6 km am Rande der sehr weitläufigen Gemeinde Amoeiro in eine schmale Landstraße mündet. Von scharf rechts mündet hier das von der östlichen Variante kommende Verbindungsstück in den Weg ein (km 9,9). Sie folgen der schmalen Landstraße geradeaus weiter bergauf und bergab. Immer weiter über diese wird die Streusiedlung **Liñares** durchquert. Nach 1,3 km, kurz nach dem Überqueren eines schönen kleinen Flusses, wird die Straße dann geradeaus auf einen ursprünglichen Weg verlassen. An dessen Ende erreichen Sie eine Pistenkreuzung, welche Sie geradeaus überqueren. Über eine schmale Asphaltpiste erreichen Sie so nach weiteren 600 m **Reguengo** (km 11,8).

Nun geht es 1,7 km immer geradeaus über schöne Feld- und Waldwege bergauf und bergab. Dann mündet der Weg wieder in eine schmale Asphaltpiste, die aber in der folgenden Linkskurve gleich wieder geradeaus verlassen wird. Nochmals 1,7 km spazieren Sie über einen schönen alten, einsamen Waldweg tendenziell leicht bergab, bis Sie am Ortseingang von **Ponte Mandrás** auf eine schöne alte Brücke treffen, auf der Sie den idyllischen Río Barbantiño überqueren.

Hier befindet sich auch ein etwas versteckter Rastplatz. Der Ort wird bergauf vorbei an einem weiteren ♦ Rastplatz durchquert und wenn Sie nach 600 m über Beton- und Asphaltpiste oben in **Mandrás** ⚲ angekommen sind, erreichen Sie eine Bar (🚗 von hier können Sie sich abholen lassen, wenn Sie zur 🏠 ⚐ Pazos Alojamiento Rural ☞ S. 218 wollen) (km 15,8).

Vorbei an der Bar und immer geradeaus wird der Ort bald verlassen und wieder ein schöner Waldweg betreten, der Sie zunächst eben und dann wieder ansteigend auf einen weiteren schönen Waldweg führt. Gelegentlich ist hier noch altes Pflaster sichtbar. Vorbei an einem (gekennzeichneten) Abzweig zur 🏠 ⚐ Herberge/Pension in Pazos erreichen Sie nach 2,3 km das Dörfchen **Pulledo**. Sie gehen weiter geradeaus auf die Asphaltpiste, die nach 500 m auf eine etwas breitere Asphaltpiste trifft. Wenden Sie sich hier halb nach rechts und gehen Sie 900 m leicht bergauf bis nach **Casas Novas** ⚲ 🍽, das direkt an der N-525 liegt. Diese überqueren Sie und gehen gegenüber in die Dorfstraße und 50 m zu einer Weggabelung. Von rechts kommt hier die östliche Variante **46** hinzu, halb links führt der Jakobsweg weiter (km 19,6).

Gemeinsamer Weg: Der Ort wird gleich wieder auf einen Waldweg verlassen, über den Sie nach 1,2 km die ersten vorgelagerten Häuser von Cea erreichen. Der Weg führt Sie gleich an einer ⚲ Bar vorbei und später durch die Unterführung der Landstraße. Nach insgesamt weiteren 500 m sind Sie am Ortsrand von **Cea** 🏠 ✕ 🍽 🅿 ✚ 🚌

(ab hier siehe auch Kartenausschnitt). Links geht es zur 🏠 öffentlichen Herberge und geradeaus auf dem Jakobsweg weiter (km 21,3).

46 **Östlicher Weg**: Wie vorher beschrieben biegen Sie 200 m nach der Römerbrücke von der Avenida das Caldas rechts in die Avenida de Santiago ab (km 1,7). Immer dieser folgend erreichen Sie nach 1,3 km eine Tankstelle. Direkt dahinter gehen Sie nach halb rechts in die schmale Asphaltstraße ⓘ Camiño Real, was „Königlicher Weg" bedeutet und auf den Verlauf des historischen Jakobsweges hinweist. Nach 500 m kreuzt die Straße die ✋ viel befahrene N 525.

Immer weiter dem Camiño Real bergauf folgend erreichen Sie nach 400 m die Plaza do Soutelo, an der ein alter Adelspalast steht. ⓘ An der Größe des Kamins, der hier recht passabel ausfällt, erkannte man früher den sozialen Rang der Familie. Ab hier ist der Jakobsweg gepflastert und führt weiter steil bergauf. Vorbei an der Kirche und ein weiteres Mal über die N-525 hinweg verlassen Sie den Vorort **Cudeiro**. Nach insgesamt 800 m sind Sie nahe der ✝ Emerita de San Marcos da Costa angekommen, von wo sich eine schöne Aussicht auf Ourense bietet. Nur 100 m weiter endet das Pflaster bei einer ● Wasserstelle mit Trinkwasser (⇧ 306 m) (km 4,8).

Über schmale Asphalt- und Schotterpiste geht es nun 800 m weniger steil bergauf bis zu einer Pistengabelung und damit haben Sie den größten Teil der Steigung bewältigt.

Es geht weiter geradeaus auf einer breiten Schotterpiste, meist nur noch leicht bergauf. Nach 1,4 km mündet diese in eine schmale Asphaltpiste, die aber nach 150 m am Ortsende von **Sartedigos** nach rechts verlassen wird. Nach 200 m erreicht der Schotterweg eine Landstraße.

✋ Nun müssen Sie gut aufpassen, wenn Sie nicht den **Abzweig zur schöneren westlichen Route** verpassen wollen: 50 m nachdem Sie den Schotterweg neben der Straße betreten haben, verlassen Sie diese **nicht** der offiziellen Markierung folgend nach halb rechts, sondern folgen weiter der Straße geradeaus (km 7,4).

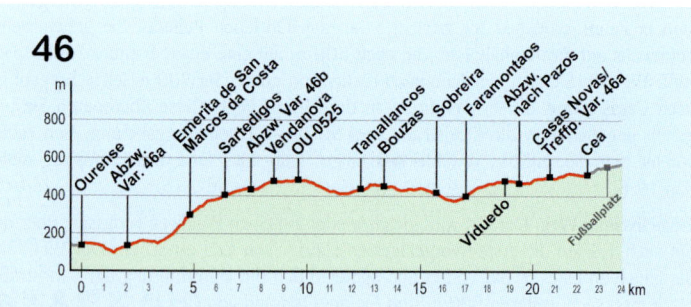

46b Verbindungsstück der beliebten Ost-West-Kombination: Wie gerade beschrieben bietet sich nun die Möglichkeit, mit 2 km Umweg zum **westlichen Weg zu wechseln**. Biegen Sie hier also **nicht** von der Landstraße ab, sondern bleiben Sie 2,4 km auf der mäßig befahrenen OU-0526, bis zur Kreuzung in **Cabeanca** ♁.

Hier wenden Sie sich nach rechts in Richtung Amoeiro und weiter über eine schmale Straße stoßen Sie nach 2,1 km auf den westlichen Weg, der hier (bei km 9,9 der westlichen Route) kurz vor Liñares noch vor dem Ortsschild am Rande der weitläufigen Gemeinde Amoeiro von scharf links in die Straße mündet (km 11,9).

☞ Die weitere Wegbeschreibung der westlichen Route finden Sie ab S. 215.

46 Fortsetzung östlicher Weg: Wollen Sie weiter der östlichen Route folgen, so biegen Sie 50 m nachdem Sie den Schotterweg neben der Straße betreten haben, nach halb rechts auf einen Waldweg ab. Der Weg führt Sie langsam ansteigend zunächst über einen Pfad bzw. Weg, dann über Asphaltpiste hinauf nach **Vendanova**, wo Sie nach 900 m oben eine ♦ Wasserstelle erreichen. Immer weiter geradeaus wird der Ort wieder verlassen.

Nach 1,4 km entlang einer Asphaltstraße überqueren Sie am Rande der sehr weitläufigen Gemeinde Amoreiro eine Landstraße. Über Asphalt-, Schotter- und Sandpiste gehen Sie bald bergab durch den Wald. Nach 1,6 km sind Sie wieder unten und überqueren einer Asphaltpiste folgend nach weiteren 600 m bei einem Industriegebiet die N-525 (km 12).

Noch 600 m weiter durch den Wald erreichen Sie **Tamallancos** ♁, das geradeaus durchquert wird. 800 m weiter führt Sie der Weg in **Bouzas** 🚌 an einer ♁ Bar vorbei, dann wieder über die N-525 und gleich danach an einem Waschplatz vorbei.

Über verschiedene Gassen und Wege wird der Ort verlassen. Später führt Sie der Weg vorbei an einer Industrieruine, dann wieder lange über verschiedene Pisten durch den Wald und nach 2 km erreichen Sie die ersten Häuser von **Sobreira**. Der Ort wird bergab durchquert und weiter bergab über Asphaltpiste und Feldwege erreichen Sie nach 1 km eine idyllisch gelegene Steinbrücke, die hier den Fluss Barbantiño überquert (km 16,4).

Über einen leicht ansteigenden Feldweg, der in eine schmale Asphaltpiste mündet, geht es nach **Faramontaos**, das Sie nach insgesamt 1 km wieder verlassen haben. Zunächst wandern Sie über einen alten, gelegentlich überfluteten historischen Pflasterweg (🚲 Radfahrer schieben) weiter bergauf. Dann wird der Weg wieder besser begehbar und nach 800 m wird fast oben angekommen erneut eine schmale Asphaltpiste betreten, die Sie in den Ort **Viduedo** ✕ 🍴 führt. Vorbei an einer ♦ Wasserstelle und immer weiter leicht bergauf über verschiedene Pisten treffen Sie am Ortsrand nach weiteren 600 m auf die N-525 (hier ✕ 🍴) (km 18,8).

Sie verlassen die N-525 gleich wieder auf einen alten Weg. Nach 500 m können Sie dann nach rechts einen ↳ Abstecher zur nahe gelegenen Pension machen (km 19,3).

🛏 **Pazos Alojamiento Rural**. Weg (700 m Umweg): An der eben genannten Pistenkreuzung gehen Sie 600 m bis ins Dorf **Pazos**, das über 🖐 keinerlei Läden oder Restaurants verfügt, im zweiten rechten Haus (km 19,9). Zurück zum Weg: Weiter der Straße bzw. Kennzeichnung wieder aus dem Ort folgend gehen Sie 500 m bis zur Kreuzung mit dem Weg. Das gediegene, rustikale Landhaus bietet eine schöne Terrasse und Garten mit Grill, Küche mit Kaffee, Milch usw. DZ mit Frühstück zum Selbstherrichten kosten € 50, ein Dreibettzimmer mit Frühstück € 75, 🖥 **T** @, 🚗 Auf Wunsch werden die Pilger kostenlos vom Weg abgeholt und abends kostenlos nach Cea zum Essen gebracht. ☎ 619 445 640

Der Jakobsweg führt Sie weiter geradeaus über einen Steinpfad durch eine Wildnis und nach 1 km erreichen Sie meist leicht bergauf über schöne Waldwege den Ortseingang von **Casas Novas**. Hier treffen Sie auf den letzten Teil der westlichen Route und folgen dem Jakobsweg wie auf Seite 215 unter „Gemeinsamer Weg" beschrieben weiter geradeaus 1,7 km bis nach Cea (km 22,5).

Cea 🏠 ✕ 🛒 🍴 ✚ 🚌 ⇧ 500 m, 3.000 Ew.

☺ Der Ort hat übrigens durch das dort gebackene Brot Bekanntheit erlangt. Oft begrüßt Sie der Ort schon von Weitem mit dem guten Geruch von frisch gebackenem Brot.

🏠 **Schöne öffentliche Herberge**. Kürzester Weg: Bei der vorher genannten Hausnummer 9 gehen Sie 50 m nach rechts. In einem alten Granitgebäude mit einem galicischen Getreidespeicher davor. Es gibt 40 Plätze, eine kleine Küche mit etwas Geschirr, einen großen Aufenthaltsraum und eine Terrasse im ersten Stock, Heizung, @. ☎ 600 878 289 (Orlando), 🛏 ständig, meist auch tagsüber, € 10

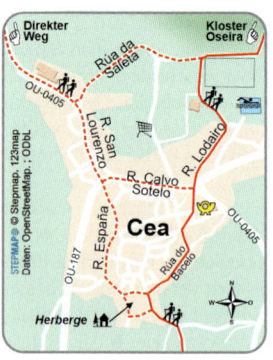

☺ **Zwei Wegalternativen von Cea nach O Castro de Dozón:** Die gleich folgend beschriebene Variante führt 14,7 km direkt nach O Castro de Dozón, wobei gut die Hälfte des Weges über Landstraße verläuft. Die zweite Alternative macht einen Umweg über das großartige Zisterzienserkloster von Oseira, das 9,1 km entfernt ist und von wo es noch 10,3 km nach O Castro de Dozón sind, insgesamt also 19,4 km, was einem Umweg von knapp 5 km gegenüber dem direkten Weg entspricht. Da Sie in Galicien entlang des Weges nicht gerade mit Sehenswürdigkeiten verwöhnt werden, ist das Kloster sicher einen kleinen Umweg wert und auch die Landschaft ist wesentlich reizvoller. Auch wenn der Weg an einigen Stellen etwas besser gepflegt und gekennzeichnet sein könnte, gibt es nur wenige problematische Wegabschnitte und deshalb wird dieser hier als Standardstrecke empfohlen und auch im Sinne der Gesamtkilometer der Streckenführung berechnet.

✋ **Bedenken Sie, dass** die Wiedereröffnung der Herberge in O Castro de Dozón unsicher ist. Informieren Sie sich zeitnah vor Ort und planen Sie für diesen Fall Ihre Route dann entsprechend. Übernachten Sie in Oseira, gibt es evtl. ein kleines Versorgungsproblem. Decken Sie sich also evtl. rechtzeitig in Cea mit ausreichend Proviant ein. Den nächsten Geldautomaten finden Sie erst wieder in Silleda.

☺ **Pilgergeschichten**. Eine kleine Geschichte, die ich vor Jahren während der Überarbeitung des vorliegenden Führers auf dem Wegabschnitt zwischen Cea und O Castro de Dozón erleben durfte, habe ich zusammen mit anderen Kurzgeschichten in meinem bereits vergriffenen kleinen Büchlein „Pilgergeschichten von den Jakobswegen" verewigt. Seit dem ersten Lockdown der Coronapandemie können Sie sich den Text kostenlos als PDF von meiner Seite runterladen. 💻 www.camino-de-santiago.de/pilgergeschichten.pdf

Bei der Herberge von Cea (rj)

🚲 Radfahrer finden auf der Strecke ab dem Kloster Oseira einige sehr mühsam passierbare Abschnitte vor. Wenn Sie keine größeren Umwege über die Straße machen wollen, werden Sie Ihr Rad dann wohl je nach Kondition zwischen 2,5 und 3,5 km schieben und eventuell auch einige Meter weit tragen müssen. Deshalb wird der direkte Weg nach O Castro de Dozón empfohlen.

Direkter Weg: Cea – O Castro de Dozón 14,7 km

🚶 Es gibt verschiedene Wege, die Sie, wenn Sie sich für diese Variante entschieden haben, aus dem Ort führen. Ich empfehle Ihnen folgende Variante: Gehen Sie bei der besagten Hausnummer 9 zunächst 50 m nach links zur Pilgerherberge und dort nach rechts. Folgen Sie dann aber nach 30 m nicht den gelben Pfeilen nach rechts, sondern

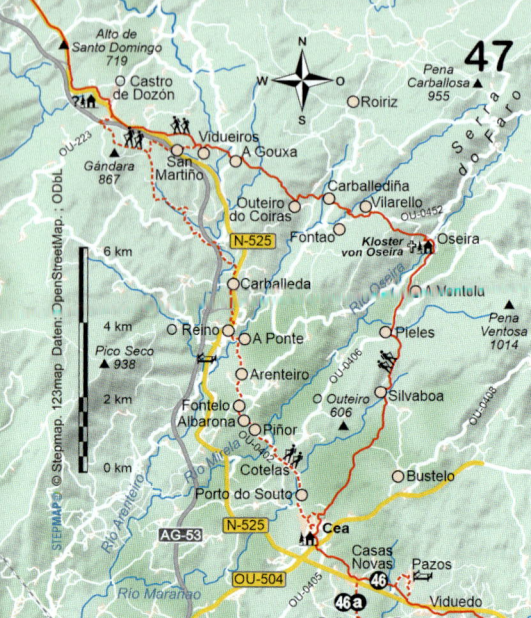

gehen Sie geradeaus weiter 80 m in die Rua España, wo sich auch eine ♀ Bar und eine ₳ Apotheke befinden. Nach 200 m wird die Landstraße überquert und Sie gehen weiter in die Rua San Lorenzo. Immer derselben Straße folgend verlassen Sie bald den Ort und überqueren die Gemeindegrenze von Piñor. Vorbei an **Porto do Souto** gehen Sie nun im Prinzip weiter derselben Straße folgend 1,7 km bis nach **Cotelas**.

Gleich danach wird die Straße geradeaus auf eine schmalere Landstraße verlassen. Der Jakobsweg führt bergab und gleich nach halb rechts über verschiedene Pisten und Wege und nach 700 m wieder unten angekommen überqueren Sie den Fluss Rio Mirela über eine Brücke. Über einen Waldweg gehen Sie steil bergauf, dann weiter über die Straße und nach 1 km haben Sie fast

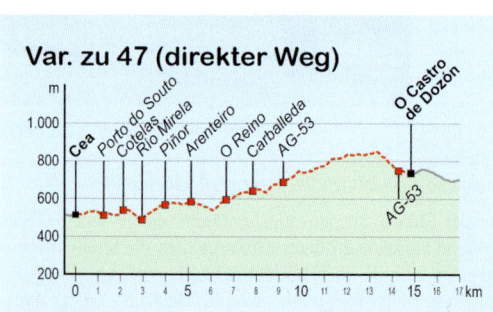

oben angekommen **Piñor** ₳ ✚ durchquert und befinden sich am Ortsrand von Albarona. Derselben Straße folgend geht es nur noch leicht bergauf und bergab durch **Albarona** ● und **Fontelo** und nach nochmals 1 km erreichen Sie den Ortsrand von **Arenteiro** ♀ (km 4,8).

ⓘ Gleich links im Ort finden Sie die Firma Ataudes Gallego. Arenteiro und die umliegenden Dörfer sind bekannt für ihre insgesamt acht traditionellen **Sargschreine-**

reien, in denen ca. 400 Angestellte monatlich etwa 7.000 Särge anfertigen. Ataudes Gallego (deutsch: Särge Galiciens) ist mit 25 emsigen Sargschreinern ein mittelgroßer Betrieb dieses erfahrungsgemäß sehr krisensicheren Wirtschaftszweiges.

Vorbei an der Dorfbar und der ✞ Capilla de Peregrina (deutsch: Kapelle der Pilgerin) geht es weiter und nach 1,4 km müssen Sie in **A Ponte** etwas aufpassen, denn nachdem Sie unten im Tal angekommen sind und eine Brücke überquert haben, wird die Straße bald beim Ortsausgangsschild nach rechts auf einen Hohlweg bzw. einen Pfad verlassen (km 6,2).

> ⊭ ✕ **Pension Ateneo.** Leider ist diese Unterkunft 1 km vom Weg entfernt. Weg dorthin: Achten Sie ab der eben erwähnten Brücke auf eine Ausschilderung, die ca. 1 km dorthin führt. Falls diese nicht auffindbar ist, folgen Sie dem Jakobsweg noch weitere 450 m bis zur N-525. Ab dort folgen Sie dieser 1 km nach links. Die einfache Pension bringt die Pilger für € 20 p. P. in EZ und DZ unter. In dem täglich geöffneten Restaurant gibt es Mo bis Do auch Menüs für € 14. ☏ 988 403 203

Der Pfad führt steil bergauf und nach 200 m wird die Landstraße wieder überquert. Immer weiter derselben Piste folgend sind Sie nach weiteren 250 m oben an der N-525 angekommen und befinden sich am Ortsrand von **O Reino** ⊭ 🚌. (✤ Spätestens hier nach links 1 km zur ⊭ Pension Ateneo).

Sie folgen der N-525 nur wenige Schritte und verlassen Sie gleich wieder nach scharf links. Nach 150 m betreten Sie eine schmale Betonpiste, die hinter dem ersten Haus des Ortes verläuft. Von hier aus geht es im Prinzip immer geradeaus über

Auf dem Weg nach O Castro de Dozón (rj)

verschiedene Wald- und Feldwege und die Überführung eines Autobahnzubringers, bis Sie nach 900 m in **Carballeda** wieder die N-525 betreten. Sie folgen dieser 400 m leicht bergauf und verlassen dann den Asphalt nahe dem Ortsausgangsschild auf einen Waldweg (km 7,9).

Auf dem Waldweg gehen Sie bergab, dann bergauf und zuletzt an der Autobahn entlang. Nach 1 km wird diese überquert und dann führt Sie der Weg allmählich ansteigend durch den Wald über eine wenig befahrene Straße. Danach geht es über Wege weiter bergauf durch eine schöne Heidelandschaft. Nach 900 m senkt sich der Weg wieder und führt bald in den Wald.

350 m weiter ist die Wegführung oft etwas unklar. Hier gehen Sie weiter halb rechts in den alten, durch zerfallene Steinmauern begrenzten Weg, in dessen Mitte große Steinquader liegen. Der Weg beschreibt einige Kurven und wird nach 300 m in einen Hohlweg verlassen, der bergauf in den Wald führt. Bald mündet er in einen Wald- und Feldweg, der zunehmend ansteigend verläuft und nach 800 m, wenn Sie wieder oben in der Heidelandschaft angekommen sind, auf einen Fahrweg trifft, dem Sie nach rechts folgen (km 11,3).

Der nun wieder besseren Markierung folgend wandern Sie über Schotterpiste nur noch leicht bergauf. Nach 1,2 km verlassen Sie diese nahe einem Sendemast geradeaus auf einen einfachen Fahrweg und nach 600 m erreichen Sie eine Pisten- bzw. Weggabelung, wo Sie zunächst halb rechts und dann weiter geradeaus gehen. Bald ist der höchste Punkt erreicht und Sie pilgern über einen breiten, unbefestigten Weg weiter durch die Heide- und Buschlandschaft bergab. Nach 900 m erreichen Sie eine

schmale Asphaltpiste, die Sie gleich bergab zu der Überführung der Autobahn führt. Über diese hinweg haben Sie nach 600 m in **O Castro de Dozón** ⌂ ♀ 🍽 ♨ ✚ 🚌 die N-525 erreicht. Hier treffen die beiden Alternativen wieder aufeinander. (Der kleine 🍽 Laden und eine ♀ Wasserstelle befinden sich neben der Bar, die an der Kreuzung rechts der Straße liegt.) Nach 200 m, dort, wo eine schmale Nebenstraße nach halb rechts führt, verlassen Sie die N-525, um auf dem Jakobsweg weiterzugehen (km 14,7).

?⌂ **Öffentliche Herberge.** Leider ist die Herberge – weil man sich nicht darüber einigen kann, wie sie renoviert werden soll und wer das letztlich zahlt – seit Jahren geschlossen und auch bei Redaktionsschluss sah es nach keiner schnellen Lösung aus. 🛏 Unsicher, € 10

🚕 **Taxi.** Auch hier kann Sie wieder ein Taxi retten. Zur recht günstigen Pension in Botos werden bis zu 4 Pilger je nach Länge der Anfahrt für € 16 bis 20 gebracht. Bis zur öffentlichen Herberge in Laxe zahlen Sie bzw. Ihre Fahrgemeinschaft € 22 bis 26. ☎ 986 780 061 (Taxi O Castro de Dozón) 656 536 588 (Taxi Lalin). Eine Weiterfahrt mit dem hier haltenden 🚌 Regionalbus macht übrigens wenig Sinn, da dieser erst wieder in Silleda auf den Jakobsweg trifft.

Empfohlener Weg Teil 1: Cea – Oseira 9,1 km

⇔ *Wie ich vorher schon erwähnt habe, ist der Weg über Oseira wesentlich schöner als der direkte Weg. Er ist aber auch knapp 5 km länger und an wenigen Stellen etwas schlechter begehbar und/oder suboptimal gekennzeichnet. Sicher handelt es sich bei dieser Variante um keine Strecke für einen Familienausflug, nach dem man sich während eines verlängerten Wochenendes eine Compostella abholen möchte. Da es sich im Ganzen aber um kaum mehr als 1,5 km problematische Strecke handelt, kann ich den Weg aber hier mit gutem Gewissen als Standardweg für etwas erfahrene Pilger empfehlen. Achten Sie eben ein wenig besser auf die Kennzeichnung und auch die folgende Wegbeschreibung hier im Buch und schauen Sie dort, wo es steinig oder feucht wird, etwas mehr auf Ihre Füße. Und wenn Wetterumstände wirklich widrig sind, dann wählen Sie evtl. besser doch den direkten Weg.*

Nur 50 m nach dem Punkt, an dem es links zur öffentlichen Pilgerherberge geht, treffen Sie auf einen galicischen Kornspeicher und gehen nach rechts. Nach 200 m erreichen Sie die schöne Praza Maior mit ihrem frei stehenden Glockenturm. Sie überqueren den Platz nach halb rechts und gehen dann weiter nach links und an der Post vorbei, bis Sie nach 100 m bei einer großen Kreuzung bzw. einem Kreisverkehr die Hauptstraße überqueren. Auch hier finden Sie wieder die beiden Varianten ausgeschildert. Gegenüber geht es weiter bergauf in die Rúa Lodairo 200 m Richtung Fußballplatz und Freibad. Nach 300 m endet die Straße am Ortsrand auf einer weiteren und Sie gehen nun ungeachtet anderer Wegweiser nach rechts (km 0,7).

Folgen Sie der Straße nur 250 m weit an dem Fußballplatz und zwei Industriehallen vorbei und verlassen Sie diese dann nach halb rechts in einen Schotterweg. Nach 1,4 km wird der Weg dann ursprünglicher und man sieht bald einen Teil des historischen Pflasters. Noch 600 m weiter erreichen Sie eine Weggabelung und gehen nach halb links weiter. Es folgt gleich eine Furt bzw. ein Überschwemmungsgebiet, das Sie aber über einen Steinpfad oder die rechts liegende Wiese größtenteils problemlos

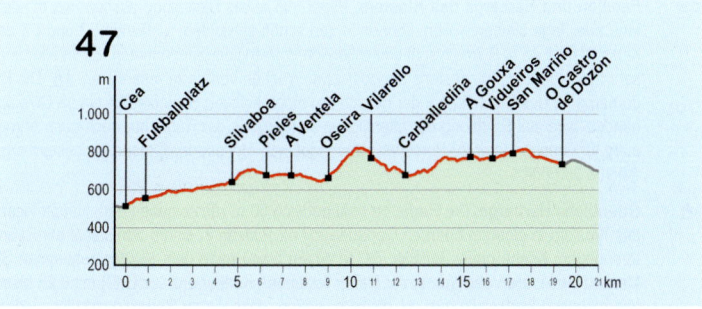

vermeiden können. Zunächst führt Sie der Weg noch weiter über das historische Pflaster (🚲 schieben), dann wird er wieder wesentlich besser begehbar und nach 800 m endet eine ursprüngliche Steinmauer und Sie finden sich wieder vor einer Weggabelung.

Gehen Sie hier weiter geradeaus in den Weg bzw. Pfad, der gleich ein Stück weit entlang einer weiteren alten Steinmauer, hinter der sich eine Wiese befindet, verläuft. Gleich wird ein Bach überquert, der zur Rast einlädt, und dann geht es weiter über einen bei meinem letzten Besuch teilweise eingewachsenen Pfad immer weiter geradeaus und durch eine Lichtung, wobei nur einige verblasste Pfeile erahnbar sind. Nach der Lichtung wird der Weg dann wieder besser sichtbar und so erreichen Sie nach 600 m die Landstraße. Nach halb links treffen Sie nach 300 m auf den halb verlassenen Weiler **Silvaboa** (km 4,7). Vorbei an diesem geht es halb rechts 1,2 km bergauf in eine weite Heidelandschaft, die betörend schön golden stahlt, wenn der Ginster blüht. Oben angekommen wandern Sie wieder bergab bis **Pieles**, wo sich am Ortsanfang eine 💧 Wasserstelle und eine 🍷 Bar befinden und Sie nach 500 m nach rechts auf die Landstraße abbiegen. Nach 1,2 km vorbei an dem Weiler **A Ventela** folgen Sie derselben Straße weiter bergab durch den Wald und erreichen nach 1,6 km nahe dem Parkplatz den Zugang zum Kloster von **Oseira** (⇧ 650 m) 🏠 🍷, das an eine kleine Ortschaft grenzt (km 9,1).

✝ **Kloster Oseira**. Großartiges abgeschiedenes Zisterzienserkloster aus dem 12. Jh. Die Kirche bewahrt hinter ihrer barocken Fassade die ganze zisterziensische Strenge und Einfachheit, kaum unterbrochen durch die Fresken des Querschiffs. Sonntags wird regelmäßig die Heilige Messe zelebriert. Auch zum Stundengebet der Mönche sind die Pilger eingeladen.

- ♦ 📖 Führungen während der Sommerzeit Mo bis Sa um 10:30, 12:00, 17:00, 18:30 und während der Winterzeit 10:30, 12:00, 16:00 und 17:30, So mittags nur 12:45, aber nachmittags wie gehabt, Dauer 45 Min., Preis € 3,50. Zur Sommerzeit kann man um 19:30 am Stundengebet der Mönche teilnehmen (zur Winterzeit 18:30) und die heilige Messe wird Mo bis Sa um 7:45 und So um 11:30 angeboten.

🛏 **Pension und Herberge des Klosters**. Pilger, die etwas Besinnung suchen und mindestens zwei Tage bleiben wollen, können in den schön-schlichten, rustikalen EZ und DZ des Klosters für € 45 p. P. und Nacht einschließlich Vollpension unterkommen. Es ist allerdings sehr zu empfehlen, mindestens ein oder zwei Wochen vorher zu reservieren. 🏠 Die Pilgerherberge des Klosters, bei der es sich um einen kultigen Schlafsaal in einem Gewölbe handelt, wird seit Eröffnung der öffentlichen Herberge in der Regel nur noch nach Anmeldung für Gruppen über 20 Personen verwendet. ✉ Hospederia@monesteriooseira.org, ☎ 988 282 004

🏠 **Öffentliche Herberge**. Die Herberge befindet sich 50 m rechts neben dem Haupteingang des Klosters in einem modernen Gebäude mit 42 Plätzen in einem Schlafsaal mit Raumtrennungen. Küche ohne Geschirr. ✕ In einem Lokal nahe dem Kloster bekommen Sie Menüs. Diese fallen aber (dank der bisher fehlenden Konkurrenz vor Ort?) mit € 25 bisher überraschend kostspielig aus. Es bleibt zu hoffen, dass die zu Redaktionsschluss wegen

Kloster Oseira (tn)

Renovierungsarbeiten geschlossene zweite Bar bald günstigere Optionen bietet. Sorgen Sie also evtl. rechtzeitig vor. 🖥 **T** @. ☎ Keines, 🛏 ganzjährig 13:00 bis 22:00, € 10

Empfohlener Weg Teil 2: Oseira – O Castro de Dozón 10,3 km

🚴 Wenn Sie sich dafür entschieden haben, über Oseira zu fahren, dann war Ihnen bereits bewusst, dass Sie am Anfang dieser Etappe zwischen 2,5 bis 4,5 km schieben müssen.

🥾 Von der Landstraße gehen Sie links in die Straße, in der sich die Bars befinden und wo es auf den Haupteingang des Klosters zugeht. Nach 50 m führt eine Straße halb rechts an der Klostermauer bergauf. Sie folgen dieser 250 m in Serpentinen bergauf. Genau dort, wo ein Abzweig zu einem 📷 Aussichtspunkt beginnt, von dem man eine schöne Aussicht auf das Kloster hat, gehen Sie nach links auf einen steinigen Pfad.

Nach 300 m überqueren Sie eine Asphaltpiste. Der Weg führt allmählich weniger steil bergauf. Auf kleineren Abschnitten war dieser bisher eingewachsen kann aber dann über eine Wiese umgangen werden. Nach 700 m mündet der steinige Pfad geradeaus in einen Feldweg, der durch Feldmauern hindurch nach 300 m die Landstraße erreicht. 2024 fand sich hier eine irreführende Kennzeichnung. Folgen Sie der Landstraße, je nachdem, wie Sie auf den letzten Metern darauf gestoßen sind, geradeaus bzw. nach links 250 m bergab (also NICHT nach rechts in Richtung der Ortschaft Mirallos). Dort, wo die Straße eine Rechtskurve beschreibt, verlassen Sie diese nach links. Ein steiniger, felsiger Weg führt geradeaus durch den Ginster bergab und erreicht nach 150 m oberhalb von **Vilarello** wieder die Straße. Sie wenden sich nach links und gehen weiter bergab.

Nach 500 m, dort, wo die Straße wieder ebener verläuft, verlassen Sie diese nach rechts auf einen Pfad. Dieser führt bald steil und steinig hinab zu einem idyllischen Bach, der nach 300 m über eine Betonbrücke überquert wird. Bald sind Sie wieder oben und überqueren eine Wegkreuzung, dann pilgern Sie über einen alten, aber nun doch etwas besser begehbaren Waldweg wieder bergab und erreichen nach 500 m den Ortsrand von **Carballediña** (km 3,3).

Eine Asphaltpiste wird geradeaus zu einem Bushäuschen hin überquert. Sie durchqueren den recht ursprünglichen Ort immer derselben Asphaltpiste folgend an einer ♦ Wasserstelle vorbei. Nachdem Sie ihn wieder verlassen haben, stoßen Sie nach 700 m nahe dem Waldrand auf eine etwas breitere Asphaltpiste, die Sie nach links nach Outeiro do Coiras führt. Passen Sie gut auf, denn nach 400 m gehen Sie am Ortsrand rechts steil bergauf auf eine Betonpiste, die gleich in einen Waldweg mündet, der teilweise steil bergauf verläuft. Nach 800 m sind Sie wieder fast oben und dann geht es immer geradeaus leicht bergauf oder eben über verschiedene Wald- und Feldwege, bis Sie nach 1,1 km den Ortseingang von **A Gouxa** erreichen. Sie wenden sich hier nach links und nach 100 m wieder nach rechts, wobei der offizielle Weg nun an der Rückseite der ♀ Dorfbar vorbeiführt (km 6,4).

Nach 200 m überqueren Sie eine kleine Straße und gehen auf einen Weg bzw. Pfad. Nach 500 m mündet dieser in eine Asphaltpiste, welcher Sie weiter geradeaus folgen. Aber nur 100 m weit, denn dann wird sie vor einem Stall nach halb rechts auf einen Weg bzw. Pfad verlassen, der Sie in einer Kurve 300 m nach **Vidueiros** führt. Hier halten Sie sich zweimal rechts und dann einmal links und sind nach 200 m am Ortsrand angekommen. ↳ Es gibt hier verschiedene (ältere) Varianten. Ich empfehle Ihnen, nun nach rechts bergauf über einen breiten Feldweg zu gehen. Vorbei an einer Gerichtssäule erreichen Sie nach 1 km bei einem Stall die N-525. Betreten Sie diese aber nicht, sondern gehen Sie nach rechts auf die alte Straße, die parallel zu ihr verläuft. Nach 500 m trifft diese auf eine schmale Asphaltstraße, über die Sie nun geradeaus gleich die N-525 erreichen. Weiter geht es auf dem breiten Seitenstreifen der Nationalstraße und später auf einem Fußweg. Nach 900 m haben Sie in **O Castro de Dozón** (⇧ 700 m) ⌂ ♀ 🍽 ✚ ♞ 🚌 die zentrale Straßenkreuzung erreicht, wo von links die direkte Wegalternative von Cea dazukommt (der kleine 🛒 Laden und eine ♦ Wasserstelle befinden sich neben der ♀ Bar, die an der Kreuzung rechter Hand der Straße liegt). Nur 200 m weiter, dort, wo eine Nebenstraße nach halb rechts führt, verlassen Sie die N-525, um weiter dem Jakobsweg zu folgen (km 10,3).

?🏠   Infos zum Problem mit der Herberge finden Sie auf S. 222.

O Castro de Dozón – Laxe 18,4 km

🖐 Sorgen Sie besser für etwas Proviant, denn es finden sich unterwegs nur wenige sichere Einkehrmöglichkeiten.

🚶‍♂️ Nachdem Sie wie eben beschrieben die N-525 wieder verlassen haben (km 0), betreten Sie eine Nebenstraße, die an der Kirche vorbeiführt. Nach 200 m erreichen Sie eine Kreuzung und gehen nach halb links auf eine kleine Asphaltstraße, die zunächst bergauf verläuft. Der Ort wird bald verlassen und dann gehen Sie über verschiedene Asphaltpisten bergab, vorbei an einem kleinen Industriegebiet. Dort, wo nach 1,2 km die Asphaltpiste endet, führt der Weg nun weiter über einen Waldweg, der später in einen schmalen Fußweg mündet, welcher parallel zur N-525 verläuft. Ich empfehle Ihnen, nun immer weiter rechter Hand der Straße dem Schotterweg zu folgen, bis Sie nach 1,3 km die Anhöhe Alto de Santo Domingo (⇧ 700 m) erreichen (km 2).

Erst jetzt wird die Straßenseite gewechselt und der Weg führt Sie bald über eine verwitterte Piste und entlang der N-525 vorbei an dem kleinen Weiler **Santo Domingo** ✕, der eigentlich nur aus einer Raststätte an der Nationalstraße besteht, bergab. Dann kann die Straße nach 1,5 km in einer Rechtskurve nach halb links bzw. geradeaus verlassen werden. Auf einem Schotterweg gehen Sie leicht bergauf und wieder bergab durch Wald und Feld, wobei sich eine schöne Aussicht bietet. So erreichen Sie nach 1,7 km das Dörfchen **Puxallos** und finden dort einen kleinen Rastplatz mit 💧 Wasserstelle und Kinder- bzw. Pilgerschaukel (km 5,9).

Nach dem Ort geht es wieder über einfache Wege und Schotterpisten bergab und nach 1,7 km über eine Autobahnüberführung. Bald wandern Sie über einen schönen Feldweg bergab. Nach 800 m haben Sie **Pontenoufe** durchquert und finden unten angekommen ein schönes Tal mit Bach. Zunächst über eine Asphaltpiste und dann über einen beeindruckend tief eingegrabenen Hohlweg geht es wieder bergauf, bis Sie nach 1 km auf eine schmale Asphaltpiste treffen, der Sie weiter bergauf folgen. Gleich in **A Xesta** angekommen finden Sie neben der kleinen Kapelle, deren Vorbau zur Rast einlädt, einen 💧 Pilgerbrunnen. Dann wird die N-525 überquert und nach 700 m der Ort wieder verlassen (km 10,1).

Nun pilgern Sie zunächst über Feldweg und dann über schmale Asphaltpiste weiter vorbei an der Siedlung **Medelo** und überqueren nach 800 m eine Überführung über die Bahntrasse. Auf der schmalen Asphaltpiste geht es weiter bergab und nach 1,5 km erreichen Sie **Botos** (auch: Estación de Lalín) 🛏✕🚌🚆, wo Sie wieder auf eine Landstraße treffen. Sie gehen hier nur 100 m nach links und dann noch vor dem Kreisverkehr nach rechts bergab (km 12,5).

🛏✕ **Taberna de Vento.** Rechts am Kreisverkehr vorbei nach 150 m linker Hand. Hier werden einfache, aber gepflegte DZ für € 40 (als EZ € 30) verwaltet, die sich in einem nahe gelegenen Haus am Kreisverkehr befinden. Menüs für € 13 (mittags) bzw. € 15 (abends), 🍳 € 5, **T** € 5, @. ☎ 629 306 679

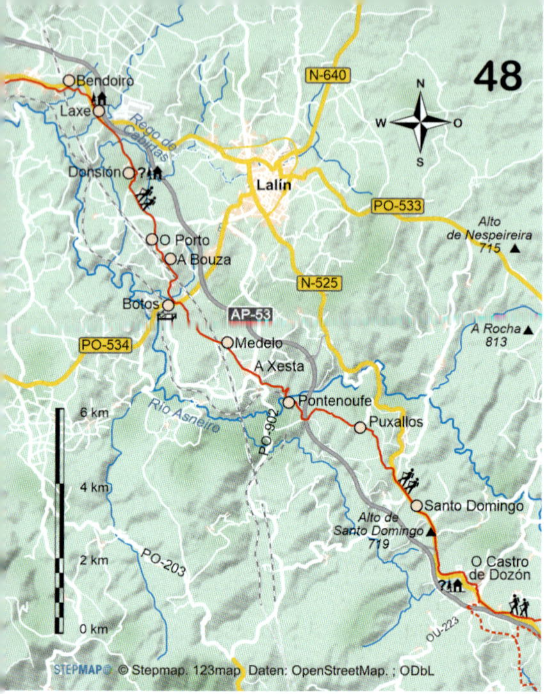

48

Auf dem Jakobsweg betreten Sie dagegen eine schmale Asphaltpiste. Bergab und wieder bergauf wird nach 800 m die lange Bahnüberführung unterquert. Weiter auf derselben Straße gehen Sie immer weiter durch verschiedene Ortschaften und Häusergruppen bergauf, bis Sie nach 1,7 km eine größere Landstraße überqueren. 1 km geht es über schöne Wald- und Feldwege bergab, dann betreten Sie am Rande von **Donsión** eine schmale Asphaltpiste, die Sie vorbei an einer urigen ♀ Bar und einer Kirche mit ● Wasserstelle durch den Ort führt (km 16).

?🏠 Hier befand sich zu Redaktionsschluss die **private Herberge Laxe** im fortgeschrittenen Ausbau. Spätestens ab Ostern 2025 soll sie nach Plänen des Besitzers 60 Plätze in Schlafsälen und auch 🛏 DZ sowie ✕ Menüs und evtl. einen Pool bieten. ☎ 653 906 199, 🚿 unsicher, ca. € 15

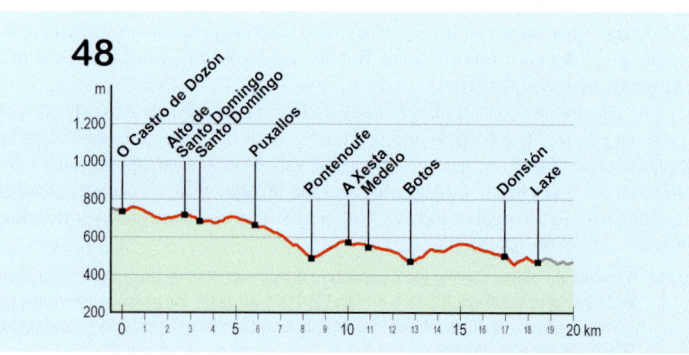

Es geht immer weiter leicht bergab, vorbei an weiteren Häusergruppen. Nach 800 m endet der Asphaltbelag und Sie pilgern weiter bergab durch einen Hohlweg durch den Wald. Nach 600 m sind Sie unten angekommen, überqueren einen breiten Bach und es geht (wie könnte es anders sein) wieder bergauf. Der Weg verläuft zur und entlang der Autobahn bzw. deren Zubringer, dann senkt er sich wieder und mündet nach 800 m in die Nationalstraße, die Sie hier überqueren. Sie betreten den Ortsteil **Laxe** (⇧ 450 m) 🏠 ✕ 🚌, der zur Gemeinde Bendoiro gehört, die wiederum von der 6 km entfernten Stadt Lalín verwaltet wird. Die örtliche Herberge ist deshalb gelegentlich auch unter dem Namen der beiden zuletzt genannten Orten bekannt. Es geht also in die gegenüberliegende Landstraße, dann halten Sie sich links und erreichen nach 200 m die Herberge (km 18,4).

🏠 **Öffentliche Herberge.** Großzügig angelegte Herberge mit schöner Aussicht. 28 Betten in 2 Schlafsälen, Aufenthaltsraum, Heizung, die Küche ist ohne jede Ausstattung, evtl. Automaten mit Snacks und Kaffeeautomat. ▫ **T** @. ☞ Keines, ⏲ 13:00 bis 22:00, € 10

✕ In Bendoiro gibt es keinen Lebensmittelladen, aber am Ortsausgang an der N-525 finden Sie die **Bar Restaurante Maria José**, die Menüs für m. E. etwas reichlich bemessene € 14, Frühstück und auch einige Kleinigkeiten wie Früchte, Empanada oder belegte Brötchen für unterwegs anbietet. ☏ 986 794 007 oder 682 389 533. ⏲ ganzjährig täglich, aber im Herbst und Winter Sa und So besser vorher anrufen

ⓘ **Camino de Invierno.** Hier mündet übrigens der s. g. Camino Invierno in unseren Weg. Es handelt sich um eine vom Camino Francés kommende Variante, welche ab Ponferada einen Verlauf wählt, der die Anhöhen des Grenzgebirges Galiciens weitgehend umgeht und deshalb historisch als Winterweg galt, was ihm auch den Namen gab. Leider verläuft er aber auch häufig über Asphalt und bietet bisher nur ein recht verbesserungswürdiges Netz an günstigen Unterkünften, weshalb die ca. 220 km Weg bis Laxe eher wenig Anklang fanden.

Laxe – Silleda 9,5 km

🚶 Der Jakobsweg führt von der Herberge wieder zurück zur N-525 und dann auf dieser weiter, bis Sie nach 400 m die ✕ ♀ Bar Restaurante Maria José erreichen. Nach der Bar wird die Straße wieder verlassen und Sie gehen über verschiedene Wege, schmale Asphaltpisten und Ortsstraßen immer geradeaus, bis Sie nach 1,5 km in **Prado** ✕ 🏠 🅿 wieder die N-525 erreichen. Diese wird zur Mitte des Ortes, direkt hinter einem kleinen, leicht zu übersehenden Dorfladen, verlassen. Bald führt Sie der Camino im angenehmen Abstand zur Straße über einen Feldweg, bis Sie nach 900 m eine Landstraße überqueren. Nur 300 m weiter erreichen Sie eine Pistenkreuzung. Ab hier sind verschiedene Wege zur nahe gelegenen Ponte Taboada gekennzeichnet. Der offizielle Jakobsweg verläuft nach rechts über die Asphaltpiste und gleich weiter bergab entlang einer kaum befahrenen Landstraße. Nach 1,1 km verlassen Sie unten kurz vor einer Brücke die Straße auf einen schönen Waldweg, der entlang des Flusstales 500 m bergab zum Teil über historisches Pflaster zu

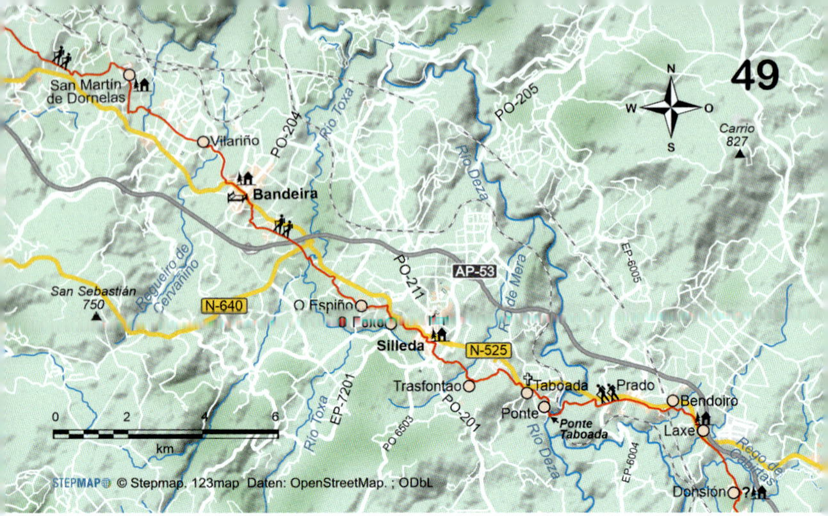

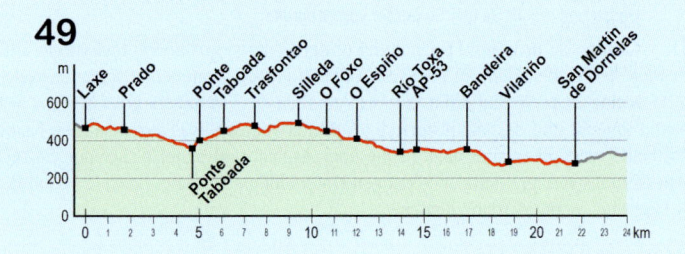

ⓘ der mittelalterlichen Brücke Ponte Taboada über den Fluss Deza führt – ein sehr idyllisch gelegener Ort (km 4,7).

Gleich nach der Brücke kommen Sie an einem Felsen mit einer merkwürdigen Inschrift vorbei. Auf altem römischem Pflaster gehen Sie 200 m steil bergauf bis zur Häusergruppe **Ponte**. Über verschiedene Pisten führt Sie der Weg weiter bergauf, vorbei an einigen Häusergruppen. Dann betreten Sie erneut einen Feldweg bzw. Pfad und zuletzt vorbei an einer Wasserstelle und einer ♀ Bar erreichen Sie nach insgesamt 1,1 km die N-525. Diese wird aber nahe der ✝ Santiagokirche von **Taboada** sofort wieder auf einen Waldweg verlassen. 800 m gehen Sie nun nur noch leicht bergauf, dann streifen Sie ein Industriegebiet, das aber gleich wieder in den Wald verlassen wird. Ab hier verläuft der Weg über Schotterpiste ohne größere Höhenunterschiede weiter, bis Sie nach 700 m am Ortsrand von **Trasfontao** ⇌ wieder eine schmale Asphaltpiste betreten (km 7,5).

Sie durchqueren den kleinen Ort kreuz und quer und dann führt Sie das alte Pflaster eines nicht selten überfluteten Feldweges hinab zu einem Bach. Durch Wald und Feld geht es wieder bergauf und nach 1,3 km oben angekommen überqueren Sie am Ortsrand von Silleda eine Landstraße. 200 m geht es nun im Prinzip immer geradeaus und dann bei einer Pistengabelung nach rechts 300 m auf der breiten, aber wenig befahrenen Straße entlang des Ortsrandes bis zu einer zweispurigen Landstraße. Hier gehen Sie, wie Sie nun auf dem Kartenausschnitt sehen können, 100 m nach links, bis Sie eine Kreuzung erreichen, wo es nach rechts zu den beiden Pilgerpensionen und der Pilgerherberge geht. Es geht noch 100 m weiter geradeaus zur Kirche, in deren Nähe sich die Herberge Santa Olaia befindet (km 9,5).

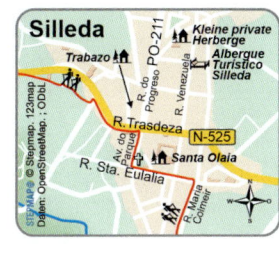

Silleda ⇧ 400 m, 2.500 Ew.

Albergue Turístico Silleda. Die Herberge bietet 28 Plätze in 11 einfachen, aber gepflegten, abschließbaren Zimmern mit je zwei bis drei Einzelbetten. Die Zimmer werden auch für € 20 als Einzelzimmer vergeben. Recht originell sind die Zimmer im Dachgeschoss, wo sich auch ein Dachbalkon bzw. Wintergarten sowie ein klobiger Massagestuhl befindet. Zwei Küchen, T € 5, @. In der Bar darunter gibt es Frühstück. ☎ 643 898 693, ganzjährig 12:00 bis 24:00, im geteilten Zimmer € 12 p. P.

Kleine private Herberge. Die Herberge, die sich den stolzen Namen El Gran Albergue del Peregrino gegeben hat, bietet 15 Plätze in 4 neueren, gepflegten Zimmern für € 15 p. P. und einige DZ für € 35, Küche. Darunter befindet sich ein Restaurant, das Speisen anbietet. T @. ☎ 615 604 393 oder 986 580 156, April bis Okt 12:00 bis 23:00, € 15

Santa Olaia. Die private Herberge ist in einem ehemaligen kirchlichen Mädcheninternat untergebracht und bietet 54 Plätze in 15 schlichten, gepflegten Zimmern mit meist 2 Stockbetten. Kleine Kochgelegenheit, und ein „riesiger Schulhof zum Wäschetrocknen", @. ☎ 679 508 709, ständig, € 10

Trabazo. Die gepflegte, schlichte, moderne Herberge bietet je ein Zimmer mit 4, 8 und 12 Plätzen, Mikrowelle, T @. ☎ 722 129 401, April bis Nov 12:00 bis 24:00, € 15

Silleda – Bandeira 7,4 km

Vor dem Kirchenportal geht es rechts und gleich wieder links, bald vorbei an der Post und einer größeren Bushaltestelle und so wird der Ort nach 400 m wieder verlassen. Dann geht es über Wege und Pisten, die nahe, parallel und zum Teil auch auf der N-525 verlaufen, bis Sie nach 1,3 km hinter **O Foxo** ♦ vor einer großen Straßenkreuzung eine große Tierfutterfabrik erreichen. Hier betreten Sie nun eine breitere Asphaltpiste, die Sie von der N-525 wegführt und nach 900 m am Ortsende von **O Espiño** (Toxa) ♦ wieder auf einen Waldweg verlassen wird. 700 m gehen Sie über einen geschotterten Waldweg leicht bergab, dann wird eine Asphaltpiste überquert und

Nette Begegnung mit einem Bauern (uh)

immer derselben Schotterpiste bergab folgend wandern Sie nach 1,1 km auf einer alten Steinbrücke über den Río Toxa (km 4,4).

Danach führt Sie der Weg (wie immer) wieder bergauf und nach 700 m haben Sie über wenig befahrene Asphaltpiste ein Straßenwirrwarr durchquert und die Autobahn überquert. Dann geht es auf einer schmalen, wenig befahrenen Landstraße ohne größere Höhenunterschiede weiter, bis diese nach 1 km bei einer Häusergruppe verlassen wird. Über verschiedene Pisten treffen Sie nach 700 m auf die N-525, welcher Sie 400 m in den Ort zur ✕ Bar Atly und zum ⇔ Hostal Conde Rey folgen. Nur 50 m weiter erreichen Sie das ⇔ Hostal Victorino und noch 100 m weiter ⇩ verlassen Sie den Weg nach rechts zur öffentlichen Herberge (km 7,4).

Bandeira   ⌂ ⇔ ✕ 🛒 🏪 🚌 ⇧ 350 m, 1.000 Ew.

- ⌂ **Öffentliche Herberge.** Weg: am eben genannten Punkt 200 m nach rechts über zwei Kreuzungen hinweg auf der rechten Straßenseite in einer blau-grauen, gepflegten, schlichtmodernen „Edelbaracke" am Ortsrand. 36 Betten in einem großen und einem kleinen Schlafsaal, Küche ohne Geschirr, große Liegewiese hinter dem Haus, @. ☏ Keines, 🕐 ganzjährig 13:00 bis 22:00, € 10

- ⇔ **Hostals am Weg**. Wer vor Ort ein Zimmer sucht, wird Dank der Nähe zu Santiago ab hier schon etwas tiefer in die Tasche greifen müssen. Die beiden wie oben erwähnten Hostals Conde Rey (☏ 986 585 861 o. 606 882 644) und Hostal Victorino (☏ 986 585 330) nehmen € 35 bis 38 für das EZ und € 48 bis 50 für das DZ.

- ✕ **Bar Atly.** Die einfache, authentische Bar bietet mittags bis abends durchgehend Tagesmenüs für € 12. Die Auswahl der Speisen ist zwar nicht immer groß, Sie können aber so viel

Nachschlag bekommen, wie Sie wollen, und somit ist das Preis-Leistungs-Verhältnis gemessen an den örtlichen Preisen recht o. k. In dem Hostal nebenan kostet das Essen z. B. immerhin je nach Saison € 13 bis 14.

Bandeira – San Martín de Dornelas — 4,8 km

Nach dem Abzweig zur Herberge wird der Ort und damit die N-525 nach 400 m auf eine wenig befahrene Nebenstraße verlassen, über die Sie 1 km bergab durch den Wald pilgern. Dann wird diese über eine schmale Asphaltstraße verlassen, die Sie wieder tendenziell bergauf nach 700 m vorbei an dem Dörflein **Vilariño** führt. Nun geht es ohne größere Höhenunterschiede immer geradeaus und zuletzt über eine größere Landstraße auf der schmalen Asphaltpiste weiter, bis diese nach 1,1 km nahe einem abgelegenen Hof endet. Ab hier führt Sie der Jakobsweg wieder über einen geschotterten Weg bergab und bergauf durch Wald und Feld und so erreichen Sie nach 900 m eine schmale Asphaltpiste. Diese führt Sie 700 m geradeaus durch Felder und Auen zum Ortsanfang von **San Martín de Dornelas** (⇧ 272 m) (km 4,8).

> **Bei Andreas und Christina.** Das junge italienische Paar hat hier die sehr geschmackvolle Herberge Casa Leiras 1866 eröffnet. 10 Plätze in einem Schlafsaal, schöne Aussicht auf den Hof und den großen Garten. Bettdecke, Handtuch und Bettbezüge auf Wunsch für € 2. ✗ Menü in der Bar mit Weinpresse, die einmal die Taverne des Ortes war, für € 12, hausgemachter Limoncello für € 2, Frühstück, 🌿. Zitronenbäume, Rosmarin, Thymian – und last, but not least kleine Zwillingsmädchen und ein Hund. ☎ 620 483 603 oder 634 613 690, 🕐 ganzjährig ab, 13:30 bis 24:00, € 15

San Martín de Dornelas – Ponte Ulla — 8,4 km

Sie durchqueren den Ort vorbei an der ✝ romanischen Kirche und nach 800 m sind Sie oben bei einer Häusergruppe an einer Pistenkreuzung angekommen. Ab hier führen Sie breite, wenig befahrene Asphaltpisten ohne größere Höhenunterschiede durch Wald und Feld. Nach 1,4 km kann der Asphalt kurz vor der N-525 wieder verlassen werden. Über Wald- und Schotterwege zunächst eben und dann langsam ansteigend erreichen Sie nach 1 km einen kleinen improvisierten Rastplatz, bei dem gelegentlich auch Wasser für die Pilger bereitgestellt wird. Er befindet sich bei einem hohlen Baumstamm, in dem Pilger Fotos von Angehörigen befestigt haben. Kurz danach sind Sie oben angekommen. Ab hier führt der Weg geradeaus weiter über Schotter, angenehm leicht bergab durch den Wald und nach 1,2 km überqueren Sie in **Carballeira** eine Landstraße (Hier finden Sie auch einen Getränkeautomaten) (km 4,4).

Weiter geradeaus über eine breite, wenig befahrene Asphaltpiste wandern Sie weiter leicht bergab, bis Sie nach 1 km **Seixo** erreichen. Immer derselben Straße folgend wird der Ort durchquert und nach einer Rechtskurve bietet sich eine schöne Aussicht ins Tal. Die Piste führt vorbei an einer ♦ Wasserstelle zunehmend steiler bergab durch **San Miguel de Castro**, das nach insgesamt 1 km nach einer kurzen Steigung wieder verlassen wird. Ab hier verläuft die Asphaltpiste in Kurven steil bergab. ⓘ Rechts

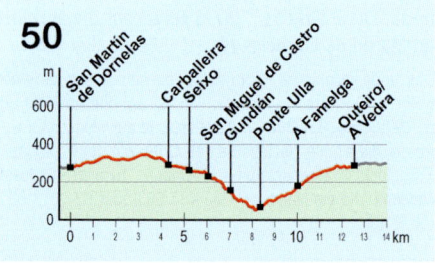

sehen Sie die beeindruckende, im Jahr 2010 fertiggestellte Eisenbahnbrücke. Dahinter befindet sich das Vorgängermodell, das auf das Jahr 1958 zurückgeht, aber nur noch schwer durch die Bäume sichtbar ist. Nach 800 m stoßen Sie auf eine schmale Asphaltpiste. (↻ 100 m rechter Hand finden Sie die ✝ Kapelle von **Gundián** mit einem schönen Rastplatz und einer ◉ natürlichen Quelle.) Nach halb links führt dagegen der Jakobsweg nur noch mäßig bergab 800 m bis zum Fuß der alten, 100 m langen Brücke über den Fluss Ulla. Am anderen Ende der Brücke befindet sich rechter Hand das schön gelegene ?⇌✕ Restaurant Ríos (zu Redaktionsschluss wegen Verkaufs/Pächterwechsels geschlossen) und gleich dahinter ein 🛈 Informationspunkt für Pilger. Hier beginnt der Ort **Ponte Ulla** (⇧ 100 m) ⇌ ✕ 🛒 🚌. Nur 50 m weiter gehen Sie an der ⇌ A Taberna de Gundián (Ü im rustikalen, geteilten DZ ab € 25 p. P., ☏ unbekannt) vorbei und erreichen nach 150 m eine Kreuzung, wo Sie 50 m nach links gehen. Geradeaus geht es zur 🛖 touristischen Herberge im Motel O Cruceiro und auch zum 🛒 Supermarkt und nach rechts weiter auf dem Jakobsweg (km 8,4).

✋ In der Nähe der Herberge von A Vedra (☞ nächste Etappe) gibt es nichts zu kaufen. Nach 1 km finden Sie an der N-525 aber ein Restaurant. Nehmen Sie also eventuell besser Proviant aus Ponte Ulla mit.

- 🛖 ⇌ **Herberge im Motel O Cruceiro**. Weg: Sie erreichen das Motel, wenn Sie an dem oben genannten Punkt nicht dem Jakobsweg, sondern der Straße noch weitere 30 m bis vor die Unterführung folgen, von wo Sie bereits den 🛒 Supermarkt erblicken. Zur Herberge gehen Sie hier nach rechts die Treppe hinauf, die zur N-525 führt, und folgen ihr in gleicher Richtung 150 m, wo Sie rechter Hand das Motel vorfinden, das häufig von Fernfahrern frequentiert wird (km 8,6). Um zurück zum Jakobsweg zu kommen, folgen Sie dem Verlauf der N-525 noch 350 m in gleicher Richtung, bis dieser von rechts kommend die Straße kreuzt und

Sie nun nach links gehen. Der sogenannte Herbergsteil besteht aus 9 einfachen, sauberen, gepflegten Doppelzimmern, wie man sie normalerweise in einer einfachen Pension findet. Wenngleich die unmittelbare Umgebung wenig Pilgerromantik bietet, wird hier m. E. aber in Anbetracht der örtlichen Gegebenheiten besonders im Herbergsteil ein angemessenes Preis-Leistungs-Verhältnis geboten. Die DZ (€ 45) und EZ (€ 25) im Stockwerk darüber sind noch ein wenig besser ausgestattet. Im Keller finden Sie eine Mikrowelle, eine Kaffeemaschine und evtl. auch noch einige Kekse für ein Frühaufsteherfrühstück. ✕ Im angenehmen Restaurant darunter gibt es von März bis Okt Menüs für € 14, im Winter nur nach Anfrage beim Check-in einfache Speisen. ☏ 981 512 099 oder 649 952 594, ◨ ganzjährig von 7:00 bis 23:00, aber am So ist das Restaurant geschlossen und man muss spätestens bei Ankunft anrufen, € 15 im Herbergsteil

Ponte Ulla – Outeiro/A Vedra 4,2 km

🚶 Noch vor der Unterführung gehen Sie also nach rechts auf einen Pflasterweg, der bergauf führt und dann in eine Asphaltpiste mündet. So erreichen Sie nach 500 m die N-525. Sie finden hier verschiedene (ältere) Wegführungen. Folgen Sie am besten dem Verlauf der Nationalstraße immer auf deren rechten Seite bergauf über verschiedene Schotterwege und Pisten bzw. deren breiten Seitenstreifen, bis Sie diese nach 900 m wieder verlassen können. Es geht weiter bergauf und gleich durch die Unterführung der Bahnlinie. Nach 800 m bergauf über Schotterpiste und dann Asphaltpiste haben Sie **A Famelga** durchquert und verlassen die Asphaltpiste wieder auf eine Schotterpiste. Nun verläuft der Weg langsam ebener immer geradeaus durch den Wald und über einige Pistenkreuzungen und mündet schließlich in einen Waldweg. Nach 1,5 km erreichen Sie eine Asphaltstraße, die Sie vorbei an einem Weinberg und der Kapelle Santiaguiño mit Rastplatz und ♦ Wasserstelle nach 500 m zur Pilgerherberge von **Outeiro** (Vedra) führt (km 4,2).

🏠 **Gute öffentliche Herberge** mit 32 Betten in 2 großen Schlafsälen, Küche vermutlich ohne Geschirr, Esszimmer mit Aussicht und Aufenthaltsraum. Heizung, aber keine Decken. ❓✕ Es gibt einen Bringservice für Speisen aus einem etwas weiter entfernten Restaurant, mit dessen Hilfe die Pilger ab ca. € 12 p. P. ihren Hunger loswerden, können wenn dort mindestens 2 Pilger zusammen eine Bestellung aufgeben. Nach Pilgerberichten läuft das Projekt aber leider nicht immer rund, weshalb Sie evtl. doch besser rechtzeitig etwas vorsorgen. 🖻, **T** @. ☏ 689 352 875 ◨ ganzjährig 13:00 bis 22:00, € 10

ⓘ **Pico Sacro.** Nur 200 m nach der Herberge finden Sie direkt am Jakobsweg eine Informationstafel zum Pico Sacro (⇧ 495 m). In einer Entfernung von knapp 2 km können Sie halb rechts diesen von den Galiciern verehrten Gipfel mit Kapelle sehen, der auch nicht ganz ohne Bedeutung für Ihre Pilgerreise ist. Denn: Hätte auf dieser Anhöhe der Legende nach nicht seinerzeit ein widerspenstiger Drache sein Unwesen getrieben, wäre der heilige Jakobus nicht in Santiago, sondern eben da beerdigt worden und Ihre Pilgerreise wäre schon dort beendet.

Outeiro/A Vedra – Sergude (6,3 km) – Santiago de Compostela 16,6 km

☺ Dank des eben erwähnten Drachens führt der Weg Sie also noch ein wenig weiter ...

🚶 Nach der Herberge führt Sie der Weg also bald vorbei an der oben genannten Infotafel zum Pico Sacro. Danach wandern Sie über einen schönen Weg am Waldrand zum Weinberg entlang bergab. Nach 1,3 km geht es wieder bergauf und es bietet sich Ihnen gleich eine schöne weite Aussicht nach links. Noch 900 m weiter wird nach einer Häusergruppe wieder die Landstraße betreten und der Jakobsweg führt Sie 600 m bergab zu einer Straßenkreuzung nahe der Ortschaft **Cachosenande**. Nochmals 200 m weiter erreichen Sie ein Steinkreuz (km 3).

📷 Drehen Sie sich noch mal um in die Richtung, aus der Sie gekommen sind, etwas linker Hand davon erblicken Sie noch einmal den **Pico Sacro**. Bei guter Sicht und mit geübten Augen können Sie jetzt evtl. (mithilfe des Teleobjektives Ihrer Kamera) auch schon in 11 km Entfernung Luftlinie die **Kathedrale von Santiago** erkennen: Schauen Sie in Richtung des folgenden Weges. Auf dem Berg hinter bzw. oberhalb Santiagos steht ein Sendemast. Leicht rechts unterhalb von diesem befinden sich die drei Türme der Kathedrale.

Der Autor in Cachosenande (rj)

Die Landstraße wird verlassen und es geht über schmalere Asphaltpisten weiter bergab, bis Sie nach 900 m das Ortsschild von **Rubial** erreichen. Der Ort wird 400 m weit bergauf durchquert und dann treffen Sie bei einem Steinkreuz wieder auf eine etwas breitere Straße. Der Jakobsweg führt Sie nun über Straße und Asphaltpiste wieder tendenziell bergab und in den Wald, wo Sie kurz nach der Unterführung der Bahntrasse nach 1,5 km den Río Saramo über eine Brücke überqueren. Danach wird **Sergude** 300 m weit bergauf durchquert. Dann treffen Sie wieder auf eine schmale Asphaltstraße, welche Sie aber schon nach 150 m nach rechts dem Jakobsweg folgend verlassen (km 6,3).

- **Kleine private Herberge.** Da mir das Preis-Leistungs-Verhältnis unangemessen erscheint und es auch nur wenige Plätze gibt, wird die Herberge Reina Lupa hier nicht als reguläres Etappenende aufgeführt. Weg: An der eben beschriebenen Stelle nicht die Straße verlassen, sondern 150 m weiter geradeaus zur N-525 gehen, wo die Bar Rosende im Ortsteil Deseiro liegt, zu welcher die Herberge gehört. Sie befindet sich neben der Bar in einem

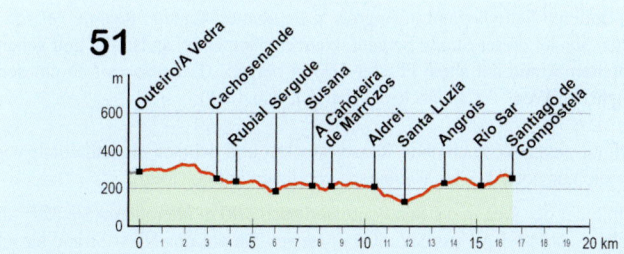

kleinen Häuschen mit 14 Plätzen in einem schlichten, gepflegten Schlafsaal, der eher an eine preisgünstigere gepflegte öffentliche Herberge erinnert. ⇨ 2 ebenfalls eher einfache DZ für € 50, Menü für € 13, Frühstück € 4, ⏣ ▭ **T** @. ☏ 981 511 803 oder 679 842 829, ⬚ 15. Jan bis 15. Dez, 12:00 bis 24:00, € 18

Der Jakobsweg führt Sie nach dem eben beschriebenen Abzweig zur Herberge neben der ⚲ Bar hinauf durch **Gándara** und oben angekommen weiter über schmale Asphaltpisten entlang des Waldes 1 km bis zu einer Häusergruppe. Diese wird den stellenweise etwas ungeschickt aufgestellten Kilometersteinen folgend kreuz und quer über verschiedene Orts- und Nebenstraßen durchquert und so erreichen Sie nach 100 m in **Susana** ✕ 🜂 🚌 die N-525 (km 7,7).

Die N-525, an der sich bei der Kreuzung auch gleich links eine Bar befindet, wird über- und nach weiteren 400 m unterquert. Dann führt der Weg hinab zu einem Bach und wieder bergauf über verschiedene Asphaltpisten in einem wilden Zickzackkurs durch den Ort **A Cañoteira de Marrozos**. Am Ortsausgang überqueren Sie nach 700 m eine Bahnüberführung. Bergauf und bergab über wenig befahrene Asphaltstraßen wird nach 1,4 km am Ortsausgang von **Aldrei** die Bahnlinie unterquert. Weiter bergab über verschiedene Asphaltpisten und vorbei an unterschiedlichen Ortsteilen erreichen Sie nach 1,6 km unten angekommen die ✞ Kapelle Santa Luzía. Hier finden Sie einen Rastplatz, der vor dem nun folgenden belebten Weg durch die Stadt zu einer letzten Rast an einem idyllischen Bach einlädt (km 11,8).

Wieder bergauf durchqueren Sie nun gleich **Piñeiro** ⚲ 🚌. Dabei führt Sie der Weg über die Straße Camiño Real de Piñeiro, ⓘ wobei der Name „Real" eindeutig auf den historischen Jakobsweg hinweist. Danach verlassen Sie die Asphaltpiste und gehen über einen Wald- und Feldweg bergauf, bis Sie nach 1,5 km fast oben angekommen die Autobahnbrücke unterqueren. 300 m weiter wird eine Eisenbahnbrücke überquert.

✞ Genau an dieser Stelle ereignete sich am 25. Juli 2013 das Zugunglück, bei dem 80 Menschen den Tod fanden. Bilder, Blumen und Gedenktafeln, die von den Angehörigen der Toten hier angebracht wurden, erinnern noch heute an dieses Drama, welches klar durch eine grobe Fahrlässigkeit (eklatante Geschwindigkeitsüberschreitung) verschuldet wurde.

Auf der anderen Seite beginnt in **Angrois** ⚲ die Rúa do Camiño Real de Angrois. 800 m gehen Sie auf dieser Straße bergauf, kreuzen dann eine Landstraße und gehen auf einer breiten Straße mit altem Pflaster 500 m bergab, ⓘ wobei es sich um den alten „Königlichen Weg" – Camiño Real – handelt (km 14,9).

☺ Und nun sehen Sie auch ohne Teleobjektiv klar und deutlich die Kathedrale vor sich liegen, die nur noch 1,6 km Fußmarsch von Ihnen entfernt liegt!

Unten mündet der Weg in die Rúa Ponte und nach 300 m überqueren Sie (☞ ab hier Stadtplan S. 241) den Fluss Sar. 800 m steigen Sie auf derselben Straße hinauf in die Stadt. Fast oben angekommen erreichen Sie eine zweispurige Straße. Es gibt nun verschiedene Wege zur Kathedrale – aber leider keine durchgängige Kennzeichnung. Ich empfehle Ihnen hier, die kürzeste und weniger betriebsame Variante: Überqueren Sie die eben genannte zweispurige Straße und gehen Sie gegenüber halb rechts in die Altstadt. Immer geradeaus pilgern Sie über die Praza de Mazarelos und die Praza da Fonte Seca, bis sich die Straße zu einer Gasse verjüngt und so nach 250 m auf eine Kreuzung verschiedener Gassen trifft. Hier befindet sich an der Ecke auch eine kleine Apotheke. Gehen Sie jetzt nach links, rechts an der Apotheke vorbei, immer geradeaus bergab 200 m zum „Pferdebrunnen" der Praza das Praterías bei der Kathedrale. Nach weiteren 100 m geradeaus wenden Sie sich dann nach rechts zur weiten Praza do Obradoiro vor dem Hauptportal der Kathedrale und haben – wenn Sie nicht gleich noch ein paar Kilometer Richtung Finisterre weiterlaufen wollen (☞ S. 251) – Ihr Ziel erreicht (km 16,6).

Santiago de Compostela

⇧ 260 m, 94.000 Ew.

ⓘ Santiago ist nicht zuletzt dank der seit Jahrhunderten andauernden Pilgertradition der bekannteste Wallfahrtsort Spaniens. Nach Rom, Jerusalem und Guadalupe

Freudiges Wiedersehen vor der Kathedrale in Santiago (cs)

stellt Santiago wohl den weltweit viertbekanntesten katholischen Wallfahrtsort dar. Die Innenstadt, die sicher eine der schönsten Spaniens ist, wurde überwiegend im barocken und klassizistischen Baustil errichtet und bietet trotz des nicht selten schlechten Wetters eine beeindruckende Atmosphäre. Unübersehbar ist hier jedoch auch der über die Jahre genauso gewachsene und gepflegte Pilgerkommerz, dessen Auswüchse in den letzten Jahren gewisse Schamgrenzen überschreiten und so bei einigen Pilgerinnen und Pilgern auch einen schlechten Beigeschmack hinterlassen (☞ S. 22 bis 24 und 245 bis 248).

Santiago ist die Hauptstadt der autonomen Gemeinschaft Galicien und mit 30.000 Studierenden eine der beliebtesten Universitätsstädte Spaniens. Im Jahr 2000 wurde sie zu einer Kulturhauptstadt Europas ernannt. In ihren Straßen finden Sie unzählige Kneipen und Restaurants. Tag und Nacht wird die Altstadt durch das Spiel verschiedenster Musikanten belebt, die auf den Straßen und in Kneipen oft traditionelle Musik präsentieren. Santiago ist neben Madrid und Barcelona eine der teuersten spanischen Städte überhaupt.

In Santiago gibt es gleich drei Touristeninfos und Pilgerbüros, die sich alle in der Rúa do Vilar befinden.

- **Pilgerbüro** (*Oficina de Peregrinos*). Gegen Vorlage des Pilgerpasses und ✋ bei Erfüllung der ab S. 22 erläuterten (und kritisch hinterfragten) Vorgaben können Sie sich hier verschiedenartige Pilgerurkunden ausstellen lassen. Hier besteht auch die Möglichkeit, für € 2 pro Tag und Rucksack Gepäck aufzubewahren. Im Oktober 2015 eröffnete das wesentlich größere, anonymere neue Pilgerbüro in der Rúa das Carretas. In den folgenden Jahren wurde das **Antragsverfahren zum Erwerb der Compostela** dann Schritt für Schritt digitalisiert und so technisch effizienter organisiert. Seit Ende 2021 gestaltete sich der technische Stand wie folgt: Vor oder bei Ankunft im Pilgerbüro müssen Sie sich am Computer in Ihrer Unterkunft oder mittels eins Smartphones auf der Webseite des Pilgerbüros, 🖥 oficinadelperegrino.com, unter „REGISTRO" registrieren. Abschließend erhalten Sie einen QR-Code, den Sie sich ausdrucken oder auf dem Smartphone abspeichern können. Sollten Sie weder auf ein Smartphone noch auf einen Computer Zugriff haben, so hilft Ihnen einer der Sicherheitsbeamten vor dem Pilgerbüro weiter. Im Pilgerbüro bekommen Sie nach dessen Vorlage einen Zettel mit Ihrer Wartenummer. Die geschätzte Wartezeit, bis Ihre Nummer dann am Schalter aufgerufen wird, kann bei einem bereitstehenden Sicherheitsbeamten ungefähr erfragt oder unter 🖥 catedral.df-server.info live verfolgt werden ... Oder Sie schauen zwischen zwei Gläsern Wein ins Pilgerbüro, um zu sehen, wie weit man dort gerade ist. Leider hat sich das aufwendige System aber nur teilweise bewährt, denn zu Stoßzeiten sind die Wartenummern für den laufenden Tag nicht selten schon eine Stunde nach Öffnung des Pilgerbüros vergeben und dann können Sie sich am folgenden Tag erneut – und evtl. noch etwas früher – anstellen ... wenn Sie dann noch Lust dazu haben und Sie dann überhaupt noch in Santiago sind ... ☎ 981 568 846, 🕘 Nov bis Ostern tägl. ca. 10:00 bis 19:00, Ostern bis Okt tägl. ca. 9:00 bis 20:00
- **Touristeninfo der Region Galicien** (*Oficina de Información Turística Galicia*). Eine der Hauptfilialen ist im gleichen Gebäude wie das Pilgerbüro untergebracht. Hier wird Werbematerial über die verschiedenen örtlichen Jakobswege und Ausflugsziele in der näheren

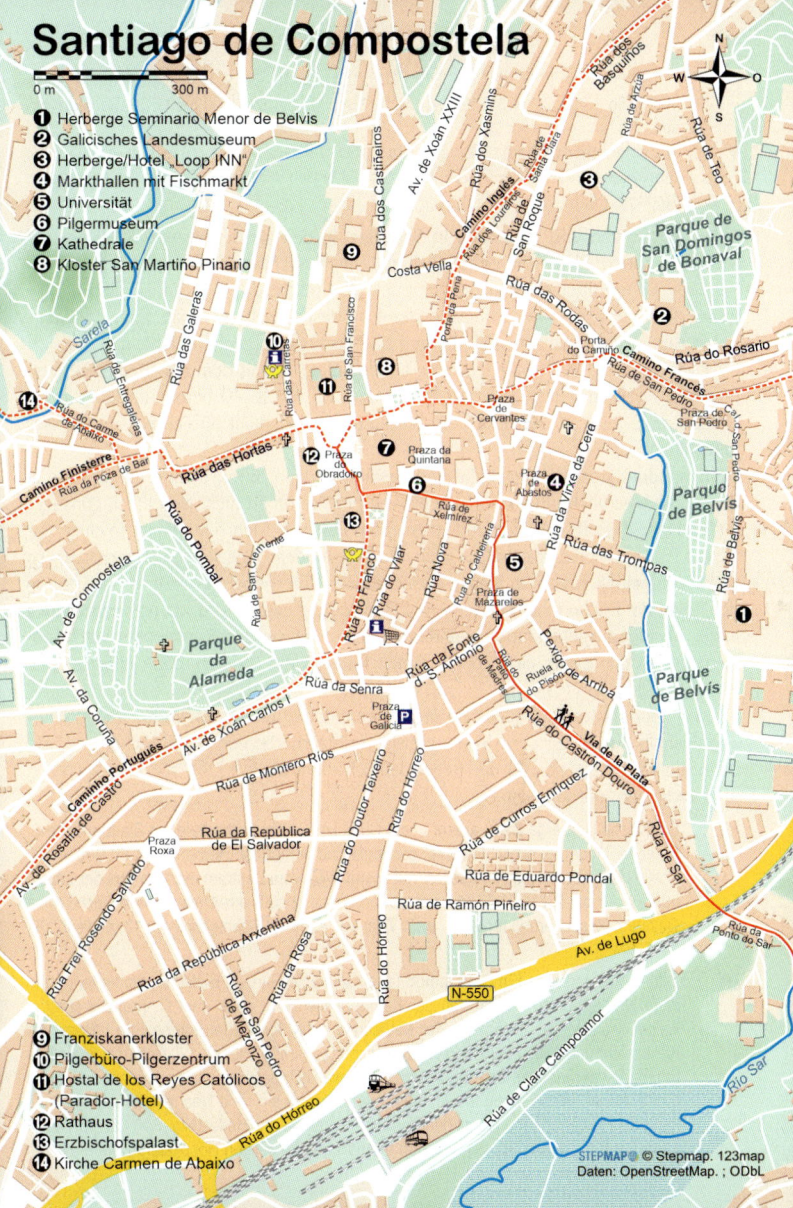

Umgebung verteilt. ☏ 881 866 390, 🕓 16. März bis 15. Okt 9:00 bis 19:00, Sa 10:00 bis 16:00, So 10:00 bis 14:30, 16. Okt bis 15. März Mo bis Sa 10:00 bis 17:00, So geschlossen.

◆ **Touristeninfo der Stadt** (*Oficina de Información Turística Municipal*). Rúa do Vilar 63 (linke Straßenseite), ☏ 981 555 129, 🕓 Mai bis Okt täglich 9:00 bis 19:00, Nov bis April täglich 10:00 bis 18:00

ⓘ **Herbergen und Pensionen in Santiago**. In den Herbergen von Santiago und Monte do Gozo dürfen Sie gewöhnlich auch mehrere Nächte bleiben. Die Wahl der richtigen Unterbringung ist dabei keine leichte Entscheidung. Grundsätzlich gilt: Je weiter die Unterkunft vom Zentrum entfernt ist, desto günstiger ist sie. Einige der zentral in der Altstadt gelegenen Herbergen sind nachts entsprechend lebhaft.

Es finden sich hier besonders viele Unterkünfte, die mit dem Label einer „Pilgerherberge" werben. Diese „Herbergen" werden, wie auf S. 40 bereits anklang, ihrem Namen m. E. evtl. in Bezug auf die Ausstattung, aber nicht hinsichtlich des Preises gerecht.

Besonders krass erscheint die Preisgestaltung dann, wenn man bedenkt, dass in diesen die Übernachtung in einem Schlafsaal pro Person oft nicht wesentlich günstiger zu Buche schlägt als ein Platz in dem geteilten DZ oder Mehrbettzimmer in einer einfachen Pension. Auch favorisieren viele, die sich auf dem Weg stets in Pilgerherbergen recht wohlgefühlt haben, in Santiago eine andere Unterbringung. Erstens, weil hier in der Regel die Küche einer Herberge ohnehin selten benutzt wird, da man meist doch in der Altstadt ausgehen möchte, und zweitens suchen viele im Rummel der Stadt Santiago dann doch gerne einen persönlichen Rückzugsort, den sie dann eher in einer Pension finden.

Aus eben diesen und auch rein praktischen Platzgründen beschreibe ich in Santiago deshalb nur einige der wirklich günstigen Pilgerherbergen ausführlicher und liste dann die Herbergen, die in der Regel deutlich mehr als € 15 für die Übernachtung p. P. verlangen, nur kurz auf.

🏠 Öffentliche Herberge **San Lázaro**. Lage: Gut 3 km vor der Kathedrale am Stadtrand am C. Francés. Moderne, schlichte, helle, gepflegte und geräumige Herberge mit 80 Betten in 6 Schlafsälen, meist ruhig und selten voll belegt. 🚌 Vom Zentrum mit dem Bus der Linie 6 oder 6a für ca. € 1 bis 1,20 (der letzte fährt um ca. 22:30) erreichbar. Große Küche ohne Geschirr, Reservierung möglich, 🛏 📺 **T** @. ☏ Keines, 🕓 ganzjährig ca. 13:00 bis 22:00, ca. € 10

🏠 Öffentliche Herberge **Fin del Camino** (auch Jaime de Garcia). Einfache, moderne, geräumige Herberge, ca. 2,4 km von der Kathedrale entfernt nahe dem C. Francés (an der Ampelkreuzung ca. 2,4 km vor der Kathedrale nahe der kleinen Kirche San Lazaro, der Kennzeichnung 150 m bergab in die doppelspurige Straße folgen). 120 Betten in 8 gepflegten, relativ geräumigen Schlafsälen mit etwas wenig Tageslicht, Kochgelegenheit, Hof und große Wiese. Wenn wenig los ist, kann man hier beliebig viele Nächte bleiben. 🚌 Man kann die Herberge sehr gut mit den Buslinien 6 oder 6a (bis Haltestelle „San Lazaro") erreichen, für € 1. Lassen Sie sich von den freundlichen freiwilligen Hospitaleros Näheres zum

Weg zur und aus der Stadt erklären. 🛁 🖥 **T** @. ☎ 981 587 324, 🛏 1. Mai bis 15. Okt 13:00 bis 24:00, € 13

🏠 **Weitere private „Pilgerherbergen" der höheren Preisklasse**.
- **Seminario Menor de Belvis.** Lage: ☞ Stadtplan Nr. 1, das historische Knabeninternat bietet 173 Einzelbetten in 10 überwiegend großen Schnarchsälen mit Raumtrennung. Diese weitläufige Traditionsherberge ist einfach und gepflegt und erlaubt zum Teil eine nette Aussicht auf die Stadt. Leider wird hier die Heizung gelegentlich nur sparsam aufgedreht. Küche und kleiner Laden im 🍴 Erdgeschoss, wo es morgens auch Frühstück gibt. 🛏 81 schlichte Einzelzimmer, die je nach Jahreszeit für ca. € 20 bis 25 angeboten werden, bieten eine günstige Alternative abseits des Rummels. 🛁 🖥 **T C** @. ☎ 881 031 768, je nach Saison ca. € 17 bis 22
- **Herberge (im Hotel) Loop INN.** Lage: ☞ Stadtplan Nr. 3. Die moderne, gepflegte Herberge ist eine der ersten privaten Herbergen Santiagos. Überraschend originell und angenehm ist der Teil im Dach, der bald in eine Küche umgewandelt werden soll. Nach dem Umbau soll das (ehemalige) Hotel dann ausschließlich Plätze im Stil einer Herberge in Zimmern mit 1 bis 5 Plätzen und jeweils einem eigenen Bad bieten, Frühstück geplant, 🖥 **T** @. ☎ 981 585 667, ab ca. € 24 p. P.
- **Dream in Santiago.** 2,7 km von der Kathedrale entfernt am C. Francés gelegen, 68 Plätze in den Kabinen von 5 modernen, schlichten Schlafsälen, kleine Küche, Hof, 🛁 🖥 **T** @. ☎ 981 943 208, je nach Saison € 15 bis 26
- **Santo Santiago.** gut 2 km von der Kathedrale am. C. Francés. Modern gestaltet, 40 Betten in 3 Zimmern mit guter Raumtrennung, 🖥 **T** @. ☎ 657 402 403, je nach Saison € 13 bis (meist) 17
- **A Fonte de Compostela.** Gut 2 km vor der Kathedrale im Keller eines modernen Wohnblocks am C. Francés. 30 Plätze in einem schlichten Schlafsaal, 🖥 **T** @. ☎ 604 019 115, € 14 bis 18
- **Monterrey.** Ca. 1,7 km vor der Kathedrale am C. Francés. Einfach, 36 Plätze in einem Schlafsaal, Raumtrennungen, wenig Tageslicht. Mikrowelle, 🛁 🖥 **T** @. ☎ 655 484 299, € 15 bis 25
- **La Credencial.** Hell, modern, im Parterre eines Wohnblocks ca. 1,5 km von der Kathedrale entfernt am Camino Francés. 36 Plätze in 3 Zimmern mit guter Raumtrennung, Küche, Klimaanlage, 🛁 🖥 **T** @. ☎ 981 068 083 (spricht Schweizerdeutsch), € 18 bis 22
- **Sixtos.** 1,3 km von der Kathedrale entfernt am Camino Francés. Angenehm schick, modern, 40 Plätze in Einzelkabinen eines geräumigen, freundlich-modernen Schlafsaals, Aussicht auf Garten, Mikrowelle, 🛁 @, gleich nebenan 🖥 **T**. ☎ 881 067 936, je nach Saison ca. € 16 bis 21
- **SCQ.**1,3 km vor der Kathedrale am C. Francés. 24 Plätze in 4 Zimmern, angenehm schlicht, kleine Küche, Frühstück im Preis inbegriffen, 🛁 🖥 **T** @. ☎ 622 037 300, Ü mit Frühstück je nach Saison € 20 bis 25
- **Santos.**1,1 km von der Kathedrale entfernt am C. Francés. 21 Plätze in 3 Zimmern, einfach, freundlich, kleiner Hof, Mikrowelle, 🛁 🖥 **T** @. ☎ 881 169 386, € 18 bis (an Feiertagen) € 35
- **Estrella de Santiago.** Gut 1 km vor der Kathedrale am C. Francés. 24 Plätze in einem Schlafsaal mit guter Raumtrennung, Mikrowelle, 🛁 🖥 **T** @. ☎ 617 882 529, je nach Saison € 13 bis 27

- **Porta Real.** 1 km vor der Kathedrale am C. Francés. 20 Plätze in den 4er-Kabinen eines gepflegten Schlafsaals mit etwas wenig Tageslicht. Mikrowelle, 🛏 🍴 **T** @. ☏ 633 610 114, ca. € 18 bis 25
- **El ultimo sello/The last stamp.** Im Zentrum 20 m südlich der Praza de Cervantes am C. Francés. 62 Plätze in den Kabinen von 8 Schlafsälen, eine Mischung von Alt und Modern. Kleine Küche, Aufzug, Balkon, 🛏 🍴 **T C** @. ☏ 981 563 525, € 19 bis 25
- **Mundoalbergue.** Ca. 400 m von der Kathedrale entfernt, freundlich, schön eingerichtet. 36 Plätze in den Kabinen eines Schlafsaals. Gartenhaus mit 4 Plätzen, Küche, Kaminfeuer, Garten. Lage: Rúa de San Clemente 26, östlich des großen Parque de Alameda. Frühstück € 4, 🍴 **T C** @. ☏ 981 588 625, € 19 bis 24
- **Meiga Backpackers.** Knallbunt und etwas freakig. 30 Betten in 5 Zimmern, gute Küche, kleiner, ruhiger Garten. Lage: Nahe (nord-westlich) dem Kompasssymbol des Stadtplans in der Rúa dos Basquiños Nr. 67. 🍴 **T** @. ☏ 981 570 846, € 16 bis 25
- **Blanco.** 200 m westlich des Pilgerbüros in der Rúa de Galeras Nr. 30. 2 Schlafsäle mit 20 Kabinen, eher modern gestaltet, im Parterre eines Wohnblocks, Mikrowelle, stellenweise gibt es etwas wenig Tageslicht, aber sonst o. k., 🛏 🍴 **T, C** gratis, @. ☏ 699 591 238 oder 881 976 850, ab € 22
- **O Fogar de Teodomiro.** 200 m nördlich der Praza de Cervantes, 400 m von der Kathedrale entfernt. 2024 kein Update vor Ort möglich, da mir kein uneingeschränkter Zugang ermöglicht wurde. Beim letzten Besuch vernachlässigt und daher kaum zu empfehlen. 🛏 🍴 **T** @. ☏ 881 092 981 (nur für Reservierung), ca. € 18 bis 30
- **Linares.** 200 m nördlich der Praza de Cervantes in der Rúa da Algalia de Abaixo 34. Sie bietet nur 14 Plätze in 2 einfachen, gepflegten Zimmern, Mikrowelle, 🛏, 🍴 € 5, **T** € 5, @. ☏ 981 943 253, € 18 bis 22

✘ **Artgerechte Pilgermast und/oder festliches Abschiedsessen.** Santiago bietet schon seit Jahrhunderten eine überwältigende Vielzahl an Lokalen, welche der ausgezehrten und ebenso feierlustigen angekommenen Pilgerschar ihre kulinarischen Dienste anbietet. Sündhaft sind hier aber gelegentlich nicht nur die Zutaten, sondern auch die Preise. Zuvorderst gilt dies für die zahlreichen Restaurants und Tapasbars der **Fressmeile Rúa do Franco** gleich südlich der Kathedrale. Diese bietet sicher für den, der deren touristische Betriebsamkeit nicht scheut, ein beeindruckendes kulinarisches Erlebnis in einem oft spektakulären Ambiente. Wer an diesem prominenten Ort **günstige reichliche Menüs** sucht, ist hier aber vermutlich eher auf dem Holzweg, denn sämtliche vermeintliche Sonderangebote, die ich dort im Rahmen meiner redaktionellen Tätigkeit für Sie verzehren durfte, entpuppten sich letztlich als eine Preisfalle oder eine kulinarische Bauchlandung. Wenn Sie Ihren evtl. über die Wochen entstandenen Kalorienverlust zunächst einigermaßen günstig auskurieren möchten, suchen Sie also besser etwas abseits davon. Seit Jahren pilgerbekannt ist hier unter derart darbenden Leidensgenossen z. B. das Restaurant Casa Manolo, das sich gleich an der Praza de Cervantes östlich der Kathedrale auf den letzten Metern des Camino Francés befindet. Nach dem Tod des bisherigen Wirtes hat die Qualität des Essens und die Organisation der Pilgerströme m. E. jedoch deutlich nachgelassen und die Laustärke im Speisesaal legt beizeiten evtl. den Gebrauch von Oropax nahe. Die Auswahl der

Speisen innerhalb der Menüs ist hier allerdings weiter sehr groß, wenngleich der Wein leider extra abgerechnet wird. In den Bars und Restaurants der umliegenden Straßen finden Sie weitere Angebote von Menüs in einer ähnlichen Preislage von ca. € 13 bis 15 in etwas ruhigerer Atmosphäre.

In den Genuss eines der täglich 10 **kostenlosen Mittags- und Abendessens im Hostal de los Reyes Católicos** (☞ Punkt 11 im Stadtplan) kommen Sie vermutlich aber bestenfalls nur dann, wenn Sie im Winter unterwegs sind oder hart darum kämpfen. Die Aktion dient wohl vor allem der Eigenwerbung dieses teuren, traditionsreichen Hotels (☞ S. 149) und folglich wird das erwählte gemeine Fußvolk der Pilger auch nicht in dessen teurem Restaurant bedient, sondern quasi in der Kantine der Angestellten. Gutscheine für die kostenlosen Essen werden im Pilgerbüro morgens gleich bei Öffnung vergeben.

Spanische Spezialitäten: Pimientos de Padrón und Pulpo (uh)

ⓘ **Der richtige Reiseführer für die Stadt**. Es gibt so viele Sehenswürdigkeiten in Santiago, dass es unmöglich ist, diese hier erschöpfend zu beschreiben. Wer mehr über Santiago erfahren will, kann in der Touristeninfo der Stadt nach Kontakten zu Fremdenführern fragen und/oder an einer der regemäßigen touristischen Stadtführungen teilnehmen. Beides wird aber einen derart hohen Preis haben, dass man dafür auch bei einem Buchhändler oder Kiosk einen umfangreichen deutschsprachigen Stadtführer bekommen kann. Dieser hat dann zudem den Vorteil, dass man ihn im Anschluss weiterverschenken oder als Andenken mit nach Hause nehmen kann.

Es werden aber auch Stadtführungen auf Englisch und Spanisch gegen eine freiwillige Spende angeboten. Diese beginnen das ganze Jahr über täglich jeweils um 10:00 (auf Englisch) und 11:00 (auf Spanisch) vor dem Hostal los Reyes Católicos und dauern dann ca. zwei Stunden . Die aktuellsten Informationen erhalten Sie unter ☏ 693 729 854 oder 🖥 www.freetourcompostela.com.

✝ Die **Kathedrale** bedeutet heute für fast alle Pilgerinnen und Pilger das Ziel ihrer Pilgerreise. Von 2019 bis 2020 wurde sie sehr aufwendig komplett renoviert. Sicher schien diese Maßnahme an vielen Stellen dringend notwendig. Es darf aber angemerkt werden, dass hier wohl auch ein Stück der alten Authentizität des im übertragenen

Sinne mit Pilgerschweiß getränkten Baues als Bauschutt auf den Müllhalden verschwand. Der Vorläufer der Kathedrale geht auf das Jahr 830 zurück, wo nach der vermeintlichen Wiederentdeckung des Jakobusgrabes an dieser Stelle ein schlichtes Gebäude erbaut wurde. Im Jahr 1075 begann schließlich der Bau der heutigen Kathedrale, die im Laufe der Jahrhunderte mehrfach in den verschiedensten Stilen erweitert und ausgeschmückt wurde. Die Kathedrale gilt als eine der schönsten und größten, inzwischen aber leider auch als eine der touristischsten und nicht selten geräuschintensivsten Spaniens.

Die **Fassade** (*Obradoiro*) stammt aus der Barockzeit und dominiert die vor ihr liegende Praza do Obradoiro. Die Harmonie ihres „Orgelwerks aus Stein", wie es ein alter Pilgerführer einmal umschrieb, beeindruckt nicht nur am Tage und bei sonnigem Wetter, sondern auch dann, wenn Wolkenfetzen über die Türme hinwegziehen oder sie bei Sonnenuntergang erstrahlt und dann manchmal in ein hypnotisches goldenes Licht getaucht wird (☞ Tipps für Nachtschwärmer ab S. 249).

Das **Platerías-Tor** (*Pórtico de las Platerías*) finden Sie im südlichen Teil der Kathedrale. Es ist der älteste, ursprüngliche Eingang, stammt aus dem Jahr 1103 und ist im romanischen Stil errichtet.

Die **Heilige Pforte** (*Puerta Santa*) befindet sich auf der Rückseite der Kathedrale und wird nur in sogenannten heiligen Jahren, in denen der Jakobustag (25. Juli) auf einen Sonntag fällt, geöffnet. Ihr heutiges Erscheinungsbild im Renaissancestil geht auf das Jahr 1611 zurück.

Das **Glorientor** (*Porta de la Gloria*). ☹ Die Pforte des Haupteinganges hinter der Fassade der Kathedrale wurde einst von den gerade ankommenden Pilgern (oft sehr tief bewegt) schweigend, staunend durchschritten und deren Mittelsäule andächtig berührt. Seit 2019 ist dieser traditionelle Zugang ganz im Sinne der touristischen Vermarktung des Jakobsweges in der Regel nur noch nach Anmeldung im Rahmen einer wortreichen Führung für einige meist gut zahlende Kulturinteressierte geöffnet. Da das Glorientor somit von einem einstmals authentisch-lebendigen Ort des Pilgerlebens zu einer profanen Touristenattraktion mutierte, erspare ich mir weitere Ausführungen zu diesem sehr fragwürdigen Anhängsel des Kathedralsmuseums und rufe gerne ein bekanntes Jesuswort in Erinnerung: „Heißt es nicht in der Schrift: Mein Haus soll ein Haus des Gebetes für alle Völker genannt werden? Ihr aber habt daraus eine Räuberhöhle gemacht" (Mk 11,17).

Der Weg durch die Kathedrale führt durch das Querschiff, wo ein 54 kg schwerer Weihrauchkessel, der **Botafumeiro**, in einem Bogen von 65 m Länge geschwenkt werden kann. Die Tradition geht angeblich auf das Mittelalter zurück, wo der markante Geruch der „frisch eingetroffenen" Pilgermassen derart drastische Maßnahmen notwendig machte, um einen halbwegs festlichen Rahmen der Pilgermesse zu ermöglichen. Traditionell kam der Botafumeiro eigentlich nur zu besonderen feierlichen Anlässen zum Einsatz ... Da es sich bei der Kathedrale von Santiago aber, wie eben schon gezeigt, um ein kommerzielles Unternehmen handelt, vermag heute auch eine „Spende" ab € 300 die Verantwortlichen der Kathedrale in eine entsprechende „Feierlaune" zu versetzen, die das Weihrauchfass dann letztlich auch in Schwingung bringt. Während der Saison geschieht dies zur Freude von Arm und Reich und unter dem Einsatz Hunderter weit ausgestreckter, videotauglicher Smartphones fast täglich nach der allgemeinen Pilgermesse, also ab ca. 12:30.

Die **Krypta**, in der angeblich die Gebeine des Apostels Jakobus liegen, befindet sich unter dem Hauptaltar. Man erreicht sie über eine Treppe, die hinter diesem hinab führt. Ob der heilige Jakobus hier tatsächlich begraben liegt und welche Bedeutung dies für Ihr persönliches Lebensglück hat, kann letztlich nur Ihre persönliche Glaubensfrage bleiben. Auch kritische Historiker räumen jedoch ein, dass die Existenz eines solchen Grabes durchaus im Rahmen des Möglichen liegt. Die fromme Pilgertradition führt die eben angekommenen Pilgerinnen und Pilger über eine weitere Treppe hinter dem Hauptaltar hinauf, direkt hinter eine große **Santiago-Figur**. Viele folgen hier dem Brauch, ihre Arme von hinten über die Schultern des Apostels zu legen und angelehnt einen kurzen Moment der Andacht oder des Gebetes zu suchen. Auch die umstrittene Darstellung des **Maurentöters**, die den Apostel Jakobus quasi als Köpfe abschlagenden Gotteskrieger im robusten Einsatz gegen Muslime zeigt, ist an verschiedenen Stellen der Kathedrale zu finden. So z. B. hoch über dem Altar. Eine besonders markante, Muslime entwürdigende Darstellung im nördlichen (linken) Seitenschiff wurde 2021 bereits nach zahlreichen Protesten endlich entfernt.

Blick vom Parque da Alameda auf die Kathedrale (rj)

🖐 ⬧ Der Zugang zur Kathedrale. Seit 2019 kann die Kathedrale nicht mehr im Sinne des Erfinders über das Portal mit dem Glorientor (☞ S. 146), sondern nur noch quasi durch den Hinterausgang des Südtors betreten werden. Offensichtlich aufgrund einer erhöhten Terrorgefahr, die wohl kaum durch die Darstellungen des Maurentöters (S. 14) an diesem Ort gemindert wird, finden dort seither Sicherheitskontrollen statt. Der Zugang ist als Folge des eher löchrigen Sicherheitskonzeptes grundsätzlich nur noch ohne größere (Pilger-)Rucksäcke, Pilgerstäbe u. Ä. erlaubt.

Die typischen Pilgerutensilien können daher an verschiedenen Stellen, z. B. auch neben dem Pilgerbüro, für € 2 verwahrt werden.
⬧ täglich von 7:00 bis 21:00

☺ **Tipps zum persönlichen Abschluss Ihres Jakobsweges**:
Für immer mehr Pilgerbegeisterte (und auch für mich) stellt heute eher Finisterre das Ende des Pilgerweges dar und ein (ritueller) Abschied von Ihrem Weg und Ihren Pilgerfreundinnen und Pilgerfreunden verschiebt sich somit noch um einige Tage und Kilometer. Nichtsdestotrotz können Sie aber auch schon jetzt Ihren mehr oder weniger langen Aufenthalt in Santiago dazu nutzen, langsam Abschied zu nehmen.

▷ Die **katholische Pilgermessen** beginnen täglich um 7:30, 9:23, 12:00 und 19:30, werden in der Regel in Spanisch abgehalten und dauern etwa 40 Minuten. Hier werden alle gesegnet und eine Statistik über die aktuell angekommenen Pilgerinnen und Pilger verlesen. Die Messe, die in der Regel eher „archaisch" gestaltet wird, stellt für dementsprechend Interessierte sicher einen passenden Abschluss ihrer (auch) religiös motivierten Pilgerreise dar. Für andere erscheint diese Veranstaltung kein würdiges Ende ihres Weges mehr zu sein, denn... ☹ besonders dann, wenn nach der 12-Uhr-Messe zu erwarten ist, dass der Botafumeiro geschwenkt wird, kommt es regelmäßig zu einem nicht gerade christlichen Gedränge um die besten Sitzplätze, was dann stark an den Run auf die besten Plätze am Strand erinnert. Auch sind alle, die nicht der katholischen Kirche angehören oder geschieden sind, hier in der Regel als „nicht in Würde und Gnade stehend" bei der Verteilung der Kommunion ausdrücklich unerwünscht.

▷ Der **deutschsprachige Gottesdienst** ist zwar im Grunde auch katholisch, wird aber ganz im Sinne der Vielfalt innerhalb dieser Kirche eher zeitgemäß-modern gestaltet und folglich sind so im Prinzip auch alle zur Kommunion eingeladen. Er findet vom 15. Mai bis 31. Oktober täglich um 8:00 in der Kirche San Fiz, die zwischen der Markthalle und der Universität (Punkt 4 und 5 auf dem Stadtplan) liegt, statt.

▷ Sie sind Ihren (inneren) Weg bis hierhin vermutlich in Eigenverantwortung gegangen und können ihn nun auch alleine oder gemeinsam mit Ihren Freundinnen und Freunden in **Eigenverantwortung beschließen**, ohne dass man Ihnen hierfür eine (weltanschaulich) vorgeprägte Schablone reicht. Die Möglichkeiten hierfür sind sehr vielfältig: eine abschließende kurze Zeit des Schweigens, das Verfassen eines Reiseberichtes oder eines Briefes an einen verstorbenen oder nahestehenden Menschen (den Sie dann in Finisterre evtl. abschicken oder verbrennen), das Betrachten und Sortieren Ihrer Urlaubsfotos, Vorsätze für Ihren Lebensweg „danach" ... oder einfach der andächtige Genuss eines letzten Glases Wein oder Ihrer spanischen Lieblingsspeise ... Nehmen Sie sich vor Ihrem vermutlich auch etwas hektischen Weg zurück in Ihren Alltag bitte noch etwas Zeit und Raum, um den Wert der Erfahrung Ihres Weges noch einmal zu ermessen und so vielleicht ein wenig länger für sich zu bewahren.

☺ **Tipps für Nachtschwärmer:**
▷ Legen Sie sich auf den Rücken mit dem Kopf zur **Fassade der Kathedrale** auf den Kathedralsplatz. Dann legen Sie den Kopf etwas in den Nacken und schauen sich die Fassade über Kopf an. Besonders beeindruckend, wenn die Kathedrale nachts angestrahlt ist. Kult!
▷ Wenn Sie nach den üblichen abendlichen Pilgerfeierlichkeiten einen kleinen Ausnüchterungs- oder **Abendspaziergang** machen wollen, bietet sich ein Ausflug in den Parque da Alameda an. Von dort haben Sie eine herrliche Aussicht auf die angestrahlte Kathedrale.
▷ Ebenfalls sehr zu empfehlen sind die **Straßenkonzerte der Tuna**, einer recht bekannten „Straßenband", die eigentlich auf die Tradition einer Studentenband zurückgeht. Insbesondere von April bis Oktober werden von ca. 22:00 bis 24:00 sehr oft unter den Arkaden der Praza do Obradoiro vor der Kathedrale gegen Spende stimmungsvolle Konzerte gegeben.

⌘ **Kathedralmuseum.** Besonders kunsthistorisch Interessierte bestaunen hier eine Bibliothek, eine Sammlung von Weihrauchkesseln, ein Teppichmuseum usw. und können an diversen Führungen teilnehmen.
♦ Eingang rechts neben dem Haupteingang der Kathedrale, ganzjährig 10:00 bis 20:00, mit Pilgerausweis ab € 4, sonst ab € 6

⌘↩✗**Hostal de los Reyes Católicos**. Die ehemalige Pilgerherberge wurde 1492 von dem bekannten Königspaar Reyes Católicos als Dank für die Eroberung Granadas als Pilgerhospiz gegründet. In neuerer Zeit wurde sie als Parador zu einem Luxushotel ausgebaut (€ 250 für ein DZ pro Nacht). Täglich dürfen hier zehn Pilger kostenlos speisen (☞ S. 245). Sehenswert ist die Fassade. Die Innenräume können Sie besichtigen, wenn Sie z. B. in der hauseigenen Bar ein Getränk zu sich nehmen, das dort noch relativ erschwinglich ist.

⌘ **Pilgermuseum.** Hier wird mittels verschiedener beeindruckender virtueller Medien, aber auch anhand anschaulicher Modelle die Geschichte des Jakobsweges und Santiagos präsentiert.
♦ Praza das Praterias, nahe dem Pilgerbüro, Di bis Fr 9:30 bis 20:30, Sa 11:00 bis 19:30, So 10:15 bis 14:45, Eintritt gratis

⌘ Einen sehr sehenswerten Einblick in die galicische Geschichte und Kultur gibt das Galicische Landesmuseum (Museo do Pobo Galego) in den Räumen des Klosters San Domingos de Bonaval an der westlichen Grenze der Innenstadt.
- 🗐 Di bis Sa 11:00 bis 18:00, So 11:00 bis 14:00, Mo geschlossen, Studierende und Rentner € 1,50, So Eintritt frei, sonst € 4

☺ **Am 25. Juli** ist der Feiertag des heiligen Jakobus, der in Spanien und besonders in Santiago intensiv gefeiert wird. Am Vorabend findet daher am Platz vor der Kathedrale ein gigantisches festliches Spektakel mit Musik und Feuerwerk statt.

Rückreise (klimaschonend)

Vermutlich wird wohl nicht jeder bereit sein, den gesamten Heimweg klimafreundlich mit Bus und Bahn anzutreten. Dies muss aber nicht bedeuten, dass Sie gleich das Handtuch werfen müssen, was eine halbwegs nachhaltige Rückreise angeht. Wählen Sie also Direktflüge und ersetzen Sie zumindest die Inlandsflüge (Zubringerflüge) durch Bus- und Bahnreisen.

Zur Abhilfe Ihrer so begangenen CO_2-Flugsünden können Sie z. B. beim mehrmaligen CO_2-Kompensationsanbieter-Testsieger 🖥 www.atmosfair.de einen halbwegs tauglichen Ablass erwerben. Für die Nonstop-Flugstecke Santiago – Frankfurt kostet das z. B. € 11, für den Nonstop-Flug O Porto – Berlin z. B. € 14.

🚌✈ Die Linie 6a des Stadtbusses verkehrt ca. alle 25 Minuten z. B. ab der Rúa do Horrero nördlich des Zugbahnhofes oder der Rúa de San Roque nordwestlich der Herberge/des Hotels Loop INN (Punkt 3 im Stadtplan) **zum Flughafen**. Die Fahrt kostet ca. € 1 bis 1,20 und dauert je nach Zustiegsort und Verkehrslage ca. 20 bis 50 Minuten. Vom Flughafen verkehren verschiedene Fluglinien nach Deutschland. Oftmals bietet sich auch eine Fahrt mit dem Bus vom Busbahnhof Santiagos zum Flughafen von **Porto in Portugal** an, da von dort aus zahlreiche günstige Direktflüge nach Deutschland starten und die dortigen Pilgerherbergen auch kreisende Pilgerinnen und Pilger aufnehmen. Die Anreise dauert ca. 4 Stunden (Zeitverschiebung bedenken) und schlägt mit ab € 30 zu Buche. Eine Reservierung am Vortag durch den Kauf einer Fahrkarte am Busbahnhof von Santiago ist empfehlenswert. Auch internationale Firmen wie Flixbus (🖥 www.flixbus.de) bietet Busverbindungen für diese Strecke an. Die Preise sind hier je nach Buchungszeit sehr unterschiedlich und können bei frühzeitiger Buchung oder in der Nebensaison auch deutlich unter € 20 liegen. Der kleine Regionalflughafen von La Coruña bietet gelegentlich eine weitere Option, da er nur 50 km Luftlinie von Santiago entfernt liegt und häufig Schnellzüge in Richtung La Coruña verkehren. Ebenfalls recht günstig sind oft die Direktverbindungen **ab Madrid** und besonders bei früher Buchung auch die Schnellzüge von Santiago nach Madrid. Wer hier am gleichen Tage zu Hause ankommen möchte, muss aber früh aufstehen. Für den, der ausschlafen will, bietet sich auf dem Weg nach Madrid ein Zwischenstopp mit einer Übernachtung in einer der Herbergen der Vía de la Plata in A Gudiña oder Zamora an.

🚌 Klimafreundlicher wäre es natürlich, wenn Sie mit dem Bus zurück in die Heimat fahren. Das komplette Martyrium dauert allerdings ca. 33 bis 38 Stunden.

🚆 Ebenfalls sehr langwierig und bei kurzfristiger Buchung noch kostspieliger als die Fahrt mit dem Bus ist die Rückreise mit dem Zug, u. a. mit dem spanisches Bahnunternehmen Renfe (🖥 www.renfe.com). Es gibt zudem nur wenige Verbindungen, bei denen von Santiago bis zur Ostgrenze Frankreichs selten umgestiegen werden muss. Auch ist auf manchen Strecken eine Reservierung notwendig oder zumindest ratsam. Manche betrachten aber gerade eine langsame Rückreise als eine besonders gut geeignete Art und Weise, auch Schritt für Schritt bewusst in den Alltag zurückzukehren.

Cap Finisterre

In vorchristlicher Zeit wurde das westlichste Kap Galiciens fälschlicherweise als der westlichste Punkt des europäischen Festlandes und somit ebenso irrtümlich als das Ende der Welt betrachtet, worauf auch der Name hinweist. Verschiedene Quellen vermuten, dass der Ort daher schon zur Zeit der Kelten einen bekannten Pilgerort darstellte, dem auch im Zuge der Pilgerreise nach Santiago später eine mehr oder weniger große Bedeutung zukam.

Während unter Esoterikern, Theologen, Historikern, Lokalpolitikern und Tourismusexperten ein teils ideologisch, teils wirtschaftlich-pragmatisch geprägter Streit darüber entbrannt ist, welche Bedeutung dem Ort zu den verschiedensten Zeiten zukam und heute zukommen sollte, hat sich der Weg in den letzten Jahren zu einem beliebten Ziel für Jakobspilger entwickelt, die in ihrem Bemühen gescheitert sind, in dem vom Pilgertourismus geplagten Santiago Ruhe für den Abschluss ihres persönlichen Wegs zu finden. Der Weg, der übrigens wie alle Wege in Galicien recht gut mit Monolithen, gelben Pfeilen und/oder Muscheln gekennzeichnet ist, bietet inzwischen eine stattliche Zahl an Herbergen. Auch wenn inzwischen in Finisterre und auf dem Weg dorthin keine paradiesischen Verhältnisse mehr herrschen und der Ort keinen Ersatz für Santiago de Compostela bieten kann, lohnt der Weg durchaus. Wer seinen Pilgerweg dann dort immer noch nicht abschließen will, geht noch weiter bis Muxía. Insbesondere bei deutschsprachigen Pilgern ist der Weg nach Finisterre und/oder Muxía sehr beliebt und Schätzungen gehen sogar davon aus, dass der größte Teil von ihnen den Jakobsweg dort beendet.

🚶 🚴 Wegbeschreibung nach Fisterra und Muxía

Eine ausführliche Beschreibung dieses bei Insidern immer beliebteren Weges nach Fisterra und weiter nach Muxía können Sie kostenlos als PDF von der Website des Verlags (🖥 www.conrad-stein-verlag.de → Vía de la Plata → Downloads) herunterladen.

☺ Wenn Sie sich entschließen, die ca. 93 km nach **Finisterre zu Fuß** zurückzulegen, so ist zunächst zu empfehlen, einen Teil Ihres Gepäcks in Santiago zu lassen und nur so viel mitzunehmen, wie Sie wirklich für 3 bis 4 Tage brauchen werden. (Der

Am Strand von Finisterre (sv)

30,2 km lange Weg nach Muxía nimmt noch weitere 1 bis 2 Tage in Anspruch.) Unter anderem können Sie Ihr Gepäck auch im Pilgerbüro aufbewahren lassen.

In den letzten Jahren hat sich das Herbergsangebot auf dem Weg enorm verbessert. Bedenken Sie aber, dass es unterwegs nicht viele Einkehr- und Einkaufsmöglichkeiten gibt. Geldautomaten finden Sie nur in Negreira, Cée und Fisterra. Planen Sie daher sorgfältig voraus.

🚲 Für Vía de la Plata gewohnte Radpilger ist der Weg mit einigem Schieben und/oder Ausweichen auf Landstraßen durchaus machbar.

☺ In der Herberge von Fisterra wird Ihnen die Finisterrana, eine eigene farbenfrohe Urkunde für die Bewältigung dieses Weges ausgehändigt.

🚌 Ab dem Busbahnhof von Santiago verkehren regelmäßig **Busse nach Fisterra**. Die einfache Strecke kostet ab € 7. Die Fahrt dauert ca. 2½ bis 3 Stunden. ☺ Ich empfehle Ihnen, die etwas längere Strecke des Busunternehmens Monbus über Noja und Muros zu nehmen. So sehen Sie im letzten Teil die *rias*, wie man in Galicien die Meeresarme nennt. Setzen Sie sich bei der Fahrt nach Fisterra am besten auf einen Fensterplatz auf der linken Seite des Busses und bei der Rückreise auf der rechten, dann haben Sie eine optimale Aussicht.

Index

Pilgergesichter (cs)

A

A Canda	194
A Cañoteira de Marrozos	238
A Castellana	208
A Famelga	235
A Gouxa	226
A Gudiña	196
A Ponte	221
A Pousa	208
A Venda da Capela	198
A Venda da Teresa	198
A Venda do Espiño	198
A Venta do Bolaño	198
A Ventela	224
A Xesta	227
Aciberos	191
Albarona	220
Albergueria	204
Alcuéscar	91
Aldea del Cano	92
Aldeanueva del Camino	124, 128
Aldeaseca de Armuña	149
Aldehuela del Jerte	113
Aldrei	238
Aljucén	88
Almadén de la Plata	62
Almonte	103
Andalusien	46
Angrois	238
Arenteiro	220
Astorga	163
Asturianos	181

B

Bandeira	232
Baños de Montemayor	125, 130
Bobadela	206
Bolaño	198
Botos	227
Bouzas	217
Bóveda	205

C

Cabeanca	217
Cáceres	96
Cachosenande	236
Calzada de Béjar	133
Calzada de Valduncie	150
Calzadilla de los Barros	73
Calzadilla de Tera	175
Campobecerros	199
Cañadas Reales	116
Cañaveral	105, 106
Canedo	214
Cap Finisterre	251
Cáparra	117
Carballeda	222
Carballediña	226
Carballeira	233
Carcaboso	113
Carrascalejo	88
Casar de Cáceres	99
Casas de Don Antonio	91
Casas Novas	215, 218
Castellada	208
Castellanos de Villiquera	150
Castilblanco de los Arroyos	58
Castro de Beiro	214
Cea	215, 218
Cernadilla	180
Churrería	100
Cima de Vila	207
Compostela	22
Cotelas	220
Credencial	20
Cudeiro	216
Cuerpo del Hombre	133

D/E

Donsión	228
Eiras	200
El Cubo de la Tierra del Vino	152
El Real de la Jara	65
Entrepeñas	180
Extremadura	66

F

Faramontanos de Tábara	169
Faramontaos	217
Fisterra	251
Fontanillas de Castro	162
Fontelo	220
Fuente de Cantos	72
Fuenterroble de Salvatierra	136

G/H

Galicien	191
Galisteo	111
Gándara	238
Gaspar	208
Granja de Moreruela	163
Grimaldo	107
Guadalquivir	52
Guillena	55
Gundián	234
Hervás	124

J

Jakobusgesellschaften	32
Jakobusmuschel	19

K

Kastilien	131

L

Laxe	229
Laza	202
León	131
Liñares	214
Los Santos de Maimona	77
Lubián	191

M

Mandrás	215
Medelo	227
Mérida	84
Miranda de Azán	142, 143
Mombuey	179
Monesterio	68
Montamarta	160
Morille	141
Muxía	251

O

O Cañizo	196
O Castro de Dozón	222, 226
O Espiño	231
O Foxo	231
O Pereiro	195
O Reino	221
Oliva de Plasencia	116
Olleros de Tera	176
Oseira	224
Otero de Sanabria	182
Ourense	210
Ousende	208
Outeiro	235
Outorelo	208

P

Padornelo	190
Padroso	207
Palacios de Sanabria	182
Pedrosillo de los Aires	139
Penelas	208
Pereiras	208
Pico de la Dueña	140
Pico Sacro	235
Pieles	224
Pilgerausweis	20
Pilgerstab	24
Pilgerzeugnis	22
Piñeiro	238
Piñor	220
Ponte	230
Ponte Mandrás	215
Ponte Ulla	234
Pontenoufe	227
Porto do Souto	220
Portocamba	200
Prado	229
Proserpina	87

Puebla de Sanabria	183
Puebla de Sancho Pérez	74
Puerto de Béjar	126, 132
Pulledo	215
Puxallos	227

Q/R

Quintela	207
Radfahrer	37
Reboredo	208
Reguengo	214
Remesal de Sanabria	182
Requejo	186
Riego del Camino	162
Ríolobos	109
Ríonegro del Puente	177
Roales del Pan	158
Rubial	237

S

Salamanca	144
Salgueiros	208
San Marcial	154
San Martín de Dornelas	233
San Miguel de Castro	233
San Pedro de Rozados	141
San Salvador de Palazuelo	180
Santa Croya de Tera	173
Santa Marta de Tera	173
Santiago de Compostela	239
Santiponce	53
Santo Domingo	227
Sartedigos	216
Seixalbo	208
Seixo	233
Sergude	237
Sevilla	47
Sierra Norte de Sevilla	60
Silleda	231
Silvaboa	224
Sobreira	217

Soutelo Verde	202
Susana	238

T

Tábara	170
Taboada	230
Tajo	104
Tamallancos	217
Tamicelas	203
Terroso	186
Tierra de Barros	80
Tormes	144
Torremejía	82
Trasfontao	230
Triufé	183

V

Valdelacasa	136
Valdemerilla	180
Valdesalor	94
Valverde de Valdelacasa	136
Veirada	208
Venda do Rio	208
Vendanova	217
Vía Verde	120
Viduedo	217
Vidueiros	226
Vilar de Barrio	205
Vilar de Gomareite	206
Vilarello	226
Vilariño	233
Vilavella	195
Villafranca de los Barros	79
Villanueva de Campeán	154
Villanueva de las Peras	172
Villar de Farfón	177

X/Z

Xunqueira de Ambía	207
Zafra	75
Zamora	156